Günther M. Boll

...vor allem mein Herz

Joseph Kentenich – Pädagoge und Gründer

Bibliografische Information Der Deutschen Bibliothek:

Die Deutsche Bibliothek verzeichnet diese Publikation in der Deutschen Nationalbibliografie; detaillierte bibliografische Daten sind im Internet über http://dnb.ddb.de abrufbar.

ISBN 978-3-87620-357-7

Umschlag und Layout: Catalina Kirschner, Freiburg
Fotos: Josef Neuenhofer: S.1, S.11, S.29, S.203, S.331
Druck: Made in Europa

Dankesgabe

an den Gründer

zum 100. Jahrestag des Beginns

seines pädagogischen Wirkens

am 27. Oktober 1912

Inhalt

„Es wird irgendwann einmal gar keinen Gedanken geben als Erziehung"

(Friedrich Nietzsche, Unzeitgemäße Betrachtungen, 1875)

„Nietzsche schrieb im Jahr 1875: ‚Es wird irgendwann einmal gar keinen Gedanken geben als Erziehung'. Gemeint ist hier eine Zeit, in der die Erziehung so im Vordergrunde steht, dass alle anderen Belange und Interessen ihr gegenüber sich kaum mehr sonderlich zu Worte melden. Ob wir uns dieser Zeit nicht mehr und mehr nähern? Sie trägt ja heute schon das Zeichen an der Stirne, das hier gemeint ist. Allenthalben klingt von den Dächern die Idee von neuen Menschen in der neuen Gemeinschaft – hier in christlicher, dort in a-christlicher und anti-christlicher Prägung. Was liegt da näher, als dass man allerorten, im Maße man von dem Ideal erfasst ist, die Erziehung als großes Allheilmittel für die Neugestaltung der Welt preist."

Joseph Kentenich, 1954

Hinführung – Begegnung

„*Sie* habe ich mir aber ganz anders vorgestellt!" Noch heute muss ich schmunzeln, wenn ich an dieses erste Wort Pater Kentenichs an mich denke. „Und *Sie* sind deutlich kleiner, als ich gedacht hatte!" - war meine korrespondierende, unausgesprochene Antwort. Das war also der ganz undramatische Moment der ersten Begegnung. Jeder hatte sich den anderen ganz anders vorgestellt. Die Geschichte dieses Buches nimmt ihren Anfang.

Es war in der Zeit seiner Verbannung in den USA, Ende der Fünfzigerjahre. Als junger Student hatte ich die Chance, den Gründer der Schönstatt-Bewegung dort zu besuchen. Ein langer und ermüdender Flug lag hinter mir, die nervöse Anspannung war noch intensiver geworden. Inzwischen stand ich vor dem North Shore Bahnhof in Milwaukee – jeden Augenblick musste das Auto kommen, mit dem Pater Brell mich zum Provinzhaus der Pallottiner bringen sollte, zu Pater Kentenich. Da sah ich das Auto auf mich zufahren. Das Erste, was ich wahrnahm, war ein großer weißer Bart neben dem Fahrer... Ein Augenblick der Überraschung, bis ich begriff: Er selbst war gekommen, um mich abzuholen! Als er ausgestiegen war, um mich zu begrüßen, standen wir einander gegenüber. In dem kurzen Augenblick des ersten Wahrnehmens, der ersten Worte, bildete sich in mir der Eindruck einer historischen Begegnung, für die ich keinen adäquaten Ausdruck fand. Schließlich fuhr das Auto an, er fragte mich: „Wie war Ihr Flug?" Meine Antwort, ein bisschen beklommen: „Gut." Seine weitere Frage: „Und heute Nacht?" Ich konnte nur das gleiche wiederholen: „Gut." Ein Erstaunen seinerseits: „Hatten Sie denn kein Gewitter? Ich habe die ganze Nacht wach gelegen und an Sie gedacht, weil ich mir vorgestellt habe, wie Sie da oben gerüttelt und geschüttelt werden!" In der konkreten Situation konnte meine Seele auf das Gesagte nicht reagieren, ich nahm nur den Inhalt auf. Aber im Nachhinein ist es umso tiefer in mich eingesunken: Da kann also der große Gründer Schönstatts keinen Schlaf finden, weil er an mich, den kleinen Studenten, denkt! Er interessiert sich auf eine väterliche Weise für mich ganz persönlich, er fühlt mit und nimmt mich an.

Der Eindruck seiner Persönlichkeit und der fortdauernde Einfluss waren so stark, dass sie mein ganzes Leben geprägt haben. Die Anregung, über Pater Kentenich zu schreiben, ist über eine Reihe von Jahren mit mir gegangen und hat mehrere Stufen durchlaufen. Der Urimpuls geht zurück auf die persönliche Begegnung mit ihm. So gab es im Laufe der Zeit mehrere Vorformen dieses Buches. Vortragsreihen vor interessierten Kreisen in verschiedenen Ländern halfen, dass das Ganze feste Formen annehmen konnte. Dabei handelte es sich um ein ständiges Ringen, der Gestalt Pater Kentenichs mit ihrem umfassenden Reichtum einigermaßen gerecht zu werden. Am Ende bleibt es doch immer ein Versuch – der aber unternommen werden muss, letztlich als Dankespflicht ihm selbst und schließlich auch Gott gegenüber.

Der Titel des Buches wirft ein helles Licht auf die innere Haltung Pater Kentenichs. Als junger Priester beginnt er im Oktober 1912 seine Tätigkeit als Spiritual im Studienheim der Pallottiner in Vallendar-Schönstatt. Bei seinem Antrittsvortrag vor den Schülern der mittleren und oberen Klassen wendet er sich an die Jungen mit den Worten: „Ich stelle mich euch hiermit vollständig zur Verfügung mit allem, was ich bin und habe: mein Wissen und Nichtwissen, mein Können und Nichtkönnen, *vor allem aber mein Herz.*"(27.10.1912). Mit dieser für das damalige Autoritätsverständnis äußerst ungewöhnlichen Haltung findet er einen direkten Zugang zu den Herzen der Jugendlichen. Als innere Grundmelodie des Gründers zeichnet sie seine Persönlichkeit bis an sein Lebensende aus und findet ihren Widerhall in der originellen Ausprägung der Spiritualität und Pädagogik Schönstatts.

Leben und Wirken Pater Kentenichs fallen in eine Zeit tiefgreifender Wandlungen. Weltweit haben Jahrhunderte und Jahrtausende bestehende Traditionen sich aufgelöst, gesellschaftliche Umbrüche stellen die Menschen vor unerhörte Herausforderungen. Diese Entwicklung ist zum einen mit der Entfaltung neuer Werte verbunden wie Demokratie, Unabhängigkeit und vor allem Freiheit, sowohl auf der persönlichen wie auch auf der gesellschaftlichen Ebene. Auf der anderen Seite hat seelische Entwurzelung Angst und Unsicherheit für weiteste Kreise gebracht, Halt und Orientierung garantierendes Milieu hat sich aufgelöst. Die Kirche ist in diese universelle Krise mit hineingezogen, sucht nach neuen Wegen, den Menschen im Glauben festen Stand und seelische Kraft zu vermitteln. Für viele ist dieser radikale Wandel zu plötzlich und unvorbereitet hereingebrochen, sie erleben das Ganze als Zusammenbruch. Es wird lange dauern, den „Umbau" nicht als Katastrophe zu begreifen, sondern als gottgewollten Gestaltwandel der Kirche in eine neue Form von Weltgeltung und Weltdurchdringung.

Dazu kann insbesondere die Wahrnehmung beitragen, dass in allem Zusammenbruch eines alten Welt- und Kirchenbildes auch deutliche Zeichen von Aufbruch religiöser Vitalität zu sehen sind. Ein solches Feld charismatischer Aufbrüche sind die neuen geistlichen Bewegungen. Pater Kentenich gehört zu den Gründergestalten, die der zu jeder Zeit wirkende Gottesgeist erweckt hat. In seinem Fall kann man besonders deutlich verfolgen, wie aus kleinsten Anfängen und über viele Wachstumsstufen sich die ganze Originalität seines Werkes entfaltet und durchgesetzt hat. Das zeigt sich auch in den Schwankungen, denen die Wahrnehmung seiner Person und seines Wirkens in den Etappen seines Lebens unterworfen war. Bis heute hat sich in einer interessierten kirchlichen Öffentlichkeit kein einigermaßen klares und einheitliches Bild von ihm herausgeschält. Das gilt vor allem im deutschen Sprachraum. Daran haben auch die zahlreichen Veröffentlichungen über ihn nichts Wesentliches geändert. Dieses Buch ist ein weiterer Versuch, seine Originalität und seinen Beitrag zu einem neuen Gesicht der Kirche zu erfassen und zu skizzieren.

Wenn ich mich frage, für wen ich im Wesentlichen schreibe, stehen sehr deutlich zwei Kreise vor meinem inneren Auge, mit denen ich in einen Dialog kommen möchte. Einerseits sind es die Mitglieder der Schönstatt-Bewegung, die sich mit seinem Werk mehr oder weniger stark identifizieren und dabei immer wieder *Ihm* begegnen. Aus eigener Erfahrung weiß ich, dass man ständig das Ungenügen spürt: Bei allem ehrlichen Bemühen erfassen wir die Weite und Tiefe seines Denkens doch nur anfänglich. Das wird vor allem auch da ganz besonders spürbar, wo es darum geht, Schönstatt weiterzugeben und in das Ganze der Kirche einzufügen. An dieser Stelle soll meine Darstellung von Gestalt und Sendung Pater Kentenichs eine Hilfe sein.

Der zweite Adressat und Dialogpartner sind interessierte Kreise einer kirchlichen Öffentlichkeit. Nicht nur die Sprache Pater Kentenichs ist ungewohnt, sein ganzes Werk ist kantig und schwer zu fassen. In der geistigen Landschaft der Kirche von heute stellt die Schönstatt-Bewegung ein schwer verdauliches Gebilde dar. Ich möchte versuchen, Aspekte und Lebensformen Schönstatts aufschließend verständlich zu machen. Dabei steht Pater Kentenich als Gründer und Pädagoge vor mir, der als Werkzeug Gottes eine charismatische Sendung für die heutige Zeit empfangen hat. Im Kreis und in der Mentalität der neuen geistlichen Bewegungen fühlen wir Schönstätter uns wohl, weil das leitende Interesse bei Begegnungen und Austausch mit deren Vertretern immer die Frage ist: Was ist dein Charisma? Ist die Echtheit der geistlichen Antriebe spürbar, bildet sich von selbst eine ehrfürchtige Grundhaltung heraus. Das ist eine neue Erfahrung, die uns an Paulus erinnert, der an die Korinther schreibt, er wolle den Geisterfüllten das Wirken Gottes künden. (1 Kor 2,13). Für solche Leser schreibe ich besonders gern und erhoffe mir, dass Pater Kentenich von immer weiteren Kreisen „entdeckt" wird. Ein rascher Rückblick auf die geschichtliche Entwicklung seines Wirkens kann eine erste Annäherung erleichtern.

Geschichtlicher Hintergrund

Die Anfänge Schönstatts

Zur Zeit der Gründung im Jahr 1914 ist Pater Kentenich, der seit 1912 als Spiritual des Studienheimes der Pallottiner in Vallendar/Schönstatt wirkt, völlig unbekannt. Die Anfänge seines Wirkens liegen innerhalb der Gesellschaft der Pallottiner, in die er 1904 eingetreten war. Ab 1919 wird die „Apostolische Bewegung von Schönstatt" (nachfolgend oft kurz „Schönstatt" genannt) langsam bekannt und macht auch auf den Gründer aufmerksam. Seine pädagogische Begabung tritt auf verschiedene Weise hervor und weckt Interesse und Zustimmung, findet aber auch Widerstand und Ablehnung. Die Gruppen seiner Bewegung bringen originelles Leben in die Pfarreien, die langsam wachsende Schar der Diözesanpriester, die sich der Apostolischen Bewegung anschließen, hilft durch ihren Seelsorgestil und ihre priesterliche Spiritualität auf ihre Weise mit, auf das hier aufgebrochene neue Leben aufmerksam zu machen. Die vielen Angebote pädagogischer und pastoraler Tagungen in Schönstatt stehen allen Interessierten offen und sind auf diese Weise wirksame Mittel, um die Bewegung bekannt zu machen. Einflussreiche Persönlichkeiten des deutschen Katholizismus kommen dorthin, um dieses neue geistliche Zentrum zu erleben und den Gründer kennen zu lernen. Dies wird im Jahr 1928 mit der Errichtung eines neuen, großen Exerzitienhauses, des „Bundesheimes", entscheidend gefördert.

In den Jahren danach, etwa zwischen 1930 und 1940, wird Pater Kentenich in ganz Deutschland weithin bekannt durch seine großen Priesterexerzitien-Kurse. Zwischen 1000 und 2000 Priester gehen auf diese Weise Jahr für Jahr durch seine Schule. In diesem Jahrzehnt erreicht Pater Kentenich einen ersten Höhepunkt seines Ansehens und seines Einflusses. Parallel zu dieser Tätigkeit geschieht das weitere Wachstum seiner Bewegung. Dabei geht es um die geistliche Durchformung der Mitglieder, eine kontinuierliche, stille Arbeit, die er selbst oft als „seelische Kleinarbeit" bezeichnet.

Die Zeit des Nationalsozialismus – Pater Kentenich in Dachau

Natürlich bleibt seine Arbeit auch den Nationalsozialisten nicht verborgen. Nachdem schon einzelne Mitglieder der Schönstatt-Bewegung von der Gestapo verhaftet worden sind, kommt im September 1941 der große Schlag gegen den Gründer: Die Gestapo hält ihn zunächst in Koblenz gefangen, schließlich wird er in das KZ Dachau eingeliefert, wo er bis zur Auflösung des Lagers am Kriegsende im Frühjahr 1945 bleibt.

Die internationale Ausbreitung der Schönstatt-Bewegung

Nach seiner Rückkehr unternimmt er – sobald das möglich wird – Weltreisen zur Ausbreitung seines Werkes in außereuropäischen Ländern. So kommt er nach Südafrika, in die USA und besonders nach Südamerika. Seine Begegnung mit romanischer Mentalität lässt ihn noch schärfer die Unterschiede zwischen der herrschenden Geistigkeit in Südamerika und in Deutschland erfassen. Die Offenheit und Aufnahmefähigkeit für Schönstatt und seine Spiritualität bei den romanischen Völkern sind für ihn wie eine Offenbarung: Die Schwierigkeiten für Schönstatt in Deutschland liegen wesentlich in der „germanischen" Denkweise, wie sie sich dort auch in kirchlichen Kreisen – nicht zuletzt infolge der Reformation – entwickelt hat. Die endlosen Widerstände gegen eine ausgeprägte Marienverehrung sind eine Auswirkung dieser stark rationalistischen Denk- und Lebensweise.

Die Jahre zwischen 1947 und 1951 sind für die internationale Ausbreitung und Einwurzelung der Schönstatt-Bewegung in verschiedenen Ländern entscheidend. Pater Kentenich verbringt die meiste Zeit während dieser Jahre in Südamerika (Argentinien, Brasilien und Chile) und kommt nur gelegentlich für kurze Zeit nach Schönstatt zurück. Inzwischen sind die kritischen Anfragen an die Schönstatt-Bewegung in verschiedenen Kreisen in Deutschland – auch von Seiten deutscher Bischöfe – stärker geworden. Pater Kentenich spürt, dass wichtige Klärungen anstehen. Er ist bereit, mit allen Instanzen ausführlich zu sprechen. Es ist ihm klar, dass eine grundsätzliche Überprüfung des Neuen und Originellen in Schönstatt notwendig ist, damit es von der kirchlichen Autorität für seinen Weg in die Zukunft eine vorbehaltlose Anerkennung erhält. Vom Ausland aus hat er mit den Verantwortlichen der Diözese Trier (in deren Bereich der Ort Schönstatt liegt) vereinbart, dass eine Studienkommission alle strittigen Fragen klären soll. Die Schönstatt-Bewegung will „alle Karten offen auf den Tisch legen".

Die apostolische Visitation

Mittlerweile ist ein neuer Fragenkomplex entstanden, der mit dem ersten anerkannten Säkularinstitut in Deutschland verbunden ist – den von Pater Kentenich gegründeten „Schönstätter Marienschwestern". Hier hat er in jahrelanger Kleinarbeit ein originelles Gebilde entstehen lassen, in dem die schönstättische Pädagogik und Spiritualität eine modellhafte Verwirklichung gefunden hat. So liegt es nahe, die Überprüfung der schönstättischen Prinzipien mit dieser Gemeinschaft zu beginnen. Im letzten Augenblick wird die Absprache, eine Studienkommission zu diesem Zweck einzusetzen, von der bischöflichen Behörde umgestoßen. Stattdessen wird Weihbischof Dr. Bernhard Stein von Trier (1904-1993), ein interessierter Freund der Schönstatt-Bewegung, mit einer amtlichen bischöflichen Visitation beauftragt, die im Februar 1949 stattfindet.

Sein abschließender Visitationsbericht hat zwei Teile: Zunächst bestätigt er die kirchliche Rechtgläubigkeit Schönstatts und die Offenheit Pater Kentenichs der kirchlichen Autorität gegenüber. In einem zweiten Teil folgen kritische Feststellungen zu verschiedenen pädagogischen Formen im Leben der Schwesterngemeinschaft; hinterfragt wird dabei vor allem die starke Bindung an den Gründer. Pater Kentenich nimmt diesen Visitationsbericht zum Anlass, seine grundsätzlichen Bedenken gegen herrschende Auffassungen in führenden Kreisen des deutschen Katholizismus vorzubringen, die er auch in den Begründungen für die bischöfliche Kritik am Werk sieht. Sein ausführlicher Antwortbrief vom 31. Mai 1949 aus Südamerika („epistola perlonga") ruft in den beteiligten Kreisen helle Empörung und radikale Ablehnung hervor. In der Folge erhebt Weihbischof Stein Anklage gegen Pater Kentenich in Rom und greift besonders dessen Führungsstil als „diktatorisch" und „überheblich" an. Was zunächst als eine Auseinandersetzung zur Klärung einiger Streitfragen beginnt, wird mit dem Beginn einer apostolischen Visitation durch das Heilige Offizium zu einer komplexen Verwicklung sehr grundsätzlicher Art. Diese römische Visitation wird in der Karwoche 1951 durch Pater Sebastian Tromp SJ (1889-1975) durchgeführt. Dieser erwägt zeitweise die Möglichkeit, Schönstatt rundweg als unkirchlich zu verbieten. Er verfügt schließlich die Enthebung Pater Kentenichs aus seinem Amt als Generaldirektor der Marienschwestern und dessen Exil in Milwaukee, USA (1951-1965).

Hinzu kommen intensive Diskussionen mit der Leitung der Gesellschaft der Pallottiner. Pater Kentenich hat im Auftrag seiner Oberen seine Erziehertätigkeit in Schönstatt begonnen. Am Ende des Ersten Weltkrieges erbittet er seine Freistellung, um sich mit ganzer Kraft dem neu gegründeten „Apostolischen Bund von Schönstatt" zu widmen. Theologiestudenten, Priester, Lehrer und Akademiker, die während des Krieges mit den schönstättischen Pallottinerstudenten in Berührung gekommen sind, bitten um eine kontinuierliche geistliche Führung. Pater Kentenich erkennt in dieser Bitte eine „offene Tür" für die Möglichkeit, über die engen Grenzen der Mitgliedschaft in der Gesellschaft der Pallottiner hinaus eine weit gefächerte Bewegung aufzubauen. Er hat dabei durchaus im Blick, dass die ursprüngliche Idee Vinzenz Pallottis für seine Gründung (1843/45) weit mehr als nur eine neue „Ordensgemeinschaft" vorsah. Dass die Neuanfänge in Schönstatt eine konkrete Verwirklichung dieser pallottischen Uridee sein könnten, ist auch der Beweggrund der Oberen, ihre Zustimmung zu geben. Für Pater Kentenich und seine weit vorausschauende Sicht ergibt sich in der Deutung der göttlichen Pläne eine Konzeption, an der er jahrzehntelang festhält: Verschiedenste Gruppen und Kreise sollen im Blick auf das christliche Apostolat in der Schönstatt-Bewegung erfasst werden, in die die Gesellschaft der Pallottiner langsam als „bewegender zentraler Teil" („pars centralis et motrix" – nach einem Ausdruck Vinzenz Pallottis) hineinwächst. Deshalb versucht Pater Kentenich über viele Jahre hinweg, die Gesellschaft zu gewinnen, sich die Spiritualität der Schönstatt-Bewegung zu eigen zu machen. Ansätze dazu gibt es durchaus in verschiedenen Ländern. Das Generalkapitel 1947 fasst entsprechende Beschlüsse und Pater Kentenich wird offiziell zum Generaldelegaten für die Apostolische Bewegung ernannt.

Mit dem Beginn der Apostolischen Visitation wird der gesamte Komplex des Verhältnisses der Schönstatt-Bewegung zu Vinzenz Pallotti wie auch der Bewegung zur Gesellschaft der Pallottiner in die Auseinandersetzungen hineingezogen. Die Sachlage wird immer verzwickter. Ein wichtiger Faktor ist in zunehmendem Maße die Rolle des Heiligen Offiziums: Geheimhaltung, immer neue Verbote, Eingriffe in die einzelnen Gemeinschaften, Absetzung führender Persönlichkeiten, der fast absolute Ausfall von persönlichem Kontakt mit Pater Kentenich auf Grund der Verfügung des Exils, wobei dieser als der „Hauptangeklagte" niemals selbst in all den Jahren zu den Vorwürfen gehört wird. Umso unkontrollierter schwirren Gerüchte und Vorwürfe, gegen die niemand einschreitet und sich niemand wehren kann. Kirchlicher Ungehorsam und gefährliche Irrtümer in moraltheologischen Fragen sind die Kristallisationspunkte der Vorbehalte gegenüber Pater Kentenich.

Exilszeit in Milwaukee, Rückkehr und Ausbau Schönstatts

Erst mit dem Beginn des 2. Vatikanischen Konzils ändert sich die Situation Pater Kentenichs, der all die Jahre mit einem Schweigegebot in seinem Exil in den USA verbringt. Eine größere Zahl von Konzilsvätern aus den verschiedensten Ländern ist an den römischen Amtsstellen vorstellig geworden, um für Schönstatt und für Pater Kentenich einzutreten. Die reinigende und öffnende Wirkung des Konzils macht sich auch in der immer undurchsichtiger gewordenen Situation um die Schönstatt-Bewegung bemerkbar. Eine Reihe von wichtigen Entscheidungen ebnen Pater Kentenich den Weg in die Freiheit: 1964 verfügt der Heilige Stuhl die rechtliche Trennung zwischen Schönstatt und der Gesellschaft der Pallottiner, 1965 wird die Erlaubnis zur Gründung eines neuen schönstättischen Säkularinstitutes gegeben – der „Schönstattpatres", die de facto die Rolle einnehmen, die ursprünglich für die Gesellschaft der Pallottiner vorgesehen war. Im Oktober 1965 erhält Pater Kentenich wieder seine volle Freiheit. Zum Heiligen Abend darf er nach 14 Jahren - rehabilitiert durch Rom - nach Schönstatt zurückkehren. Kardinal Augustin Bea SJ, eine der herausragenden Persönlichkeiten des 2. Vatikanischen Konzils, der Schönstatt und Pater Kentenich sehr aufgeschlossen gegenüber steht und in der Zeit der Auseinandersetzungen eine Schlüsselrolle bei den Gesprächen mit den römischen Behörden spielt, sagt ihm bei dieser Gelegenheit: „Ohne das Konzil wären Sie nie verstanden worden."

Die letzten Jahre seines Lebens kann sich Pater Kentenich ungehindert dem Ausbau seiner Gründung widmen. Trotz aller Widerstände und massiver Bedrückung ist die Schönstatt-Bewegung in den Jahren des Exils des Gründers weiter gewachsen. Sie ist inzwischen in allen fünf Kontinenten verbreitet, hat in Südamerika in mehreren Ländern einen starken Einfluss in Kirche und Gesellschaft, wird als geistliche Bewegung mit origineller Profilierung immer weiter bekannt und Pater Kentenich als Gründer geachtet.

Lässt man die skizzierte Entwicklung auf sich wirken, wird verständlich, dass in der kirchlichen Öffentlichkeit das Bild Pater Kentenichs nicht einheitlich und in seiner ganzen Fülle erscheint. Eher sind die Vielfalt der Aspekte und die Wandlung in der öffentlichen Wahrnehmung während der einzelnen Etappen seines Lebens auffällig.

Mein Buch ist als Beitrag gedacht, die Gestalt Pater Kentenichs deutlicher zu erfassen und seine Stellung und Sendung in der Kirche auszuleuchten. Dabei geht es mir nicht eigentlich um eine umfassende Biographie, ebenso wenig um eine wissenschaftliche Darstellung seiner Spiritualität. Im Kern ist es ein Zeugnis, das aus einer Begegnung geboren ist - einer Begegnung, die lebenslang weiter gewirkt hat.

Persönliche Begegnung

Persönlich wurde ich als Student im Noviziat der Pallottiner (ab 1951/52) hineingezogen in die Auseinandersetzung um Pater Kentenich während seiner Exilszeit. Schon bald war mir klar geworden, dass es für mich um mehr ging als um eine sachliche Klärung einzelner Fragepunkte. Es gibt in der Heilsgeschichte immer wieder Momente, in denen die geheimnisvolle Führung der göttlichen Vorsehung Menschen in den Bannkreis göttlicher Sendungen hineinzieht. Das „Ja" zu einer solchen *Führungsgeschichte* wird dann zu einer Weichenstellung für das ganze Leben. Der Höhepunkt dieser Führung wurde für mich die persönliche Begegnung mit Pater Kentenich in Milwaukee im Jahr 1959. Ich konnte einen Monat lang mit ihm im gleichen Haus wohnen. Er schenkte mir viel Zeit, mehrere Stunden jeden Tag. Er gab mir auch Einblick in schriftliche Zeugnisse und ausführliche Studien im Zusammenhang der Auseinandersetzungen.

Von Anfang an spürte ich, dass in dieser Begegnung tiefe Schichten ins Spiel kamen. Nie zuvor hatte ich etwas Ähnliches erlebt. Aus letzten Tiefen hatte sich etwas geöffnet, floss hinüber und herüber. Äußerlich verlief alles ruhig und unauffällig, aber es war ganz klar, dass sich etwas Schicksalhaftes vollzog. Gott hatte seine Hand im Spiel. Nicht, als ob Pater Kentenich für sich geworben hätte – gerade das Abgeklärte, Stille und Transparente war das eigentlich Anziehende bei ihm. Er konnte zuhören in einer ehrfürchtigen Konzentration, die im Gegenüber etwas aufschloss, das sonst absolut verschlossen geblieben war. Später las ich bei ihm über die schöpferische Kraft der personalen Begegnung.

Ich war zu ihm nach Milwaukee gekommen, um zu erzählen, was ich in den Diskussionen und Auseinandersetzungen um seine Person und seinen Weg erlebt hatte. In mir waren viele Fragen entstanden, die ich mit ihm besprechen wollte. Pater Kentenich ließ mich einfach erzählen. Wir gingen auf dem nahegelegenen Friedhof spazieren, der eher wie ein Park wirkte. Wir gingen unter dem Blätterdach alter Bäume, er hörte zu, nur gelegentlich stellte er eine Frage. Mein Erzählen geriet unversehens ins Persönliche. In mir vollzog sich etwas, was mich zusehends zum Staunen brachte. Ganz im Gegensatz zu meiner sonstigen Art hatte ich keine Scheu, von mir und über mich zu sprechen. Während des Erzählens spürte ich die Frage in mir: Was geschieht hier eigentlich? Äußerlich gab es nichts Auffälliges. Pater Kentenich schwieg und hörte, ich erzählte. Ich erinnere mich noch heute, dass in einer Schweigeminute mir auf einmal aufging, was das auslösende Moment für mein ungewöhnliches Verhalten war: Es war das gesammelte Zuhören Pater Kentenichs. Er war ganz bei mir, war ganz geöffnet für mich. Ich hatte das Gefühl: Ich bin ihm wichtig. Das öffnete mich, sodass aus immer größeren Tiefen Dinge hochkamen, die ich noch nie ausgesprochen hatte. So entstand eine große innere Nähe, die spürbar war, ohne dass sie thematisiert wurde. Beim späteren Nachkosten füllte sich das

Wort „Begegnung" für mich – wie ich es bei Martin Buber und anderen in dieser emphatischen Bedeutung wiederfand.

Bei diesem ersten Besuch kam ich nach einigen Tagen mit einer Frau ins Gespräch, die meine Spaziergänge mit Pater Kentenich beobachtet hatte und mich fragte, wie es mir dabei ergangen sei. Als ich ihr mein Erleben schilderte, sagte sie: „Bei mir war das genau so. Als ich hier angekommen bin, hat er mich auch viele Tage stundenlang mit auf den Friedhof genommen. Ich habe geredet und geredet und am Ende habe ich gesagt: Jetzt habe ich alles erzählt, was ich zu sagen habe. Daraufhin legte Pater Kentenich die Hand auf sein Herz und antwortete: *Und das lebt jetzt alles hier.*" Das hat sich mir sehr tief eingeprägt, denn es entsprach genau meinem eigenen Erlebnis. Es ging Pater Kentenich nicht um die Aufnahme von faktischem Wissen über jemanden, sondern um das persönliche Aufnehmen des Menschen, mit allem, was diesen ausmacht. Dafür kann ich kein besseres Symbol finden als die Geste der Hand auf dem Herzen: „Das lebt jetzt alles hier."

Gleichzeitig war deutlich geworden, dass diese Erfahrung von Nähe eine Bindung, eine bleibende Verbundenheit begründet hatte. In einer sich anschließenden Nachlese erklärte mir Pater Kentenich, dass es im Werden Schönstatts unzählige ähnliche Vorgänge gegeben habe. Sonst wäre die gewachsene Verbundenheit zwischen Gründer und Gefolgschaft, die spürbare „Schicksalsverwobenheit" nicht erklärbar. Nur so ist es zu verstehen, dass die junge Gemeinschaft die außergewöhnlichen Belastungen der bischöflichen und apostolischen Visitation überstehen konnte, ohne auseinander zu brechen.

Er erklärte mir auch, dass überhaupt das Werden Schönstatts in erster Linie durch solche personalen Bindungen vor sich gegangen sei. Nicht die großen Vorträge waren das Entscheidende. Es war die „stille Kleinarbeit" unzähliger Gespräche und seelsorglicher Vorgänge, die den familienhaften Zusammenhalt innerhalb der wachsenden Bewegung begründeten. So ist das „*Vor allem aber mein Herz*", das am Ursprung Schönstatts steht, der Schlüsselvorgang für jedes weitere Werden. Jahre später fiel mir seine Ansprache in die Hand, die er im Kreis seiner Mitarbeiter zur Feier seines silbernen Priesterjubiläums gehalten hatte. „Wenn ich denke an die erste Generation unserer Schönstattpriester oder an unsere Schwestern, weiß ich zumeist, dass die erste Bekanntschaft von einer Tagung oder einer persönlichen Aussprache herrührte. Ich glaube, ich könnte den einzelnen noch nachweisen: Da fing die Gnade an zu wirken, da war die gegenseitige Fühlung hergestellt, und von da aus ist das gegenseitige Verhältnis ungemein fruchtbar geworden." (11.8.1935). Pater Kentenich sprach von der „Tages- und Nachtarbeit" über Jahrzehnte. Das Jahr 1959 war ein Gedenkjahr des Pfarrers von Ars. In einem Schreiben von 1960 bezog Pater Kentenich sich auf ihn und seine unzähligen Stunden im Beichtstuhl und bemerkte: „Ginge ich daran, die Zeit zu messen, die ich den Seelen in meinem langen Leben Tag und Nacht unverdrossen und mit stetig gleichbleibendem Interesse widmen durfte, es käme ein verwunderlich großes Maß heraus." (Apologia 1960, 98) Aufgrund meiner eigenen, begrenzten Erfahrung gingen mir langsam die Augen auf, was Schönstatt eigentlich ist und welche Rolle Pater Kentenich dabei spielt.

Am Ende der vier Wochen wusste ich, dass mein Leben anders geworden war – und dass dieses Erlebnis fortzeugend weiter wirken würde. So ist es dann auch geworden. Die prägende Kraft der Begegnung hatte viele Erkenntnisse geweckt, die im Laufe der Jahre immer weiter wirkten. Fortschreitende Lebenserfahrung und stetiges Studium seiner Schriften ließen mich seine geistige Welt immer stärker durchdringen. Ständige Konfrontation mit anderen Strömungen und Positionen half mir, seinen Beitrag im Konzert der Kräfte abzuschätzen. So ist langsam in mir gereift, was in diesem Buch zusammengeflossen ist.

I. Pater Kentenich – Werden und Sendung einer Gründerpersönlichkeit

Ausgehend von der bislang gewonnenen Einsicht in Ursprung und Beginn des Schaffens Pater Kentenichs ist es mein Anliegen, einen Überblick über das Ganze oder einen Durchblick durch sein vielverzweigtes Lebenswerk zu schaffen. Das ist ein anspruchsvolles Unternehmen, hält man sich den Reichtum seiner Begabungen und die Vielfalt seines Gründerwirkens über mehr als 50 Jahre in einer schnelllebigen Zeit voller Wandlungen vor Augen. Es geht dabei in diesem Buch nicht so sehr um die Beschreibung einzelner Aspekte der Persönlichkeit oder Tätigkeit Pater Kentenichs in biographisch-chronologischer Reihenfolge, sondern um das Erfassen seiner Gestalt und den Versuch einer Deutung seiner Sendung.

Bei der Darstellung des langsamen Entstehens und Wachsens der Schönstatt-Bewegung richte ich im ersten Teil des Buches den Blick zunächst auf den Gründer selbst. Anhand seiner Person, deren Werden und Sendung, wird deutlich, auf welche Weise Gott ihn berufen und gebraucht hat, um seine Pläne für eine neue geistliche Bewegung zu verwirklichen. Durch das tastende Nachzeichnen dieser Linien wird offensichtlich, dass das Leben des Gründers und das Schicksal seiner Gründung unlösbar miteinander verknüpft sind. Das eine ist ohne das andere nicht zu verstehen. Bei dem Versuch, dieses komplexe Gebilde zu erfassen und zu beschreiben, kommt mir immer wieder das Bild einer Kugel in den Sinn: Es ist unmöglich, von allen Seiten gleichzeitig auf sie zu schauen. Je nachdem, aus welcher Richtung man blickt, entdeckt man verschiedene Facetten des Ganzen. Jede ist für sich von ganz eigener Bedeutung – aber keine das Ganze. Jede ist unverzichtbar, aber nur in der Zusammenschau aller Blickpunkte ergibt sich ein vollständiges Bild. Man muss die Kugel geduldig drehen, um alle inneren und äußeren Gegebenheiten zu erfassen. Pater Kentenich selbst hat dieses Bild häufig gebraucht, wenn er die unlösbare Verflochtenheit zwischen der komplexen geistigen Welt, die er in sich trug und deren lebensmäßiger Verwirklichung veranschaulichen wollte.

Wenn ich mich im Folgenden der Gründerpersönlichkeit Pater Kentenichs zuwende, werde ich in fünf Kapiteln verschiedene Facetten seiner Person und seines Wirkens beleuchten. Es sind vor allem drei charakteristische Kennzeichen, die seine Gestalt unverwechselbar prägen: Da ist zunächst seine ausgeprägte *pädagogische Begabung* und untrennbar damit verbunden seine *Offenheit für den Gott des Lebens* und die Bereitschaft, sich im aktiven Vorsehungsglauben von ihm führen zu lassen. Dazu kommt seine ganz besondere persönliche Beziehung und *tiefe Liebe zu Maria*, die sein Leben und Wirken von Kindheit an entscheidend geprägt hat. Und obwohl alle drei Wesensmerkmale ineinandergreifen und eine organische Einheit bilden, sollen sie nun einzeln betrachtet und in ihrer Bedeutung für die Entwicklung der Persönlichkeit Pater Kentenichs sowie der damit verbundenen Gründung der Schönstatt-Bewegung beleuchtet werden.

Als vierte Facette von Gründer und Gründung wird im darauffolgenden Kapitel die Entwicklung der *dreidimensionalen Spiritualität Schönstatts* in ihrer Originalität beleuchtet. Dabei geht es um die spezifische Ausprägung von *Werktagsheiligkeit, Werkzeugsfrömmigkeit und Bündnisfrömmigkeit* als Weg, den christlichen Glauben zu leben.

Und schließlich erscheint es mir unumgänglich, sich mit Form und Methode des Denkens Pater Kentenichs auseinander zu setzen. Das schließt die damit verbundenen Herausforderungen sowie seine originell geprägte Sprachform mit ein. So widmet sich das fünfte Kapitel diesen Aspekten unter der Überschrift: *„Organische Sicht der Welt."*

Im zweiten Teil des Buches lege ich den Fokus dann auf das *pädagogische Konzept Pater Kentenichs.* Die zentralen Anliegen sollen vorgestellt und in das Gespräch der Gegenwart eingebracht werden. Meine Hoffnung ist, dass dadurch die mutmaßliche Sendung erkennbar wird, wie Gott sie der Kirche in dieser Übergangszeit auf dem Weg in eine unbekannte Zukunft übergeben wollte.

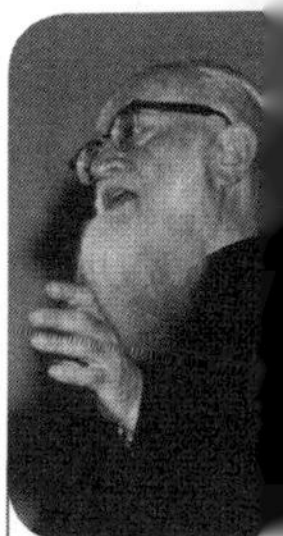

Entfaltung seiner pädagogischen Begabung

Die Idee vom „neuen Menschen in der neuen Gemeinschaft“

Mit Begabung ist hier nicht einfach ein „Talent“ zum Erzieher gemeint, sondern eine von Gott geschenkte seelische Anlage als Quelle einer schöpferischen Kraft ungewöhnlichen Ausmaßes. Im Laufe seines Lebens hat Pater Kentenich in einer Art Bekenntnis vor seinen Mitarbeitern und seiner geistlichen Gemeinschaft „Rechenschaft“ gegeben von dieser Quelle, die Gott in seinen Anlagen grundgelegt hatte. So schreibt er: „Es ist bekannt, dass mir von Kindheit an das Ideal des neuen Menschen in der neuen Gemeinschaft vor Augen schwebte, das sich allezeit am neuesten Zeitenufer orientierte, ohne deswegen die Fühlung mit der Vergangenheit zu zerschneiden. Anfangs lebte diese Idee mehr in allgemeinen Umrissen in mir. Sie nahm aber von Jahr zu Jahr konkretere Form an, die durch die Zeitverhältnisse außerordentlich stark vertieft wurde. Als ich einen Erziehungsauftrag erhielt – es war im Jahr 1912 –, konnte ich bereits mit fertigen Plänen meine Arbeit beginnen. Ich nannte sie später ‚eingeborene Idee'. (...) Eingeboren: selbstverständlich nicht im üblichen, philosophischen, sondern im pädagogischen Sinn. Will heißen: Sie waren nicht von irgendjemand schlechthin als Ganzes übernommen, sondern unabhängig von bestimmten Lehrmeistern und ihren Systemen aus Selbst- und Fremdbeobachtung in mir herangereift. Es ging dabei immer um das Ideal des neuen Menschen in der neuen Gemeinschaft mit universellem apostolischem Gepräge (...). Die zeitgenössischen pädagogischen Bestrebungen blieben dabei nicht ohne Einfluss auf mich, sie bestätigten und inspirierten nach mannigfaltigen Richtungen hin meine Auffassungen.“ (CN 1957/58, 396).

Man muss wohl vor einem solchen Bekenntnis zunächst einmal Abstand nehmen, um die Wucht und Tragweite der Aussage ermessen zu können. Da wird also eindeutig klar, dass es sich hier um eine „Begabung" handelt, die – im Gegensatz zu einer angelernten oder angelesenen Fähigkeit – als Bild in der Seele lebt und sich mit vitaler Kraft behauptet und entfaltet. Später, das heißt nach Jahren der Erfahrung und wachsender Reflexion, hat er sie – anschaulich und ganz nahe am inneren Erleben – eine „eingeborene Idee" genannt, setzt sich aber sofort von einem möglichen Missverständnis ab: Er hat keinen Lehrmeister, kein philosophisches Vorbild – es ist „unabhängig", „aus Selbst- und Fremdbeobachtung in mir herangereift". Erstaunlich ist, dass er ein solches Bild „von Kindheit an" in sich wahrgenommen hat. Natürlich hätte das Kind dieses in ihm lebende Bild nicht reflexiv ausdrücken können. Wenn er sagt, dass dieses Bild – er spricht von „der Idee" – anfangs „in allgemeinen Umrissen" in ihm lebte, bleibt er damit nahe an seiner inneren Wahrnehmung. Seine Aussagen über den konkreten Inhalt dieser angeborenen Idee stammen ausnahmslos aus späterer Zeit. Deshalb benutzt er die Ausdrücke, die in einem Reifezustand seiner reflexiven Erfassung geformt worden sind. Man muss dabei immer den Prozess von den „allgemeinen Umrissen" zur präzisen Formulierung mitdenken, den er meint, wenn er sagt: „von Jahr zu Jahr" nahm die Uridee „konkretere Form an". Man darf nur die grundlegende Aussage nicht aus dem Blick verlieren: Die Uridee ist „angeboren" – das heißt, von Gott in seine seelische Anlage hineingelegt.

Das ist so auffällig, dass er sofort die damit ausgesprochene „Unabhängigkeit" und Selbständigkeit anfügt, um den Gesamtvorgang deutlich zu machen: „Dass alles, was in der Gesellschaft (der Pallottiner) um mich herum vorging, mich außergewöhnlich wenig berührte, kommt daher, dass ich in einer Weise in meiner eigenen Geisteswelt lebte, wie man das in diesem Alter wohl ganz selten wahrnimmt." (CN 1957/58, 396). Nach seiner gläubigen Überzeugung stammt seine angeborene Idee ganz und gar direkt von Gott. Sie konnte unverfälscht in ihm wachsen und heranreifen, weil er unter einem besonderen Schutz stand. Sein klares Selbstzeugnis lautet: „Wenn ich zurückschaue, darf ich sagen: ich kenne keinen Menschen, der einen tiefergehenden Einfluss auf meine Entwicklung ausgeübt hat. Millionen Menschen zerbrechen daran, wenn sie so auf sich selbst gestellt sind, wie ich das gewesen bin. Ich musste vollständig innerseelisch allein aufwachsen, weil eine Welt in mir geboren werden musste, die später weitergetragen und weitergeleitet werden sollte. Hätte meine Seele Fühlung gehabt mit der damaligen Kultur, wäre ich irgendwann einmal persönlich gebunden gewesen, dann könnte ich heute nicht so ganz bestimmt sagen, dass meine Erziehung lediglich ein Werk der Gottesmutter war, ohne jeden tiefergehenden menschlichen Einfluss. Ich weiß, dass ich damit viel sage." (11.8.1935)

Er beschreibt daher seine seelische Situation in den Jahren des Heranreifens mit dem Zustand einer ungeheuren Einsamkeit. Er fühlt sich wie in einer einzigen großen „Wüstenei" und deutet vorsehungsgläubig aus späterer Sicht: damit das Neue, das Gott in ihn hineingelegt hatte, sozusagen „unverdorben" durchgetragen werden konnte, bis es mit seiner ganzen Fülle und Kraft in seine Gründertätigkeit einfließen konnte. Er nennt dieses Neue später, als alles ausgereift ist, und dann zeitlebens: „Die Idee vom neuen Menschen in der neuen Gemeinschaft". Sie wird die erste und fundamentale Zielgestalt der Schönstatt-Bewegung. Der Gründer hat sie sozusagen mit „eingebracht" in den Vorgang der Gründung – auf langen Wegen herangereift durch Gottes spezielle Vorsehung.

Die Ernennung zum Spiritual

Der geschichtliche Ansatzpunkt, an dem dieser Vorgang der Gestaltwerdung dessen, was bisher lediglich als Idee in ihm lebendig ist, fassbar wird, ist seine Ernennung zum Spiritual im Studienheim der Pallottiner in Vallendar-Schönstatt. Es ist der Augenblick, in dem er einen Erziehungsauftrag erhält und sich für diese Aufgabe vorbehaltlos zur Verfügung stellt. Sein erster Vortrag vor den Schülern des Internats, den er mit „Programm" überschreibt, wird für ihn selbst zu einem entscheidenden Erlebnis: Die Welt, die er in sich trägt, tritt an die Öffentlichkeit und fängt an, pädagogisch wirksam zu werden. Es ist der Beginn eines erzieherischen Dialoges mit den Jugendlichen, der zur Gründung Schönstatts führt. Rückblickend erhält dieser Vortrag die Bezeichnung „Vorgründungsurkunde". Pater Kentenich schreibt Jahrzehnte später: „...dass ich damals, selbst noch blutjung, erstmalig vor meine Gefolgschaft - d. h. vor die oberen Klassen unserer Studienanstalt - hintrat und eine – wenigstens für die damaligen Zuhörer – unerhört neue, bedeutsame Botschaft kündete. Von nicht geringer Bedeutung ist die Tatsache, dass diese Botschaft gleichzeitig erstmalig und mit einer gewissen Feierlichkeit meinen persönlichen originellen Lebenssinn in allgemeinen Umrissen zum Ausdruck brachte. Es handelt sich also nicht nur um ein bedeutsames Ereignis in der Familien-, sondern auch in meiner eigenen Lebensgeschichte." (Studie 1956, 172) Das Pater Kentenich auszeichnende „Vor allem aber mein Herz" beginnt programmatisch zu wirken.

„Feste, freie, priesterliche Charaktere"

Dabei formuliert er kurz und prägnant sein „Programm": *„Wir wollen lernen, uns selbst zu erziehen zu festen, freien, priesterlichen Charakteren."* Diese situationsgebundene, komprimierte Ausdrucksweise darf jedoch nicht einfach als punktuelle, nur für den Moment gültige Formulierung gewertet werden. Immer wieder im Laufe der Geschichte finden wir bei Pater Kentenich diesen Vorgang: Er greift mit seinen Worten eine konkrete Situation auf – Anlass, psychologische Fassungskraft der Zuhörer, etc. –, bringt aber in seiner Darstellung allgemeingültige und weittragende Anliegen zum Ausdruck. So auch hier: Wenn er „feierlich" von seinem „persönlichen originellen Lebenssinn" spricht, muss seine Botschaft an die Jungen von damals wohl wesentlich mehr beinhalten.

Das Kernstück bilden die beiden Ausdrücke „feste, freie Charaktere". In komprimierter Form beinhalten sie das, was er seine „eingeborene Idee vom neuen Menschen" nennt. Von diesem Kern entfaltet er im weiteren Verlauf des „erzieherischen Dialoges" ein ganzes Erziehungssystem. Dass es sich für ihn dabei immer um einen „Dialog" handelt – und nicht, wie die damals gängige und gültige Auffassung von „Erziehung" als einseitig von „oben" verkündete Summe von Forderungen –, erläutert er den Jungen an dem „*Wir*" am Anfang seines Programms: „*Wir* wollen lernen, nicht bloß ihr, sondern auch ich. Wir wollen voneinander lernen." Im Milieu von damals war das wirklich unerhört neu.

Im Mittelpunkt steht für ihn also die Charakterbildung, das Schaffen seelischer Grundhaltungen. Feste Charaktere handeln nach „festen, klar erkannten Grundsätzen", an denen sie festhalten, auch wenn alles wankt und schwankt. Das ist sein Erziehungsziel, ist ein wesentlicher Aspekt des neuen Menschen, wie er ihm vorschwebt. Der Weg dorthin geht über

Selbsterziehung. Er versucht, die jungen Menschen dafür zu gewinnen, indem er zeigt, wie modern diese Zielsetzung ist. „Selbsterziehung ist ein Imperativ der Religion, ein Imperativ der Jugend, ein Imperativ der Zeit." Die Zeit ist gekennzeichnet durch ungeheure Fortschritte in der Eroberung der Naturkräfte, doch die innere Entwicklung des Menschen hat damit nicht Schritt gehalten. Um den Herausforderungen unseres Zeitalters gewachsen zu sein, ist es mehr denn je nötig, den Menschen zu innerer Festigkeit, Selbständigkeit und Freiheit zu verhelfen. Und so ruft er die Jungen auf: „Darum vorwärts! Ja, vorwärts in der Erforschung und Eroberung unserer Innenwelt durch bewusste Selbsterziehung." (27.10.1912) Die Folgezeit ist ganz der grundsätzlichen und praktischen Anleitung zur Ausführung dieses Programms gewidmet.

Ein wichtiges Anliegen ist ihm dabei die immer stärker werdende Einbeziehung der aktiven Mitarbeit der Jungen. So kommt es schon 1913 zur Gründung eines *Missionsvereins*. Pater Kentenich greift damit die stärker gewordene Missionsbewegung in weiten Teilen der katholischen Öffentlichkeit auf und sucht sie für seine erzieherischen Ziele fruchtbar zu machen. Eine solche freie Jugendarbeit ist damals für das Leben in geschlossenen Schulanstalten etwas Neues. Die Jungen können sich in Gruppen zusammenschließen und in freiem Austausch konkrete Ziele formulieren, um sich auf ihr künftiges Berufsziel als Missionare vorzubereiten. Im Hintergrund verknüpft Pater Kentenich die Fäden mit dem gemeinsamen Anliegen der Selbsterziehung.

Nach einem Jahr der so gesammelten Erfahrung wird ein weiterer gewichtiger Schritt vollzogen: Es fällt der Entschluss, die *Marianische Kongregation* als konkrete Form gemeinsamen Lebens und Strebens einzuführen. Mehrere Gründe haben Pater Kentenich zu diesem Weg bewogen: Zum einen hatte die Gesellschaft der Pallottiner noch keine Erfahrung darin, langfristig eine feste Form des gemeinsamen Strebens zu entwickeln. So war erst kurz zuvor ein ähnlicher Schritt für die Noviziatsausbildung erfolgt und man hatte einen Jesuitenpater als Novizenmeister gewonnen. Die Jesuiten hatten den Ruf, für diese und ähnliche Positionen erfahrene Patres zur Verfügung stellen zu können und sollten nun dazu beitragen, eine gewisse Tradition für die Zeit des Noviziates zu schaffen. Ein ähnliches Ziel schwebte auch Pater Kentenich für die jüngeren Schüler vor und dabei war sein Blick schon vor langem auf die Marianische Kongregation gefallen, wie sie bereits in vielen religiösen Gemeinschaften oder an Universitäten existierte. Über Jahrhunderte hin hatte sich das System der Kongregation bewährt, mit der jesuitischen Spiritualität eine jugendgemäße Form zu verbinden. Pater Kentenich sah darin eine Möglichkeit, die gerade für eine junge, derzeit in vielem noch unerfahrene Gemeinschaft wie die der Pallottiner hilfreich sein könnte. Doch dafür mussten auf der einen Seite die Oberen erst gewonnen werden und dann auf der anderen Seite vor allem die Jungen selbst. „Ich werde in dieser Beziehung nichts, rein gar nichts tun ohne eure volle Zustimmung. Hier handelt es sich ja nicht um eine augenblickliche Arbeit, sondern um eine Einrichtung, die für alle künftigen Generationen brauchbar ist", hatte Pater Kentenich ihnen versprochen. Nachdem in beiden Richtungen eine gründliche Vorbereitungsarbeit geleistet wurde, erfolgt schließlich sowohl die Erlaubnis zur Errichtung der Marianischen Kongregation von Seiten der Provinzleitung wie auch die formelle Bestätigung durch die kirchlichen Amtsstellen und es kommt zu ihrer offiziellen Gründung am 19. April 1914.

Die Auswirkung ist bald deutlich zu spüren. Im Rahmen der Kongregation geschieht die Arbeit weitgehend in den beiden Sektionen, die gewählt worden waren: eine eucharistische und eine Missionssektion. In großer Freiheit kann sich nun der jugendliche Tatendrang entfalten. So konzentriert sich zum Beispiel die konkrete Arbeit der Missionssektion auf die Beschäftigung mit der Missionsmethode, wie die Kirche in den letzten Jahrhunderten ihren Missionsauftrag zu erfüllen suchte – die Jungen studieren z. B. mit Feuereifer die Geschichte der Jesuitenmissionen in Südamerika. Dabei bleibt jedoch alles zurückgebunden an das Erziehungsziel der festen, freien, priesterlichen Charaktere, die Pater Kentenich in den Jungen zur Entfaltung bringen will, um sie auf ihr zukünftiges Leben und ihre Arbeit als Missionare vorzubereiten.

Das Paradigma der „Freiheit"

Nach seiner eigenen Aussage enthält das Programm der Vorgründungsurkunde „originelles, persönlichstes Eigengut." Das wird noch weitaus deutlicher, wenn wir die zweite Charakteristik seines Erziehungskonzeptes betrachten: Es geht nicht nur um „feste", sondern auch – und noch viel bedeutsamer – um „freie Charaktere". Mit dem Stichwort „Freiheit" öffnet sich uns ein weiter Horizont im Denken Pater Kentenichs.

Mit einer instinktiven Griffsicherheit erfasst er von Anfang an, dass das Freiheitsstreben des modernen Menschen nicht einfach eine vorübergehende Zeitströmung ist, sondern eine Zeitepoche eröffnet und eine neue „Seelenlage" schafft. Mit unbeirrbarer Sicherheit geht er seinen Weg, der vor allem ein Weg der Freiheitspädagogik werden sollte. Dass seine neuartige Erziehungsmethode in seiner unmittelbaren Umgebung auf erbitterten Widerstand stößt, lässt ihn nicht daran zweifeln. Diese Urintuition gehört zu der eingeborenen Idee vom „neuen Menschen" – das „Neue" ist wesentlich die Sensibilität für Freiheit. Mit fortschreitender Beobachtung wird ihm klar, dass diese Umakzentuierung in der Pädagogik zur Scheidelinie zwischen „alter" und „neuer" Zeit wird. Irgendwann prägt er dafür die Ausdrücke „altes Ufer" und „neues Ufer". Wer dieses Gespür für Freiheitserziehung nicht hat, gehört von seiner Mentalität her zum alten Ufer. Dabei geht es nicht um die Bewertung richtig oder falsch – als ob früher alles falsch gewesen wäre –, es geht vielmehr darum, alles „neu zu lesen". „Freiheit" ist demzufolge wie ein veränderter Notenschlüssel vor bleibenden Aussagen, der bewirkt, dass mit denselben Worten eine neue Melodie aufklingt. In der modernen Wissenschaftsterminologie spricht man von einem neuen Paradigma.

Jahrzehnte später schreibt er in einem Rückblick: „Wir haben seit 1912 ein solches Ideal (vom „neuen Menschen") vor Augen gehabt. Es hat uns mit seiner Leucht- und Wärmkraft nie verlassen. Alles, was bisher bei uns geworden ist, ist ihm zu verdanken. Damals lag es noch latent im Schoß der Zeit und es war nicht jedermanns Sache, seine geheimen Triebkräfte zu erspüren, wagemutig aufzugreifen und zielstrebig zu deuten. Wegen der Gleichheit der Ideale verbindet eine geheime Sympathie Schönstatt mit der Zeit... Alles Gären und Brodeln deuteten wir als Gestaltwandel des Gottesreiches hier auf Erden." (Epistola 1949, 86f).

Dieses instinktive Erfassen, dass die veränderte Seelenlage vor allem der Jugendlichen auch eine tiefgreifende Veränderung der pädagogischen Einstellung verlangt, ist wohl das Erstaunlichste und Originellste bei Pater Kentenich. Dazu kommt aber, dass er das begreift als etwas, das Gott in die Zeit gelegt hat. Von Anfang an hört Pater Kentenich mit großer Hellhörigkeit überall Gottes Stimme aus dem Zeitgeschehen heraus: „vox temporis – vox Dei" ist seine Devise. Gerade auch im innerkatholischen Bereich mit seiner starken Traditionsgebundenheit gehört viel Wagemut und Durchsetzungskraft zu solchem Vorgehen.

Wenn er in späteren Jahren von der „eingeborenen Idee des neuen Menschen" spricht, fügt er gewöhnlich hinzu: „die sich allezeit am neuesten Zeitenufer orientierte." Dabei geht es um den gleichen Vorgang, wie wir ihn schon einmal wahrgenommen haben: Aus einer ahnungsvollen, umrisshaften Anfangserkenntnis wächst langsam die deutliche und sichere Überzeugung: Gott will ein neues Zeitalter heraufführen – und für diese „neueste Zeit" ist Schönstatt mit seinem Erziehungskonzept geschaffen. Dabei ist ihm natürlich bewusst, dass durch Gottes Fügung und Führung seine eigene persönliche Begabung der Kern und Keim dieses Erziehungssystems ist. Als ich ihm begegnete, fiel mir seine Sprechweise sofort auf – sehr oft sagte er: „Schönstatt hat..." oder „Schönstatt ist..." und meinte damit: „Ich habe...". Der vorsehende Gott hatte von langer Hand den Gründer erzogen, um die Gründung entstehen zu lassen.

Offenheit für den Gott des Lebens

Der Mann des Glaubens

Es ist das Gottesbild vom *Gott des Lebens*, das den Gründer Schönstatts - neben seiner pädagogischen Begabung - unverwechselbar prägt. Wer Pater Kentenich begegnete, spürte etwas von der Gegenwart Gottes im Leben dieses Mannes, auch dann, wenn der Glaube nicht direkt Thema des Gespräches war. Die besondere Art seiner tiefen Gottverbundenheit kennzeichnete er selber als „*aktiven Vorsehungsglauben*". Mit diesem Stichwort berühren wir einen zentralen Nerv der Persönlichkeit Pater Kentenichs, der seine gesamte Spiritualität durchzieht. Über die Geschichte Schönstatts, seine Originalität und Sendung konnte er nicht sprechen, ohne auf die zentrale Bedeutung des Vorsehungsglaubens für die Entstehung und Entfaltung der Bewegung hinzuweisen. Entscheidend ist dabei die originelle Ausprägung dieses Glaubens bei ihm, in Erweiterung zu der allgemein verbreiteten Sichtweise. Denn der Begriff an sich ist nicht neu. Schon immer sprach man in der Kirche von „Vorsehung" und „Vorsehungsglauben", verbunden mit der Vorstellung, dass Gott einen Plan für das Leben eines jeden Menschen erdacht hat. Vor allem, wenn Gott massiv in das Leben von Menschen eingriff und sie damit vor schwere und schmerzliche Herausforderungen stellte, sollte der christliche Glaube helfen, diese Schicksalsschläge anzunehmen, Gottes Hand darin zu erkennen - sich zu einem „Ja" zu seinen Plänen durchzuringen. In einem gewissen Sinn blieb der davon betroffene Mensch jedoch in einer passiven Rolle, da es für ihn vor allem um das *Akzeptieren* des Geschehenen ging.

Im Dialog mit dem Gott des Lebens

Das Konzept Pater Kentenichs hingegen geht einen entscheidenden Schritt weiter, wenn er von einem „*aktiven Vorsehungsglauben*" spricht.

Gemeint ist, dass dem menschlichen Partner im Zusammenspiel mit Gott eine handelnde Rolle zukommt. Zwar gibt es den Plan Gottes für jeden Menschen von Ewigkeit her – aber Gott macht die Verwirklichung vom aktiven Mittun des Menschen abhängig. Durch die konkreten Ereignisse will er mit ihm quasi in einen persönlichen Dialog treten, spricht er ihn an. Dabei fordert er ihn auch zu einer Antwort heraus. Gott möchte den Menschen gewinnen, sozusagen „mitzuspielen“: Indem er stückweise versteht, worum es in diesem „In- und Miteinander“ von Gott und ihm selbst eigentlich geht, ist er aufgefordert, eine eigene Entscheidung zu treffen. Darin steckt immer auch ein Wagnis: Habe ich Gott richtig verstanden? „Glauben“ umfasst dann weit mehr als das Bejahen religiöser Wahrheiten, es meint ein persönliches Betroffensein, ein Hineingehen in mein konkretes Leben – mit der Gefahr, dass ich bei der Deutung Täuschungen unterliege. Das Risiko, Gott falsch zu verstehen, bleibt bestehen und somit auch das Wagnis, das mit einer Entscheidung zu einem antwortenden Handeln verbunden ist. Pater Kentenich hat eine ausgesprochene Sendung darin gesehen, diese Art des aktiven Vorsehungsglaubens in der Kirche zu verbreiten. Dass die Schönstatt-Bewegung selbst ohne diese Art des Glaubens nicht möglich geworden wäre, wird im Kapitel „Aus dem Glauben leben – die dreidimensionale Spiritualität“ am Beispiel der „Bündnisfrömmigkeit“ exemplarisch aufgezeigt. Hier zeigt sich besonders deutlich, wie stark die Ausprägung der Originalität Schönstatts abhängig ist von dem ständigen, vorsehungsgläubigen Eingehen des Gründers auf die Pläne Gottes.

Als ich Pater Kentenich begegnen durfte und später mit ihm zusammenarbeiten konnte, war von Anfang an mein stärkster Eindruck: Hier ist ein Mann, der ganz konkret an die Wirksamkeit Gottes in seinem Leben glaubt und aktiv darauf einzugehen wagt. Nie zuvor war ich einem Menschen begegnet, bei dem man diese geheimnisvolle Gegenwart Gottes so lebendig spüren konnte, der so ganz und gar davon durchdrungen war und sich in seinen Entscheidungen davon je neu bestimmen ließ. Und das Eigenartigste: Er machte überhaupt kein Aufhebens davon. Es schien so selbstverständlich und so paradox es klingt – so „natürlich", ja „alltäglich". Schon nach der ersten Begegnung sann ich darüber nach, wie das sein konnte: Gott schien ihm ganz nah, ganz vertraut; man hatte den Eindruck, als käme er gerade aus einem Gespräch mit ihm. Und alles war so still, unauffällig und in dieser bisher unbekannten Weise „natürlich". Es gab da so etwas wie einen „Überschuss" im Erleben, den ich nicht adäquat benennen konnte.

„Pendelsicherheit"

Wenn Pater Kentenich über die Geschichte Schönstatts sprach – z. B. schilderte, wie es zur Gründung Schönstatts kam oder zu seinem Entschluss, am 20. Januar 1942 auf alle menschlichen Mittel zu verzichten, die ihn vor dem Transport nach Dachau ins Konzentrationslager bewahren könnten –, da war es zunächst einfach eine Darstellung der Fakten, die in dem Moment die konkrete Situation ausmachten. Und doch beschrieb er das Wirken Gottes und das konkrete Ergebnis, das im Zusammenwirken des Menschen mit diesem vorsehenden Gott entstanden war. Ich hatte den Eindruck, dass Pater Kentenich als Bündnispartner Gottes eine beeindruckende Sicherheit in diesem Zusammenspiel besaß. Er lebte in dieser übernatürlichen Wirklichkeit, die ihre eigenen Gesetzmäßigkeiten, „Spielregeln" hat. Wenn er von solchen Erfahrungen sprach, spürte ich, dass es sich nicht um intellektuelle Überlegungen handelte. Es waren für ihn existentielle Erfahrungen, verbunden mit einer spirituellen Erfahrungstheologie, die sich nicht selten eine eigene Ausdrucksweise geschaffen hat.

So spricht er z. B. von „Pendelsicherheit", die das Leben aus dem Glauben schenkt – der Glaubende erfährt die Sicherheit aus dem Vertrauen auf Gott. Das „Pendel" des Glaubenden ist jedoch nur „oben" sicher verankert, was bedeutet, dass der Glaubende „unten", in der irdischen Realität, die Bewegtheiten des Lebens mit vielen Unsicherheiten erlebt und auskostet. Aus dem Gestapo-Gefängnis in Koblenz schreibt er, bevor er nach Dachau verschickt wird: „Ja, wir sind von Unbegreiflichkeiten umgeben. Das war schon immer so. Wir haben auch ein wenig davon geahnt und erfasst, aber nur ganz wenig. Wir glaubten zwar daran, aber der Glaube war nicht lebendig und tief genug." (Brief 13.2.1942).

Die Herausforderungen durch die geistige Situation der damaligen Zeit trafen auf ein Christentum, das in ruhigen Zeiten „verbürgerlicht" geworden war. So schreibt er aus dem Gefängnis der Gestapo in Koblenz: „Man sagt mir, von den 85 Geistlichen, die im letzten Jahr hier durchgegangen sind, wären 99 Prozent innerlich verbittert, gelähmt, zerbrochen. Ein nicht geringer Prozentsatz unserer Priester ist über eine verbürgerlichte Auffassung von Religion und Leben nicht hinweggekommen." (Brief nach Neujahr 1942). Nach seiner Rückkehr aus dem Exil und nach dem Konzil sagt er im Blick auf die Situation des Glaubens: Viele Christen haben gar nicht mehr erlebt und gespürt, in welchem Maß der Glaube ein *Wagnis* ist; die innere Widerstandskraft des Christentums ist entscheidend geschwächt. (vgl. Vortrag für Familien, 27.8.1966).

„Führungsgeschichte"

Für mich war die Begegnung mit Pater Kentenich in diesem Zusammenhang die Erfahrung einer unbekannten Tiefendimension des christlichen Glaubens. Und er war der erfahrene Führer, der schon lange die Wege der Vorsehung Gottes gegangen war und sie mir eröffnen und zeigen konnte. Dabei machte ich eine Entdeckung: Ausgehend von dem, was ich im Umgang mit Pater Kentenich gelernt hatte, erschloss sich mir die Heilige Schrift in einer neuen Weise. Die Heilsgeschichte war im Groß-Maßstab, was ich im Nachvollzug der Schönstattgeschichte im Kleinen lebendig erfahren hatte. Die Gesetzmäßigkeiten, nach denen Gott seine „Mitspieler" erwählte und gebrauchte, um sein Bundesvolk durch die Zeiten zu führen, waren unter wechselnden Umständen doch frappierend ähnlich. Das Wort *Führungsgeschichte* wurde für mich der präziseste Ausdruck für das Kernerlebnis, um das es im Leben aus dem Vorsehungsglauben letztlich geht. Das galt beim Nach-Lesen der biblischen Erzählungen von Abraham, Moses, den Propheten und auch von Jesus selbst, wie auch beim Nach-Vollziehen der einzelnen Etappen der Schönstattgeschichte. Pater Kentenich erzählt von den vier Wochen Bunkerhaft im Gestapogefängnis in Koblenz, dass er in der Einsamkeit und Dunkelheit dieser Zelle und angesichts der Bedrohungen seines eigenen Lebens wie auch seines Lebenswerkes Tag und Nacht in einem inneren Dialog mit den großen Gestalten der Heilsgeschichte gelebt und z. B. mit Abraham die Forderung Gottes durchgebetet habe, ihm den „eigenen Sohn" zu opfern: „Allmächtiger, willst du dieses Kind mir nehmen..." Er hat dieses Abrahams-Gebet später in die Sammlung seiner Gebete, die im KZ Dachau entstanden sind, aufgenommen. („Himmelwärts", hier S. 118)

Allmählich nahm auf diese Weise die geistliche Gestalt Pater Kentenichs in mir klarere Konturen an. Trotz der Fülle von Aspekten, die in ihm lebendig waren, ist er für mich der Mann des Glaubens. Er war ganz und gar geprägt von seinem Gottesbild, dem Gott des Lebens. Ihm war er unablässig auf der Spur, seine Stimme versuchte er aus den Ereignissen zu vernehmen.

Mit nie erlahmender Flexibilität war er bereit, auf seine Winke und Wünsche einzugehen. Wer es mit ihm zu tun bekam, musste unweigerlich mit dieser alles durchdringenden Kraft des Glaubens in Berührung kommen. Dabei ging es nicht laut zu bei ihm, er wollte nicht auf sich aufmerksam machen. Natürlich hat er in seinem ganzen Wirken, in der Begegnung mit Einzelnen wie in seiner Verkündigung, ständig von Gott und vom Glauben an ihn gesprochen, er hat zum Glauben hingeführt und angeleitet. Aber mir ist immer deutlicher geworden, dass der Glaube bei ihm eine Art „stille Kraft" war. Sie war so stark, dass man sie einfach spüren musste. Gerade in ihrer Unaufdringlichkeit war sie durchdringend. Alles war von seiner Person gedeckt. Ich konnte ebenso spüren, dass ihm die Not und das Ringen um den Glauben nicht fremd waren. Je nach dem Gesprächspartner oder der Zuhörergruppe erzählte er auch von der eigenen radikalen Glaubenskrise während seiner Ausbildungszeit. Später schrieb er darüber: „Wegen der Lösung meines Geistes und meiner Seele vom Erdhaften, vom echt Menschlichen, vom Diesseitigen, wurde der ganze Mensch von einem totalen Skeptizismus ... innerlich zerquält und hin und her geworfen... Das Kernstück war in diesen Jahren: *Gibt es überhaupt eine Wahrheit*? Und wie ist sie erkennbar? Indirekt wurde in diesen Vorgang auch das ganze Glaubensgebäude hineingezogen. Als Typ des modernen Menschen durfte ich dessen geistige Not reichlich auskosten." (Zur Studie 1955)

Er bekennt, dass in dieser Zeit seine persönliche Verbundenheit mit Maria die Halt gebende Kraft war. Aus der Krise hervor ging ein Mann, dessen Wurzeln tief in der Seele in einer errungenen Gotteserfahrung eingegraben waren. Er wusste, wovon er sprach, wenn er die Bedingungen für einen widerstandsfähigen Glauben beschrieb; hatte er doch wie Jakob in nächtlichem Ringen mit Gott gekämpft. So konnte er für viele Menschen zum „Vater des Glaubens" werden, ein Abraham für unsere Zeit. In einem

Gespräch über solche Themen erzählte er nachdenklich von einer Beobachtung, die er im Laufe der Jahre immer wieder gemacht habe, dass aus seiner unmittelbaren Gefolgschaft nur ganz wenige unter den modernen Glaubenszweifeln zu leiden hätten: „Es ist, als ob meine eigenen Glaubenskämpfe ihnen diese Not erspart hätten."

In all dem wird immer neu deutlich, dass für Pater Kentenich „Glauben" zutiefst aktiver Vorsehungsglaube ist. Andernfalls scheint ihm die Gefahr zu groß, dass der Glaube einseitig intellektuell bleibt. Was mir bei ihm auffiel, war sein ständiges Wach-Sein, in allem die Stimme des vorsehenden Gottes zu vernehmen, Gottes Spuren zu entdecken. Alles, was in ihm und um ihn geschah – das Kleinste wie die großen Ereignisse –, wurde für ihn durchsichtig auf Gott. Er zitierte oft das Ignatius-Wort: „Deum quaerere, Deum invenire in omnibus" – „Gott suchen, Gott finden in allem." An Pater Kentenich konnte ich erleben, wie es aussieht, wenn ein solcher Glaube das Leben eines Menschen wirklich prägt. Wenn ich in meinem Inneren das Bild von seiner Gestalt suche, wie es in mir lebt, dann ist es das: Der immer Wache, der ununterbrochen Gottes Stimme vernehmen und verstehen will und der immer bereit ist, seine Wünsche sofort umzusetzen. Gott ist für ihn tatsächlich der Gott des Lebens, dem man in allen Dingen und Ereignissen begegnen kann. Immer in seiner Gegenwart leben und sich immer neu liebend mit ihm verbinden, das macht diesen „Mann des Glaubens" aus.

Das „Martyrium des Vorsehungsglaubens"

Ausgehend von der Gotteserfahrung im Alltag kann diese Art des Glaubens durchaus zu Höhen ausreifen, die bis in den Bereich der Mystik hineinreichen. Dabei spielen auch die Glaubensprüfungen eine Rolle. Man darf nicht nur an Extremsituationen denken in diesem Zusammenhang – die er natürlich auch durchlebte. Es gibt einen typischen Ausdruck bei Pater Kentenich, der seine Erfahrung mit dem Gott des Lebens kennzeichnet. Er spricht vom „Martyrium des Vorsehungsglaubens". Wer sich so intensiv und ausschließlich von Gott führen lässt und sich in seinen Entscheidungen so total abhängig macht von dessen Zeichen, muss bereit sein, das bedrückende Dunkel genau so intensiv zu erleben wie das beglückende Helle. Gelebter Vorsehungsglaube kennt die Geborgenheit der Pendelsicherheit, aber auch die Not der Ungesichertheit des Pendels. „Normales" Christsein erlebt beide Ausschläge des Pendels nicht so ausgeprägt. Der Wagnischarakter tritt im radikal gelebten aktiven Vorsehungsglauben am stärksten hervor. Ein Ausdruck wie „Martyrium des Vorsehungsglaubens" kann nur aus persönlichstem Erleben geboren werden (wie z. B. die „dunkle Nacht" der Sinne und des Geistes bei den spanischen Mystikern). Wenn Gott Pater Kentenich als Werkzeug benutzen wollte, um die Bedeutung des Vorsehungsglaubens unter den Bedingungen unserer Zeit ins Bewusstsein breiterer Kreise der Kirche zu rücken, musste er aus eigenster Erfahrung sprechen können. Sein Glaube wurde durch immer neue Prüfungen geführt: beschämende Erfahrungen in seinem sozialen Milieu wegen seiner unehelichen leiblichen Herkunft, die geistige Not als Zeitgenosse, Verfolgung und Konzentrationslager durch den Nationalsozialismus, Ablehnung und Unterdrückung durch die geistlichen Machthaber in der Kirche.

Ein Erlebnis fällt mir in diesem Zusammenhang immer sofort ein. Es war 1962 in Milwaukee. Ich wohnte damals im sogenannten „Movement-Haus", nur ein paar Minuten entfernt vom Haus der Pallottiner, in dem Pater Kentenich lebte. Eines Sonntags, nach dem Mittagessen, rief Pater Kentenich an und fragte mich, ob ich nicht einen Spaziergang mit ihm machen wollte. Als ich ihn kurz danach vor dem Heiligtum traf, fiel mir sofort auf, dass er ungewöhnlich ernst war. Das wurde noch stärker, als er ohne Einleitung und Übergang mich in seine Überlegungen mit einbezog. Er hatte sich offenbar mit Vorwürfen und Anklagen beschäftigt, die man gegen ihn vorbrachte. Nun erzählte er mir, dass er sein langes Leben vor seinem geistigen Auge vorüberziehen ließ und konstatierte, dass es eine ununterbrochene Kette von Angriffen gewesen sei, die sein weiteres Wirken unmöglich machen sollten. Das fing damals an, als er seine Erziehertätigkeit begann – der Rektor Pater Wagner wollte unbedingt, dass er von seinem Posten abberufen würde. Und so ging er chronologisch die vielen Jahre und damit die wechselnden Obern durch und erzählte mir, auf wie unterschiedliche Weise in den unterschiedlichsten Situationen sie gegen ihn und sein Tun eingestellt waren. All das erzählte er ganz ruhig, ohne die Stimme zu erheben oder seinerseits die einzelnen Personen zu verurteilen. Auf der einen Seite wurde es durch seine Stimme und seine ganze Haltung ganz offensichtlich, dass er betroffen und bewegt war, auf der anderen Seite blieb er ganz ruhig. So gingen wir - an diesem Tag mit tief hängenden, dunklen Wolken - unter alten, ausladenden Bäumen nebeneinander her. Ich war von der Aufzählung der Widerstände gegen seine Tätigkeit so gebannt, dass ich nichts sagen oder fragen konnte. Er rechnete offensichtlich auch nicht damit – es war kein Gespräch, sondern ein Teilnehmen-Lassen. Das Ganze dauerte etwa eine gute halbe Stunde. Gegen Ende entstand zwischen dem Erzählen über die einzelnen Personen und darüber, was sie gesagt oder getan hatten, eine kleinere Pause. Nach dem letzten Bericht war es eine ganze Weile still und dann hörte ich ihn sagen: „Dass ich das alles mein ganzes Leben lang aushalten und immer weiter arbeiten konnte... Das alles ist ohne ein unermesslich tiefes Gotteserlebnis absolut unerklärlich." Wir gingen noch ein paar Schritte weiter, dann verabschiedete er sich ohne ein weiteres Wort.

Beim oftmaligen Nachkosten meiner Erlebnisse mit Pater Kentenich und beim Nachdenken über die einzelnen Aspekte unserer Schönstattspiritualität ist mir dieses eben Geschilderte zu einem besonderen Schlüsselerlebnis geworden. Hinter vielem oder allem, was er gesagt hat, steckte immer auch die existentielle Dimension des gelebten Lebens in der Erfahrung mit Gott, das Verwurzeltsein im Glauben an diesen Gott des Lebens. Ein Mann des Glaubens, der für ungezählt viele zum Vater des Glaubens werden konnte.

Die Gründung Schönstatts

Die stille pädagogische Kleinarbeit im engen Radius des pallottinischen Studienheimes wird auf einmal durch ein unvorhersehbares Eingreifen Gottes in dramatischer Weise ausgeweitet. Der Ausbruch des Weltkrieges 1914 ist ein äußerer Anlass, der vieles verändert. Doch die weitaus folgenreichere Veränderung ist von anderer Art. Im Juli 1914 liest Pater Kentenich in der Wochenzeitschrift „Allgemeine Rundschau" den Artikel von Pater Cyprian Fröhlich über einen Besuch des italienischen Wallfahrtsortes Valle di Pompeji bei Neapel. Dort hatte der Advokat Bartolo Longo aus Liebe zu Maria eine große Kirche erbaut und mehrere Häuser für arme Kinder und bedürftige Jugendliche gegründet. Innerhalb kurzer Zeit war die neue Gründung aufgeblüht und zu einem großen Wallfahrtsort geworden. Der Bericht des Kapuzinerpaters Fröhlich wird für Pater Kentenich zu einem einschneidenden Ereignis. Da hatte ein gläubiger Laie aus eigener Initiative sozusagen einen Wallfahrtsort gegründet – ohne Visionen oder ähnliche übernatürliche Ereignisse. Und doch hatte der Himmel durch die überraschende Reaktion des gläubigen Volkes seine Bestätigung gegeben – es entstand ein Wallfahrtsort, ein Gnadenort, an dem unzählige Menschen die Hilfe der Gottesmutter und dadurch die Nähe Gottes erfahren haben.

Bei Pater Kentenich löst dieser kleine Artikel eine Reaktion aus, die sich sozusagen in sein Inneres bohrt: *Könnte nicht hier in Schönstatt etwas Ähnliches geschehen wie in Valle di Pompeji?* Diese Frage beschäftigt ihn Tag und Nacht. Sie führt zu einem inneren Ringen, das ihn nicht mehr loslässt. Seit dem Erscheinen des Artikels am 18. Juli hat sich einiges ereignet – mittlerweile ist der Erste Weltkrieg ausgebrochen. Die Jungen des Studienheimes werden in ihren Heimatferien benachrichtigt, dass der Schuljahresbeginn verschoben sei. Ganz Deutschland ist von einem Taumel erfasst. Inmitten dieser äußeren Turbulenzen geht das innere Ringen bei Pater Kentenich weiter. Konnte es wirklich sein, dass Gott ihm durch kleine Zeichen einen großen Plan mitteilen wollte? Einen Plan, der nur Wirklichkeit werden konnte, wenn er, Pater Kentenich, seine Zustimmung gab? Aber war so etwas möglich, wo doch alles menschlich gesehen klein und unscheinbar war, was in Schönstatt in den zwei Jahren seit seiner Ernennung zum Spiritual unter den Jungen entstanden war? War das nicht eine einzige große Täuschung? Und wenn es tatsächlich eine göttliche Absicht war – hing dann nicht alles davon ab, dass er seine gläubige Zustimmung gab?

Im Unterschied zu anderen großen Persönlichkeiten der Kirchengeschichte – wie z. B. zur Heiligen Teresa von Avila, die anschaulich beschrieb, wie das in ihrem Innern verlief, wenn Gott in ihr Leben eingriff – ist Pater Kentenich ein anderer seelischer Typ von menschlichem Partner bei göttlichen Unternehmungen. Von ihm gibt es keine Beschreibung der inneren Vorgänge, wie sie sich zwischen dem 18. Juli und dem 18. Oktober 1914 in ihm abgespielt haben. Am 18. Oktober trifft er sich mit den oberen Klassen im Michaels-Kapellchen zur ersten Veranstaltung nach der Rückkehr aus den Ferien. Diese Michaels-Kapelle ist eine alte, unbenutzte Friedhofskapelle auf dem Gelände der Pallottiner, die man den Jugendlichen für ihre Aktivitäten überlassen hat. Jetzt ist klar: Pater Kentenich hat sich entschieden, auf die Initiative Gottes zu antworten. Er glaubt Gott, der ihn einlädt, sich mit ihm zu verbünden, um einen großen Plan auszuführen.

Wir haben nur einzelne Hinweise von Pater Kentenich selbst, was das für ihn bedeutet. Da ist zunächst die Ansprache, die er am 18. Oktober vor seinen Jungen hält. Mit wenigen Worten beschreibt er ihnen, um was es letztlich geht: „Dann darf ich Ihnen wohl eine stille Lieblingsidee kundtun. Als Petrus die Herrlichkeit Gottes auf Tabor gesehen, rief er entzückt aus: Hier ist wohl sein. Lasset uns hier drei Hütten bauen! Dieses Wort kommt mir wieder und wieder in den Sinn. Und des Öfteren schon habe ich mich gefragt: Wäre es nun nicht möglich, dass unser Kongregationskapellchen zugleich unser Tabor würde, auf dem sich die Herrlichkeit Mariens offenbarte? Eine größere apostolische Tat können wir ohne Zweifel nicht vollbringen, ein kostbareres Erbe unseren Nachfolgern nicht zurücklassen, als wenn wir unsere Herrin und Gebieterin bewegen, hier in besonderer Weise ihren Thron aufzuschlagen, ihre Schätze auszuteilen und Wunder der Gnade zu wirken. Sie ahnen, worauf ich hinziele: Ich möchte diesen Ort gerne zu einem Wallfahrts-, zu einem Gnadenort machen für unser Haus und für die ganze deutsche Provinz, vielleicht noch darüber hinaus. Alle, die hierher kommen, um zu beten, sollen die Herrlichkeit Mariens erfahren und bekennen: Hier ist wohl sein. Hier wollen wir Hütten bauen, hier soll unser Lieblingsplätzchen sein! Ein kühner Gedanke, fast zu kühn für die Öffentlichkeit, aber nicht zu kühn für Sie. Wie oft war in der Weltgeschichte das Kleine und Unansehnliche die Quelle des Großen und Größten. Warum sollte dies nicht auch bei uns der Fall sein können? Wer die Vergangenheit unserer Kongregation kennt, dem wird es nicht schwer zu glauben, dass die göttliche Vorsehung mit ihr noch etwas Besonderes vorhat." (18. 10. 1914)

Er trägt ihnen also seine „stille Lieblingsidee" vor: die Gottesmutter einzuladen, von hier aus in besonderer Weise wirksam zu werden, diesen unscheinbaren Ort in einen Wallfahrtsort ungewöhnlicher Art zu verwandeln. Aber er lässt die Jungen auch teilnehmen an seinem inneren Suchen: „Dieses Wort kommt mir wieder und wieder in den Sinn. Und des Öfteren habe ich mich gefragt..." Und andererseits: „Wie oft war in der Weltgeschichte das Kleine und Unscheinbare Quelle der Großen und Größten?" Wenn man sich vor Augen hält, dass hinter diesen Worten ein wochenlanges inneres Ringen mit Gott um die Interpretation seiner Wünsche steht, erstaunt die ruhige Sicherheit seiner Aussagen.

„Das größte Glaubenswagnis meines Lebens"

Die rechten Dimensionen bekommt dieses Suchen und Vergleichen aber erst, wenn man es auf dem Hintergrund seiner oft wiederholten Aussage aufnimmt und einschätzt, dass dieses Glaubenswagnis, an einem göttlichen Plan mit ihm, mit einem Wallfahrtsort Schönstatt festzuhalten, das unvergleichlich größte Wagnis seines Lebens gewesen sei. Und sein Leben ist wahrhaftig reich an Glaubenswagnissen – wenn man z. B. an seine Entscheidung denkt, auf alle menschlichen Mittel zu verzichten, um den Transport nach Dachau zu vermeiden. Er spricht in solchen Zusammenhängen gern von einem „Todessprung für Verstand, Wille und Herz", den der Glaube verlangt, wenn alle menschlichen Sicherheiten wegfallen und der nackte Glaube allein auf Gottes Macht und Führung baut. Wer solche Zusammenhänge und ihre Dimensionen nicht kennt und durchschaut, nimmt nur „fromme" Dinge wahr – ein frommer Pater bindet eine Gruppe von Studenten an eine Kapelle, die mehr oder weniger unbenutzt war.

Mir sind beim Zusammentreffen mit Pater Kentenich nach und nach diese Dimensionen seines Sich-Einlassens auf den unberechenbar vorsehenden Gott aufgegangen. Ich bin immer wieder hängen geblieben an diesem Ausdruck „das größte Glaubenswagnis meines Lebens". Im Jahr 1963 hatte ich mit einer Gruppe von Theologen in Milwaukee die Gelegenheit, ihn über dieses Ereignis der Gründung sprechen zu hören. Die Äußerung vom „größten Wagnis" seines Lebens löste Erstaunen aus und bei mehreren Mitbrüdern regte sich die gleiche Verwunderung. Einer fragte ihn: „War die Entscheidung vom 20. Januar 1942 nicht ein viel größeres Wagnis?" Die Antwort kam sofort und mit ruhiger Sicherheit: Nein, der Todessprung war 1914 größer, weil die Gründe, die das Fundament für diesen Glauben bilden könnten, viel schwächer waren und die Tragweite des Glaubensprungs ungleich größer.

Versucht man den Vorgang der Gründung zu begreifen, wird deutlich: Es ist ein Geschehen, das in seiner ganzen Tiefe und Bedeutsamkeit nur im Glauben erfasst werden kann. Pater Kentenich macht selbst darauf aufmerksam, wenn er von der göttlichen Vorsehung spricht. Wir stoßen hier wieder auf die zentrale Haltung in seinem Leben, die schlechthin sein ganzes Handeln bestimmt. Der Gründer ist überzeugt, dass Gott auch hier einen Plan verfolgt, nach dem er alles führt und fügt - der Vorsehungsglaube ist seine „Weltanschauung". Dieser Glaube ist ihm zur „zweiten Natur" geworden, sodass er in allem, was um ihn vorgeht, mit hellwachem Sinn Gottes führende Hand zu entdecken sucht und alles als Wink und

Wegweisung Gottes deutet, als eine „geöffnete Tür", durch die *Er* uns seinen Plan entschleiern will.

Jahrzehnte später – im Jahr 1954 – beschreibt er selbst, wie sich ihm die einzelnen Hinweise der Vorsehung zu einem Ganzen zusammenfügten. Er schreibt an Pater Menningen, einen seiner engsten Mitarbeiter: „Um das zu verstehen, mußt Du Dich daran erinnern, daß ich 1912 den mir durch Ernennung zum Spiritual gewordenen Erziehungsauftrag ... wie eine göttliche Wegweisung für mein ganzes Leben auffasste. ... Damit war mein künftiger Lebensweg als Erzieher gekennzeichnet und bestimmt. Alles ohne Ausnahme wurde diesem göttlichen Rufe und Berufe untergeordnet und geopfert. Die Seele war davon so stark erfüllt, daß sofort die inneren Beziehungen zu dem mutmaßlich von Gott geplanten Gnadenort hergestellt waren, als der Gedanke daran ins Bewußtsein trat... So entstand die große Idee: Die Gottesmutter soll sich hier in diesem Heiligtum als Erzieherin schlechthin niederlassen... und von hier aus unsere Erziehung ... in die Hand nehmen. ... Sie ist es, die ... eine umfassende, durchgegliederte Erneuerungs- und Erziehungsbewegung ins Leben rufen, führen und fruchtbar machen will." (ZwBrief 1954, 40f) Und: „Schließe daraus, daß es also Gott ist, der zunächst spricht, und nicht der Mensch. Anders ausgedrückt: Gott steht als der Gott des Lebens am Anfang der Schönstattgeschichte und nicht der Mensch." (ZwBrief 1954, 39)

Was diese Worte beschreiben, erschließt sich nicht beim ersten Lesen. Zum einen überrascht die Deutung, dass mit der Ernennung zum Spiritual sein ganzer Lebensweg eindeutig vorgezeichnet sei. Ebenso erstaunlich ist die prophetische Sicht, dass die Gottesmutter sich nicht nur im Heiligtum niederlassen werde, sondern dass damit gleichzeitig, im Sinne ihrer Sendung für die Kirche, die Entstehung einer „umfassenden Erneuerungs- und Erziehungsbewegung" verbunden sei. Diese Einsicht hat nicht nur sein Inneres bewegt, sie hat sein gesamtes zukünftiges Leben bestimmt. Dieser gleichsam über ihn hereinbrechende Eingriff Gottes ist schlechthin *das* zentrale Ereignis in seinem Leben. Alle bisherigen Führungen sind damit ins Ziel gekommen: der Gründer ist für seine Lebensaufgabe bereitet. Die Gründung ist vollzogen. Aus einigem Abstand rückt Pater Kentenich später diesen Eingriff Gottes in einen heilsgeschichtlichen Zusammenhang und spricht von einer „neuen göttlichen Initiative".

Noch liegt alles im Verborgenen: Am Abend des 18. Oktober 1914 gibt es einen einzigen Menschen, der um das Geschehen weiß und etwas von seiner Bedeutung für die Kirchengeschichte ahnt – den Gründer selbst. Nun ist alles in ihm angespannt: Wie würde es weitergehen, würde die „schöpferische Resultante" bestätigen, was er im gläubigen Vertrauen an Deutung gewagt hatte? Der abenteuerliche Weg Pater Kentenichs als *Gründer*, als Werkzeug des vorsehenden Gottes hat begonnen. Dieser Gott des Lebens und der Geschichte hatte durch sein Eingreifen ein für alle Mal die Weichen gestellt, hatte dem unscheinbaren Keim Schönstatts als Wallfahrts- und Gnadenort seine alles entscheidende Prägung gegeben. Die Deutung, die Pater Kentenich den Anregungen Gottes in seinem Inneren gibt, ist sein Glaubenswagnis. In großer innerer Einsamkeit hält er an dieser Interpretation des göttlichen Planes fest – in der Hoffnung und Erwartung, dass Gott sie durch ein neues Eingreifen bestätigen würde. Später nennt er diese Gesetzmäßigkeit des Vorsehungsglaubens: „Gesetz der geöffneten Tür" und „schöpferische Resultante".

Wie ernst er es damit meint, immer auf die Stimme des vorsehenden Gottes zu hören, wird ganz deutlich in seinem folgenden Verhalten: An sich sollte man vermuten, dass er nun – nachdem eine klare Entscheidung in ihm gereift war und er sie den Jungen vorgetragen hatte – darangehen würde, mit ihnen zu arbeiten, ihnen den Plan Gottes zu erklären und sie dafür zu gewinnen. Stattdessen setzt er alles auf eine Karte – und hält danach absolutes Schweigen. Von sich aus kommt er nicht auf den Eingriff von oben zu sprechen, nur, wenn einer eine Frage stellt. Er will Gott absolut die Initiative überlassen – wenn es wirklich *sein* Plan und *sein* Werk ist, würde er bestätigend eingreifen. Alle menschliche Aktivität musste zurücktreten, *Gott allein* hatte das Wort.

Würden die Jungen seine „stille Lieblingsidee" aufgreifen, darauf eingehen – oder würde alles im Sand verlaufen, wie so vieles, was in einer Predigt einmal angesprochen und dann wieder vergessen wird? Man muss sich die innere Situation Pater Kentenichs vorstellen – das größte Glaubenswagnis seines Lebens in seelischer Höchstspannung aussprechen – und danach auf ein Zeichen Gottes warten, durch das eine Bestätigung erfolgen würde – oder eben nicht. Diese erfolgt dann auch, aber langsam, fast zögerlich. Der eine oder andere kommt und fragt – es gibt zunächst keine gemeinsame Zustimmung. Nach und nach formt sich ein gläubiges *Ja*, das Pater Kentenich als göttliche Zustimmung verstehen kann. Und erst als die „schöpferische Resultante" greifbar geworden ist, fängt er an, zielstrebig die Fäden aufzugreifen und die menschliche Antwort auf das göttliche Angebot zu konkretisieren.

Eine tiefe Liebe zu Maria

Pater Kentenich und seine Beziehung zur Gottesmutter

„Die eigentliche Lehrmeisterin meines Lebens"

Gestalt und Sendung Pater Kentenichs lassen sich nicht begreifen, ohne seine tiefe und ungewöhnlich praktisch-gläubige Beziehung zur Gottesmutter Maria in den Blick zu nehmen. Von früher Kindheit an hatte Gott diese Beziehung als zentralen Faktor ins Spiel gebracht, auf den unser Nachtasten unbedingt eingehen muss.

Wir sind der Gottesmutter bereits einmal (vgl. Abschnitt „Eingeborene Idee") an einem wichtigen Punkt im Leben Pater Kentenichs begegnet: während seiner Jugendkrise, als der junge Student innerlich „zerquält" und „hin und her geworfen" wird. Er schreibt später: „Die Seele wurde während dieser Jahre einigermaßen im Gleichgewicht gehalten durch eine persönliche, tiefe Marienliebe." (Zur Studie 1955) Aber das eigentliche Bekenntnis ist noch ungleich gewichtiger. Er spricht von der ungeheuren Einsamkeit in seinen Jugendjahren und schreibt: „Nachträglich dürfte der Sinn davon leicht verständlich sein. Die Seele sollte von fremden Einflüssen, zumal personaler Art, möglichst unberührt bleiben, um mit allen Fasern für die eigentliche Lehrmeisterin meines Lebens und deren Formkraft und Erziehungsweisheit geöffnet zu bleiben. Gemeint ist hier die Gottesmutter. Nicht erst seit gestern und ehegestern nimmt sie diese Stellung in meinem Leben ein. Seit unvordenklichen Zeiten lebt sie unter diesem Gesichtspunkt in meinem bewussten Seelenleben... Bis in frühe Kindestage lässt sich dieser Prozess zurückverfolgen." (Zur Studie 1955) Und noch einmal, zusammenfassend und bekräftigend: „Ich musste vollständig innerseelisch allein aufwachsen, weil eine Welt in mir geboren werden musste, die später weitergetragen und weitergeleitet werden sollte." (11. 8. 1935)

Es gibt in diesem Zusammenhang ein Ereignis, das seine tiefe innere Verbundenheit mit „seiner eigentlichen Lehrmeisterin" begründet hat. Pater Kentenich hat über weite Strecken seines Lebens „den Mantel des Schweigens" über seine Kindheit und Jugend gebreitet, nur hie und da eine Andeutung gemacht. Doch seinen Jungen erzählt er von diesem Erlebnis – ohne allerdings erkennen zu lassen, dass es in irgendeiner Weise mit seiner Person zu tun hatte. Es ging ihm nur darum, ihre Liebe zu Maria zu bestärken.

Seine alleinerziehende Mutter hatte ihn früh der Obhut ihrer eigenen Mutter übergeben, als sie selbst aus beruflichen Gründen nach Köln ziehen musste. Mit zunehmendem Alter wurde seiner Großmutter die Sorge um ihn allmählich zu beschwerlich. So sah seine Mutter sich gezwungen, ihn in ein Waisenhaus zu geben. Bevor sie ihr Kind bei Dominikanerinnen im Waisenhaus in Oberhausen ließ, ging sie noch einmal mit ihm in die dortige Hauskapelle und kniete sich mit ihrem Sohn vor eine Statue der Gottesmutter. In der Not ihres Mutterherzens betet sie: „Ich kann jetzt selbst nicht mehr für mein Kind sorgen, sei *Du* jetzt seine Mutter." Dann schenkte sie das Kostbarste, was sie besaß, ein Kommunionandenken, der Gottesmutter - ein silbernes Kettchen mit einem Kreuz – und hängte es der Marienstatue um. Das Ereignis muss einen tiefen Eindruck auf den fast Neunjährigen gemacht haben: Maria, meine Mutter. Unzählige Male hat er später darüber gepredigt, mit Wärme und Nachdruck: Maria ist *wirklich* meine Mutter, sie sorgt nicht nur *wie* eine Mutter für mich.

„Und von da an nahm sie der Jünger zu sich."

Vielleicht darf ich hier einige persönliche Erfahrungen einfügen. Bei meinen Begegnungen mit Pater Kentenich in Milwaukee fiel mir zunächst auf, dass ich ihn überhaupt habe *sprechen* hören über die Gottesmutter. Das klingt zunächst ganz banal, aber in meinem Theologiestudium hatte ich kaum je etwas über Mariologie und marianische Frömmigkeit gehört – und ich hatte an drei verschiedenen Universitäten studiert. Umso mehr fiel mir auf, wie überraschend oft und wie selbstverständlich Pater Kentenich von der Gottesmutter sprach. Dabei ging es gar nicht immer „programmatisch" zu, das floss ganz selbstverständlich bei ihm ein. Man konnte über irgendein Thema mit ihm reden oder etwas erzählen – die Gottesmutter gehörte überall dazu, sie war bei ihm einfach immer da und zwar ganz ungezwungen. „*Und die Mutter Jesu war dabei*" (Joh 2,1) – so habe ich das bei ihm erlebt, ohne lange Erklärungen oder Einleitungen, geschweige denn Entschuldigungen gegenüber einem deutschen Theologiestudenten. Richtig aufgefallen und deutlich geworden ist mir die Art der marianischen Frömmigkeit Pater Kentenichs erst nach einiger Zeit; ich hatte so etwas noch nie erlebt. Meinen ersten großen Eindruck würde ich so zusammenfassen: Für ihn war diese gläubige Überzeugung von der Gottesmutter – von ihrer Person, ihrer Sendung und ihrer Wirksamkeit – *ein selbstverständliches Element seiner christlichen Erfahrung.*

Im Laufe der Zeit hörte ich ihn auch häufig die Worte des Heilandes vom Kreuz herab mit Betonung zitieren: „Siehe deine Mutter!" – manchmal auch auf lateinisch: „Ecce mater tua!" Aber am stärksten fiel mir auf, dass er den letzten Vers des kleinen Abschnittes immer mit zitierte: „Und von da an nahm sie der Jünger zu sich." Seit ich um dieses Ereignis in der Hauskapelle des Waisenhauses von Oberhausen wusste, verband es sich für mich mit dem Geschehen unter dem Kreuz mit Maria und dem Lieblingsjünger. Zumal Pater Kentenich selber das Erlebnis der „Marienweihe des Neunjährigen" wurzelhaft mit der Gründung Schönstatts und dem dabei geschlossenen „Liebesbündnis mit Maria" in Verbindung brachte. Auch hier geschah, was das Evangelium berichtet: „Und von dieser Stunde an nahm sie der Jünger bei sich auf."

Das zweite, was mir auffiel, war die *Art*, wie Pater Kentenich über die Gottesmutter sprach – ganz persönlich und vor allem mit viel Wärme. Man hatte immer den Eindruck, er komme geradewegs von der Gottesmutter und würde von seinem Erleben mit ihr erzählen – offensichtlich hat er *mit ihr* gelebt. Für ihn war das nicht irgendeine theologische Lehre, die man studieren musste, sondern sie gehörte als lebendige Person überall dazu. Alles, was mit Maria zu tun hatte in seinem Leben – seine marianische Sendung, seine mariologische Überzeugung und Lehre, seine persönliche marianische Frömmigkeit -, das alles kam mir in einer ganz undogmatischen Weise nahe. Dies galt zunächst für alle theologischen, religiösen und kirchlichen Zusammenhänge – ob er über die Dreifaltigkeit oder den Vatergott gesprochen hat, es war unmöglich für ihn, an Gott zu denken, ohne dass die Gottesmutter dabei war. Es gab bei ihm kein *großes* Kapitel über Gott und danach ein etwas kleineres Kapitel über die Gottesmutter, sondern sie gehörte einfach in allem dazu. Das war für mich ganz neu.

Es stehen mir dabei Erlebnisse mehr klimatischer Art vor Augen. Wir diskutierten natürlich auch über marianische Theologie, aber das Eigentliche war nicht die Reflexion, sondern das Stehen und Leben in einer Welt, in der Gott wirkende Realität ist und die Gottesmutter eine ganz zentrale Rolle spielt. In diesem Sinne habe ich ihn erfahren als jemanden, *der ganz und gar in einer marianischen Welt lebt*, der ganz spontan und direkt davon erzählt und mich und andere *in diese Welt mit hineingenommen hat.*

Diese Haltung hatte eine Konsequenz: Pater Kentenich hat immer mit der Gottesmutter gerechnet, mit ihrer Fürbitte und Hilfe. Ich glaube, es gibt niemanden, der zu ihm eine innere Beziehung bekommen und dies nicht erlebt hätte. Das war ganz kennzeichnend für ihn: In allen Situationen und Lebenslagen, mit kleinen und großen Problemen und Anliegen hat er sich einfach immer an die Gottesmutter gewandt. Durch meine Erlebnisse in Milwaukee wurde für mich deutlich: *Das* war der Weg Pater Kentenichs. Er hat die Menschen vom Leben und von der Erfahrung her gewonnen und sie damit überzeugt. Als eine Art Deutung der Erfahrung, als Reflexion des Erlebten sprach er dann auch über die marianische Theologie.

Ich hatte kurz vorher die Mariologie von Matthias Josef Scheeben (1835-1888) gelesen, der sehr viele Kirchenväter zitiert. Da gab es einen Ausspruch, dessen Bedeutung mir erst aufgegangen ist, als ich Pater Kentenich näher kennengelernt hatte: Maria ist „in medio trinitatis", „inmitten der Dreifaltigkeit". Zunächst war dies für mich nur ein faszinierender Gedanke, doch in der Begegnung mit Pater Kentenich ist mir die Realität dieser Aussage deutlich geworden. „Maria ist der einzige Mensch, der mit Gott blutsverwandt ist!" – so hörte ich ihn oft sagen.

Über diese ganz persönliche Beziehung zur Gottesmutter hinaus hat Pater Kentenich sich als verantwortlicher Theologe zeitlebens auch intensiv geistig mit der Mariologie beschäftigt und auseinandergesetzt. Den kritischen Anfragen, mit denen wir Studenten während des Studiums konfrontiert wurden und zu ihm kamen, ist er nie ausgewichen. Im Gegenteil – ich habe gestaunt, mit welcher Unbefangenheit er alle Fragen zugelassen und mit welch großer Ehrlichkeit er auch über die problematischen Aspekte der Marienverehrung gesprochen hat – um uns dann theologisch durchdachte Antworten zu geben. Um diese Antworten und sein Verständnis von der Bedeutung der Gottesmutter, um seine Sicht ihrer originellen Sendung von Schönstatt aus geht es im folgenden Kapitel.

Zusammenfassend wird aus allem, was im Zusammenhang mit der Gründung bereits deutlich wurde, die Überzeugung Pater Kentenichs einsichtig: Gott steht am Anfang der Schönstattgeschichte, nicht der Mensch. Gott erwählt und bereitet sich seine Werkzeuge nach seinen Vorstellungen und bestimmt die Sendung, die er ihm anvertraut. Der Erwählte kann nur demütig-bereit sein Fiat sprechen. So war es in der Heilsgeschichte immer, so wiederholte es sich in der Geschichte vieler Gründergestalten. Dass das Verständnis und die Akzeptanz einer solchen von Gott verfügten Sendung in der kirchlichen Öffentlichkeit lange Zeit braucht, um Gehör zu finden und sich durchzusetzen, gehört einfach dazu. Eine solche Sendung ist ein Angebot Gottes – und Gott lässt jedem, der damit in Berührung kommt, seine Freiheit. Das gilt auch und in besonderer Weise für die marianische Färbung der Sendung Schönstatts für Kirche und Gesellschaft.

Ihre originelle Sendung von Schönstatt aus

Das Liebesbündnis

Pater Kentenich ist fest davon überzeugt, dass die Gottesmutter von Schönstatt aus eine ganz besondere Sendung für Kirche und Gesellschaft innehat und erfüllen will. Hörte man ihn über die Vorgänge der Gründung sprechen, mündete es immer darin, dass er deutlich machte: Schönstatt ist durch eine neue göttliche Initiative entstanden, die durch die Gottesmutter konkret wurde. Sie hat sich niedergelassen *im Heiligtum in Schön-*

statt und hat dort mit uns ein Liebesbündnis geschlossen – zunächst in dem historischen Ereignis vom 18. Oktober 1914 und von da an immer wieder bei jedem persönlichen Nachvollzug dieses Ereignisses durch eine ausdrückliche Weihe an sie. Deswegen sind wir vital daran interessiert, alle Entwicklungen der Mariologie und der Marienverehrung zu verfolgen. Es geht uns darum, eine „Lanze für Maria zu brechen", jedoch nicht im Sinne von neuen Dogmen. Vielmehr ist es unsere Aufgabe, uns dafür einzusetzen, dass in der Theologie die Stellung der Gottesmutter im neutestamentlichen Heilsplan zum Tragen kommt. Dazu müssen wir diese zunächst selbst erfassen, uns mit ihrer Sendung beschäftigen, um dann dafür eintreten zu können.

„Ich glaub, vertrau in allen Lagen blind..."

Während eines mehrmonatigen Aufenthaltes in Milwaukee im Jahr 1963 setzte sich die Gruppe junger Theologen, zu der ich gehörte, auch mit modernen theologischen Positionen auseinander, die Maria nur als *Vorbild im Glauben* sehen wollen. Ich erinnere mich gut daran, wie Pater Kentenich in diesem Zusammenhang mit großer Überzeugungskraft betonte: „Nein, das ist nicht genug! Maria hat von Gott eine Aufgabe in der neutestamentlichen Heilsordnung bekommen. Sie hat eine Sendung und sie greift ein. Und sie wird fruchtbar in dem Maße, in dem wir uns auf sie einlassen, in dem wir sie durch uns handeln lassen. Wer daran glaubt und wer sie handeln lässt, der spürt, dass sie von Gott die Aufgabe und die Macht hat, etwas durchzuführen."

In einem solchen Zusammenhang stellte er uns einmal eine ganze Reihe von Erfahrungen aus der Schönstattgeschichte zusammen und kommentierte sie. Es handelte sich dabei um schwierige und manchmal fast aussichtslose Situationen, bei denen es plötzlich doch von irgendwoher eine Lösung gab, die – gläubig gesehen – nur von der Gottesmutter kommen konnte. Da nahm er dann die alten Gebete her, die wir in Schönstatt haben und brachte sie damit in Verbindung. Ich weiß noch, wie mir dabei schlagartig klar wurde, dass solche Gebete – wie z. B. „Ich bau auf deine Macht und deine Güte,..." – nicht am Schreibtisch entstanden, sondern aus der Erfahrung geboren wurden. Sie sind formuliert als Summe seiner Lebenserfahrung: „Ich glaub, vertrau in allen Lagen blind, auf dich, du Wunderbare, und dein Kind." Auch das „Clarifica te" – „Verherrliche dich" – und viele andere typische Ausdrücke der Schönstatt-Spiritualität bekommen eine ganz andere Lebendigkeit, wenn man die damit verbundene Geschichte kennt und aufgenommen hat. Für Pater Kentenich war all dies keine Theorie in einem System, an die er sich geklammert hat, sondern eine Widerspiegelung seiner persönlichen Erfahrung. Dieses Bauen auf die Realität der Übernatur, auf die Wirklichkeit des Bündnisses, die Erfahrung: „Ich bin nie allein, die Gottesmutter hat ein Bündnis mit mir geschlossen und alles, was ich tue, kann ich im Vertrauen darauf tun" – all dies gehört zum Schönsten und innerlich Befreiendsten, was ich persönlich bei ihm in dieser Zeit erleben durfte – und ist der eigentliche Kern der Sendung des Liebesbündnisses.

„Ich liebe die, die mich lieben"

Diese Sendung ist durch den Vorgang der Gründung lokal an das Heiligtum gebunden und von der Mitarbeit der Menschen abhängig gemacht. Der bereits zitierte Vortrag Pater Kentenichs vor den Jugendlichen am 18. Oktober 1914, der später als „Gründungsurkunde" bezeichnet wird, legt der Gottesmutter die Worte in den Mund: „Macht euch keine Sorge um die Erfüllung eures Wunsches. Ego diligentes me diligo. Ich liebe die, die mich lieben. Beweist mir erst, dass ihr mich wirklich liebt. Erwerbt euch nur durch treue und treueste Pflichterfüllung und eifriges Gebetsleben recht viele Verdienste und stellt sie mir zur Verfügung. Dann werde ich mich gerne hier niederlassen und reichlich Gaben und Gnaden austeilen."

Pater Kentenich hat diese Originalität des schönstättischen Gnadenortes in der Wortprägung „*Nichts ohne Dich – nichts ohne uns*" eingefangen. „Nichts ohne Dich" drückt die gläubige Haltung des Menschen aus: Alles ist Gnade, was uns im Liebesbündnis geschenkt wird. Aber dazu kommt die Überzeugung, dass Gott sein Gnadenwirken an unsere menschliche Mitwirkung binden will: „Nichts ohne uns". Die ganze neutestamentliche Heilsordnung ist davon in vielfältiger Weise geprägt, besonders deutlich wird das bei den Sakramenten: Gott schenkt sich und sein göttliches Leben durch die Sakramente, die aber nicht „Magie" sind, sondern vom Menschen Glauben und gläubiges Mittun verlangen. In Schönstatt gilt das ebenso: Gott schenkt uns die Nähe und Hilfe der Gottesmutter in unserem Streben nach Gottverbundenheit und erwartet unsere Bereitschaft, uns mit all unseren Kräften für sie einzusetzen. Aber dieses Miteinander ist kein fordernder, sachlicher Vorgang. Es ist ein Geschenk unter Liebenden. „Ich *liebe* die, die mich lieben", lässt die Gründungsurkunde die Gottesmutter sprechen. Die knappe Formulierung wurde damals in eine Atmosphäre hinein gesprochen, die es den Jungen leicht machte, den Sinn zu verstehen. Für sie war Maria bereits eine wichtige mütterliche Bezugsperson in ihrem alltäglichen Leben.

Viele tun sich heute schwerer damit. Es könnte scheinen, als ob die Gottesmutter nicht alle Menschen liebt, sondern nur einige „besonders Begabte", Privilegierte, die jetzt schon soweit sind, sie von sich aus zu lieben. Dieser Ausdruck, der aus der Heiligen Schrift stammt (Spr 8,17), steht dort in einem anderen Zusammenhang, will niemanden ausschließen. Es geht vielmehr um eine besondere Aufgabe, bei der Liebende sich miteinander verbünden, um sich gemeinsam nach einem hohen Ziel auszustrecken und sich gegenseitig dabei zu unterstützen.

„Beweist mir erst, dass ihr mich liebt."

Das gilt auch für den anderen Ausdruck in der Gründungsurkunde, der noch missverständlicher sein könnte: „Beweist mir erst, dass ihr mich liebt." Was soll das für eine Liebe sein, die zunächst Beweise fordert, bevor sie sich selbst engagiert? Hat man jedoch einmal begriffen, um welchen Vorgang es sich dabei handelt, kann man die verschiedenen, zunächst sperrigen Ausdrücke einordnen und verstehen. Zunächst ist es wichtig zu wissen, dass Pater Kentenich den Ausdruck „beweisen" häufig gebraucht – und zwar mit der Bedeutung „zeigen, zum Ausdruck bringen": „Zeigt mir eure Liebe, lasst mich eure Liebe spüren!"

Außerdem geht es hier nicht um die Herstellung einer Beziehung zwischen den Jungen und der Gottesmutter – diese existiert ja bereits! Es handelt sich vielmehr um eine neue Ebene des Miteinanders, um ein gemeinsames Ziel, das beide anstreben. Der Gründer versucht an dieser Stelle, den Jungen Gottes Plan verständlich zu machen: *Er* will in Schönstatt einen Gnadenort der Gottesmutter gründen und will dafür unsere Mitarbeit. Diese soll in einem intensiven Streben nach Heiligkeit bestehen. Das „Beweist mir erst" ist demnach die Einladung der Gottesmutter, ihr zu zeigen, dass es ihnen ernst ist mit ihrem Einsatz. Es ist so etwas wie ein Wettstreit unter Liebenden, bei dem sie dann ihrerseits verspricht, ihren Beitrag zu bringen. Es geht also nicht um die Eröffnung dieses „Liebes-Spieles", sondern um die Steigerung der Liebe im Ringen um das gemeinsame Ziel. Das

„Nichts ohne uns" ist dann die Voraussetzung, an die Gott die Wirksamkeit der Gottesmutter von ihrem Heiligtum aus knüpft.

„Dann will ich künftig von hier aus die jugendlichen Herzen an mich ziehen,..."

Diese Wirksamkeit wird in der Gründungsurkunde noch näher beschrieben: „Dann will ich künftig von hier aus die jugendlichen Herzen an mich ziehen, sie erziehen zu brauchbaren Werkzeugen in meiner Hand." Von Anfang an hat Pater Kentenich die Sendung der Gottesmutter von dem neuen Gnadenheiligtum aus in Verbindung gebracht mit der Sendung Schönstatts für die Erziehung des „neuen Menschen". Deshalb wird die Gottesmutter in Schönstatt als „Erzieherin" gesehen und angerufen. Das ist die originelle Form ihres Mutterseins. Von den frühen Zeiten des Christentums an hat die Kirche sie als Mutter der Christen verehrt, in Schönstatt steht sie nicht nur als behütende Mutter vor uns, sondern als Mutter, die von Gott die Sendung erhalten hat, alle, die sich ihr anvertrauen, zu guten Christen zu erziehen.

Das gilt nach seinem eigenen Bekenntnis als Erstem von Pater Kentenich selbst. Man muss das einmal ganz ruhig auf sich wirken lassen: Er nennt Maria die „eigentliche Lehrmeisterin meines Lebens" und spricht von ihrer „Formkraft und Erziehungsweisheit", weil er das selbst an sich erfahren hat. Deshalb glaubt er an ihre Sendung als Erzieherin des neuen Menschen und Christen.

Ohne hier umfassend die gesamte Auffassung Pater Kentenichs zu den Fragen des Marienbildes und der Marienverehrung darstellen zu wollen, sollen doch einige Aspekte genannt werden, die für die Haltung Schönstatts charakteristisch sind. Sie haben die Schönstatt-Bewegung eine originelle Rolle in den Auseinandersetzungen zwischen den Fronten der verschiedenen Strömungen spielen lassen.

Ein Gnadenort ohne Erscheinungen

Ein erstes Charakteristikum ist der ablehnende Verzicht auf eine mögliche Abhängigkeit von Erscheinungen, Visionen oder ähnlichen Phänomenen im Blick auf den Gnaden- und Wallfahrtsort Schönstatt und seine marianische Spiritualität. Mit aller Entschiedenheit hat Pater Kentenich darauf bestanden, dass Schönstatt sich nur auf den einfachen katholischen Glauben stützt. Natürlich lässt er, wie die Kirche selbst, jedem Christen die Freiheit, an die Echtheit solcher Erscheinungen zu glauben, solange sie von der Kirche anerkannt oder geduldet sind. Aber die Entfaltung der marianischen Frömmigkeit in Schönstatt soll in keiner Weise von außergewöhnlichen Erkenntnisquellen abhängig oder beeinflusst sein. Das ist im Übrigen nur die Anwendung seiner Grundeinstellung, die für alle Bereiche des Glaubenslebens gilt. Pater Kentenich sieht eine besondere Zeitsendung Schönstatts darin, auf solche Phänomene zu verzichten, aber den Glauben der Kirche mit aller Konsequenz und großer Wärme zu leben. In Dachau hatte er Gelegenheit, die Erscheinungen der Gottesmutter in Fatima näher kennenzulernen. Das regte ihn an, eine Studie über Fatima und Schönstatt zu schreiben, in der er die Unterschiede darlegt und das Spezifikum Schönstatts herausstellt.

„Gefährtin und Gehilfin Christi bei seinem gesamten Erlösungswerk"

Eine zweite Charakteristik betrifft das dogmatische Marienbild, für das es in der Mariologie Pater Kentenichs zwei Ansätze gibt. Dabei geht es zunächst um sein Anliegen, die vielen Eigenschaften, die man Maria zuschreibt, auf eine gemeinsame Wurzel zurückzuführen. Er war dabei auf seine Weise erfasst von der in den ersten Jahrzehnten des 20. Jahrhunderts entstandenen theologischen Strömung mit dem Ziel, ein mariologisches „Fundamentalprinzip" zu entdecken. Sein lebensnahes, „organisches" Denken hatte Pater Kentenich davor bewahrt, eine logische Konstruktion zu schaffen, aus der einzelne Aspekte und Facetten abgeleitet werden könnten. Aber das Anliegen, das Bild Gottes von Maria, der Mutter seines Sohnes, als letztlich einfaches Gesamtbild zu entdecken, bewegte auch ihn. Dieses Bild ist ihm offenbar sehr früh aufgegangen, er hat es immer wieder formuliert und alles daran festgemacht: Es ist *die Zwei-Einheit zwischen Christus und Maria.* Theologisch ausgedrückt heißt sein heilsgeschichtlicher Ansatz: Maria ist nach der Uridee Gottes die *„Gefährtin und Gehilfin Christi bei seinem gesamten Erlösungswerk".* „Gefährtin" heißt, sie ist in einem einmaligen Liebesbündnis ganz tief und innig mit Christus verbunden; „Gehilfin" bedeutet: Obwohl sie nur Mensch war, hat Gott sie erwählt, dem Erlöser ganz entscheidend auf ihre fraulich-mütterliche Art und Weise zu helfen. Von daher hat Pater Kentenich sein ganzes, schon beschriebenes theologisches Weltbild entwickelt, in dem die Mutter Jesu überall dazugehört.

So steht Maria also in der ganzen, ihr von Gott geschenkten Fülle an Gnaden nicht als Einzelperson vor uns. Der eigentliche Sinn ihrer Existenz ist Christus, um seinetwillen ist sie geschaffen, für ihn und sein Werk ist sie da. Pater Kentenich sagt: Sie ist die „christusgestaltete und christusgestaltende Frau". Im Zentrum steht also Christus, auf ihn ist alles bezogen, von ihm geht alles aus. Doch an seiner Seite steht Maria – vom Anfang bis zum Ende seines Lebens und nicht zuletzt unter dem Kreuz, als bis auf Johannes alle Jünger abwesend waren. „Stabat Mater" - sie bleibt, sie ist da, leidet mit – untrennbar mit ihrem Sohn verbunden. Das in Chile entstandene „Kreuz der Einheit" spiegelt diese Überzeugung Pater Kentenichs wider und ist auf internationaler Ebene zu einem besonderen Ausdruck der marianischen Spiritualität der Schönstattbewegung geworden.

Maria als Immaculata

Der zweite Ansatz der Mariologie Pater Kentenichs ist die Bedeutung der Gottesmutter als *Immaculata.* Maria steht vor uns als der ohne Erbsünde empfangene Mensch, der vom ersten Augenblick seiner Existenz an „voll der Gnade" ist. Sie ist der Mensch, so wie Gott ihn erdacht hat – das Urbild des Menschen, in dem Natur und Gnade harmonisch ineinander greifen. Sie ist ganz offen für Gott und seinen Willen, ganz beheimatet im Göttlichen – und gleichzeitig ganz menschlich, ganz natürlich. Verstand und Wille, Gefühl und Gemüt – alles ist harmonisch miteinander verbunden, sie ist *der Traum Gottes vom ganzen, vom heilen Menschen.*

Erst nach und nach ist mir in der Begegnung mit Pater Kentenich aufgegangen, was die Gottesmutter als *Immaculata* für ihn konkret bedeutet und welche Konsequenzen er daraus für sein Leben und Handeln, für sein ganzes pädagogisches Wirken zieht. Nirgends sonst habe ich ein solches bewusstes und konsequentes Ernstnehmen des Immaculata-Dogmas gefunden, nirgends einen Theologen, der die anthropologische Auswirkung der Erbsünde so deutlich gesehen hätte wie Pater Kentenich. Er hatte erkannt, was es für unsere menschliche Existenz bedeutet, dass wir erbsündlich belastet sind und fasste es in die Worte: *„Ein Bruch geht durch unser ganzes Wesen".* Wir alle leiden an der inneren Zerrissenheit, an dem Auseinanderfallen von Körper,

Geist und Seele, von Kopf und Herz, göttlichem und menschlichem Leben. Selbst als getaufte und dadurch erlöste Christen tragen wir doch bis zum Lebensende oft schwer an den Folgen der Erbsünde.

Viele seiner starken Aussagen über die Gottesmutter – die sein ganzes Menschenbild bestimmen – hat Pater Kentenich aus dem Immaculata-Dogma abgelesen. Sie stehen so nicht in der Bibel, wir können sie nicht bei Lukas oder Markus nachschlagen. Das macht es vielen, ausschließlich „bibelgläubigen" Christen schwer, diese Aussagen anzunehmen und führt immer wieder zu der kritischen Frage: „Woher wisst ihr das eigentlich alles, was ihr über die Gottesmutter erzählt?" Ohne die Erkenntnis und gläubige Annahme, dass Pater Kentenich all diese Aussagen aus der Realität der Immaculata ableitet, lässt sich seine Überzeugung von Wesen und Bedeutung der Gottesmutter nicht verstehen. Für ihn steht fest: Wenn die Gottesmutter ohne Erbsünde geboren ist, hat sie auch die Folgen der Erbsünde nicht in sich getragen. Sie ist der einzige Mensch, der aus dem Paradies stammt, der Mensch, den Gott eigentlich schaffen wollte – *der heile Mensch*, der ganz übernatürliche und gleichzeitig ganz menschliche Mensch.

Pater Kentenich bleibt nicht bei dieser Aussage stehen, sondern geht noch einen Schritt weiter: In der Gottesmutter als Immaculata sieht er nicht in erster Linie ein unerreichbares Vorbild, sondern er ist überzeugt, dass sie dadurch eine ganz besondere Sendung für den Menschen hat. Für ihn steht fest: Wer sich mit ihr verbündet, dem will sie helfen, mehr und mehr zu einem solch ganzheitlichen Menschen zu werden, der in Harmonie mit Gott und mit sich selbst lebt. Immer wieder stellte er heraus: Wir können uns nur als ganze Menschen entfalten, wenn Gnade und Natur in Übereinstimmung sind. Und in diesem Wachstumsprozess spielt die Gottesmutter eine große Rolle.

An dieser Stelle kommt die vitale Ausrichtung Pater Kentenichs auf Pädagogik ins Spiel. Als „Vollblut-Pädagoge" versuchte er, sobald er mit einem Menschen in Berührung kam, zur Entfaltung von dessen Persönlichkeit beizutragen. In diesem Zusammenhang hörte ich ihn häufig sagen: Eigentlich hat Gott seine Vorstellung von dem *ganzen Menschen* nach dem Sündenfall nur ein einziges Mal verwirklicht – bei der Gottesmutter. Wir sind alle „aus dem Nest gefallen", weil wir nach dem Paradies ohne diese Gnade geboren werden und weil mit den Folgen der Erbsünde auch deren negative Auswirkungen in unserer Natur spürbar sind. Jede Art von Pädagogik kann letztlich nur versuchen, das einzuholen, was der liebe Gott uns eigentlich schenken wollte und in der Gottesmutter verwirklicht hat: dass Natur und Gnade zusammenwirken, dass sie eine harmonische Einheit bilden. So entwickelte er nach und nach eine „Immaculata-Erziehung", die dazu beitragen sollte, diesen inneren Bruch zu überwinden und mit Hilfe der Gnade, aufbauend auf der menschlichen Natur, ganz langsam einem harmonischen Menschsein entgegenzuwachsen.

Doch was kennzeichnet einen solchen „Immaculata-Menschen", was macht ihn aus? Eine erste Antwort auf diese Frage habe ich in den Begegnungen mit Pater Kentenich gefunden; von Anfang an fiel mir auf, dass er dieses selbstverständliche Ineinander von Natur und Übernatur ausstrahlte. Bei keinem anderen habe ich das so intensiv erlebt. Das bedeutete auch: Man konnte mit *allem* zu ihm kommen und über *alles* mit ihm reden. Er hatte die ungewöhnliche Fähigkeit, über alle Bereiche des Menschseins ganz selbstverständlich und mit großer Unbefangenheit zu sprechen. Für ihn war ganz klar: Gott hat den Menschen so geschaffen, wie er ist – mit Leib und Seele. Deshalb kann man mit der nötigen Ehrfurcht auch ganz unbefangen über alles sprechen. Der Mensch war für ihn immer ein Ganzes – Natur und Übernatur gehörten zusammen: „Das hat alles der liebe Gott gemacht und alles beeinflusst sich gegenseitig." Diese Art zu reagieren wirkte in ihrer Selbstverständlichkeit ungemein befreiend. Dabei ist mir nach und nach aufgegangen, was er in der Gottesmutter als Immaculata modellhaft verwirklicht gesehen hat und wie er von dort her sein Erziehungsziel erkannte: Der *ganze* Mensch war ganz natürlich und übernatürlich zugleich. Weil er übernatürlich war, war er auch ganz menschlich. Von daher seine These: „*Erst Mensch, dann Christ, dann ganzer Mensch.*" Das war für ihn Immaculata-Erziehung. Die Immaculata war für ihn das Modell, das Leit- und Zielbild all unserer Erziehung. Immaculata heißt in diesem Sinne, dass alles Menschliche und Natürliche, auch alles Leibliche und Geschlechtliche hineingenommen ist in die Welt der Gnade, weil alles von Gott kommt. Und je mehr ein Mensch hineinwächst in die Welt der Gnade, desto menschlich gesünder und ganzheitlicher wird er. Das war sein großer Traum, dahinein wollte er alle ihm Anvertrauten führen.

In diesem Zusammenhang verstand ich zum ersten Mal, dass die Gottesmutter für Pater Kentenich in manchen Zusammenhängen eine Rolle spielt, über die man in mariologischen Büchern nichts lesen kann – und in denen sich von außen die Frage aufdrängt: „Was hat das alles mit Maria zu tun?" Doch ‚von innen' wird deutlich: Wann immer es um Feinfühligkeit und Großherzigkeit, um beseeltes und aufrichtiges Handeln, um echtes und edles Menschsein geht – dann hat das für Pater Kentenich auch mit Maria zu tun. Das ging bis in die alltäglichsten Dinge hinein – das Stichwort „marianisch" tauchte auf bei der Art sich zu geben oder zu kleiden, beim Essen, bei allen möglichen Tätigkeiten. Für ihn lag auf der Hand: Das ergibt sich aus dem Ernstnehmen der Wirklichkeit der Immaculata. Für mich war dies eine große Neuigkeit, persönlich bin ich dadurch der Gottesmutter auf eine Art näher gekommen, die ich vorher so nicht kannte. Dazu brauchte ich eigentlich keine Vorträge über Maria oder über die Theologie der Erbsünde, denn ich habe am Verhalten Pater Kentenichs erfahren, was marianisch ist. Hier erlebte ich einen Menschen, dessen seelisches Feingefühl so ausgeprägt war, dass er alle inneren Spaltungen und Brüche ein gutes Stück weit überwunden hatte. Dieser Mensch war so harmonisch und fein vom Denken, Wollen und Fühlen her, dass ich durch ihn eine Ahnung von Wesen und Sein Marias bekam.

So erhielten auch die häufig geäußerten Bedenken, in unseren Tagen könne man doch nicht mehr von der Immaculata reden, das sei abgehoben und fremd für den heutigen Menschen, für mich einen anderen Stellenwert. Diese Sichtweise ist zwar verständlich und nachvollziehbar. Doch wer Pater Kentenich erlebte, bekam einen anderen Eindruck. Für ihn war die Immaculata nichts Welt- und Lebensfremdes. Er vermittelte: Natürlich ist und bleibt sie uns als Ideal ein Stück weit unerreichbar, aber doch ist sie uns nahe, ist mit unserem Leben verbunden. Wenn wir ehrfürchtig vor unserer ganzen menschlichen Natur stehen und alles unbefangen mit hineinnehmen in die Realität Gottes und seiner Gnade, dann spüren wir, dass die Immaculata gar nicht mehr so abgehoben und weit weg von uns ist. Wir spüren, dass in uns eine Sehnsucht steckt nach einem solchen ganzheitlichen Mensch-Sein-Können, bei dem nichts auseinanderfällt, sondern alles zusammen gehört. Wenn er von der Immaculata spricht, von der Immaculata-Erziehung – das harmonische Ineinander von Natur und Gnade, das Überwinden der Bruchstellen im Menschen, die als Konsequenz der Erbsünde in unserer Natur stecken –, dann meint er genau dies. Die Überzeugungskraft des gelebten Christseins heute geht nicht von Deklarationen aus, sondern davon, dass wir menschlich gewinnend sind. Das hat mich einfach überzeugt.

„Dreimal Wunderbare Mutter, Königin und Siegerin von Schönstatt"

Der Titel, unter dem die Gottesmutter in Schönstatt angerufen und verehrt wird, mag auf den ersten Blick eher lang und vielleicht sogar sperrig erscheinen. Auch hier erschließt sich die tiefere Bedeutung nicht auf den ersten Blick, sie bedarf einer Erläuterung. Im Unterschied zu anderen Wallfahrtsorten, wie z. B. Lourdes oder Fatima, in denen der Titel direkt durch eine Offenbarung entstand, ist er in Schönstatt nach und nach gewachsen. Er ist nur aus der Geschichte der Bewegung zu verstehen. So wurde die Gottesmutter von den Jugendlichen in der kleinen Kapelle zunächst als „*Dreimal Wunderbare Mutter*" angesprochen. Dieser Ehrentitel geht zurück auf den Jesuitenpater Jakob Rem (1546-1618), den Begründer der Marianischen Kongregation in Deutschland. In seinen Gebeten hatte er die Gottesmutter inständig gebeten, ihm doch zu zeigen, welcher Titel ihr der liebste sei. Am 6. April 1604, während des Singens der Lauretanischen Litanei in der Kapelle des Ignatiuskonvikts in Ingolstadt, ließ er unter dem Eindruck einer mystischen Erfahrung die Anrufung „Wunderbare Mutter" dreimal beten. Für Pater Rem umfasste dieser Name fortan alles, was man über die Gottesmutter sagen kann. Sie wurde seitdem im Ingolstädter „Colloquium Marianum" und überall dort, wo Mitglieder dieser Vereinigung lebten, unter dem Titel „Dreimal Wunderbare Mutter" – „Mater ter admirabilis" – verehrt. So erhielt auch das dortige Gnadenbild – eine Kopie des Bildes „Salus Populi Romani" („Heil des römischen Volkes") aus Santa Maria Maggiore in Rom – diese Bezeichnung.

Hier werden die von Beginn an marianischen Wurzeln der Schönstatt-Bewegung deutlich, ist sie doch – wie bereits dargestellt – aus der seit dem 19. April 1914 im Studienheim Schönstatt existierenden *Marianischen Kongregation* heraus entstanden und gewachsen. Pater Kentenich hatte sich von der Bedeutung inspirieren lassen, die diese Gemeinschaft für die Erhaltung und Erneuerung des katholischen Glaubens und der Kirche in der Zeit der Gegenreformation gewonnen hatte. In Anlehnung daran suchte er so nicht nur die Eigeninitiative der Jungen zu stärken, sondern sie auch zu einer tiefen Bindung an Maria zu führen und zu einem intensiven Einsatz für die innere Erneuerung von Kirche und Gesellschaft ihrer Zeit zu begeistern. So übernahm er die Praxis der Marienweihe von der Marianischen Kongregation und seit 1915 auch den Titel „Dreimal Wunderbare Mutter". Die heute weltweit als Gnadenbild Schönstatts bekannte Darstellung von Mutter und Kind fand damals ihren Weg in die kleine Kapelle der Marianischen Kongregation des Pallottiner-Studienheims in Vallendar durch die Hand eines Lehrers. Dieser hatte das Gemälde in einem Antiquitätengeschäft erworben und schenkte es der Gruppe der Jugendlichen. Auch wenn das Bild von Luigi Crosio (1835-1915) – mit dem ursprünglichen Titel „Refugium Peccatorum", „Zuflucht der Sünder" – nicht von herausragendem künstlerischen Wert war und bei vielen zunächst nicht auf große Begeisterung stieß, wurde es dennoch in dem Kapellchen angebracht und unter dem Namen des Ingolstädter Gnadenbildes „Mater ter admirabilis" – abgekürzt „MTA" – verehrt. Durch die Wahl gerade dieses Titels wird schon sehr früh die apostolische Dimension der entstehenden Schönstatt-Bewegung deutlich. Der von Pater Kentenich geprägte Ausdruck von der „Parallele Ingolstadt – Schönstatt" zündete bei den Jugendlichen – und findet sich bis heute am Lichtrahmen des Gnadenbildes in der Marienkapelle in Schönstatt, dem sogenannten *„Urheiligtum"*. Durch den Ersten Weltkrieg wurden die Mitglieder der Kongregation aus der behüteten Umgebung und der Gemeinschaft des Studienheims gerissen und hatten harte Bewährungsproben in den Schützengräben zu bestehen. Durch die vielen neuen Kontakte zu den Kameraden beim Militär entwickelte sich die „Außenorganisation" der Marianischen Kongregation, in die seit 1916 auch Schüler und Sodalen aufgenommen wurden, die nicht zum Studienheim in Schönstatt gehörten. Der nächste Wachstumsschritt folgte kurz nach dem Krieg: Im Jahr 1919 ging die Marianische Kongregation in den „Apostolischen Bund von Schönstatt" über.

Das zweite Attribut der Gottesmutter in Schönstatt ist „*Königin*"; dieses wurde jedoch erst zwanzig Jahre später ergänzend hinzugefügt. Und wieder spielte in der Geschichte Schönstatts ein Weltkrieg eine entscheidende Rolle. Die Herausforderungen des Nazi-Regimes und der beginnende Zweite Weltkrieg führten dazu, dass man der Gottesmutter in ganz besonderer Weise das Vertrauen aussprechen und ihr als „Königin" alle Sorgen und Ängste, das politische und religiöse Schicksal des Landes wie auch das weitere Geschick der Bewegung in die Hand legen wollte. Als äußeres Zeichen dafür schenkte man der Gottesmutter eine Krone und brachte diese über dem Gnadenbild an. Die „Krönung der Gottesmutter" zog Kreise und so entstand in den folgenden Jahren eine regelrechte Krönungsströmung innerhalb der Schönstatt-Bewegung. Dieser Lebensstrom spiegelt sich seit 1939 in der Anrede „Dreimal Wunderbare Mutter und Königin von Schönstatt".

Und schließlich wird die Gottesmutter als „*Siegerin*" angesprochen. Auch die dritte Erweiterung ihres Namens steht in Bezug zu einer historischen Entwicklung in der Schönstatt-Bewegung. Mittlerweile sind weitere Jahrzehnte ins Land gegangen, die neue Herausforderungen mit sich brachten. Gemeint ist in diesem Zusammenhang die Prüfung Schönstatts durch die kirchliche Obrigkeit und die damit verbundene vierzehnjährige Verbannung Pater Kentenichs nach Milwaukee. Der Gründer selbst hatte in all den Jahren keine Zweifel daran, dass die Gottesmutter alle Probleme um die kirchliche Anerkennung der Schönstatt-Bewegung erfolgreich lösen werde. Seine Überzeugung von Schönstatt als göttlicher Initiative und Herzensanliegen der Gottesmutter war ungebrochen. So führte die Freude und Dankbarkeit über die glückliche Rückkehr Pater Kentenichs aus dem Exil im Jahr 1965 zu der Beifügung „Siegerin“: Die Gottesmutter hatte tatsächlich die damaligen Bedrohungen für Gründer und Gründung siegreich überwunden. Seitdem besteht der Titel in seiner ganzen Länge – und ist für jeden Schönstätter weit mehr als eine Aneinanderreihung verschiedener Namen der Gottesmutter. Letztlich spiegelt er in sehr komprimierter Form zentrale Etappen der Geschichte Schönstatts und gibt Zeugnis von den Wachstumsringen im Liebesbündnis der Mitglieder dieser Bewegung mit der Gottesmutter im Heiligtum.

Das Heiligtum und seine Gnaden

Die lebendige Mitte Schönstatts ist das *Heiligtum*. Es ist der heilige Ort, an dem das Liebesbündnis konkret wird. In dem später als „*Urheiligtum*“ bezeichneten, ursprünglichen Michaels-Kapellchen fängt am 18. Oktober 1914 alles an, von hier aus entwickelt sich die ganze, weltweite Schönstatt-Bewegung, hier entspringt und fließt für alle Zeiten ihre Quelle. „Ohne das Heiligtum kann ich nichts“, hörte ich Pater Kentenich wiederholt sagen. Für ihn sind der Plan Gottes mit der Schönstatt-Bewegung und das Heiligtum untrennbar verbunden: „Lassen Sie mich immer wiederholen, dass ich niemals den Mut gehabt hätte und auch jetzt noch nicht habe, an die Lösung unserer großen Aufgabe heranzutreten, wenn nicht unser Heiligtum in seiner Eigenwertigkeit und in seinem Symbolgehalt den Platz in der ganzen Familie einnimmt, der ihm offenbar nach Gottes eindeutiger Planung zukommt. Gottes Plan und Heiligtum gehören wesentlich zusammen.“ (13. Mai 1952, zit. nach Wolf 2011, 75)

Auf welche Weise das anfänglich so unscheinbare Kapellchen zu wirken beginnt, das kann Pater Kentenich schon bald nach dem Gründungsvortrag beobachten: Er hat das Heiligtum von seinem Zimmer aus im Blick und freut sich an den häufigen Besuchen der jungen Leute dort. In den Einzelgesprächen mit ihnen als Beichtvater und „Seelenführer" nimmt er wahr, welche Entwicklungsschritte sie im geistlichen Leben vollziehen. Und er stellt fest, dass sie mit wachsendem Eifer apostolisch tätig sind, sowohl innerhalb der Kongregation als auch außerhalb bei ihren Mitschülern. Später zeigt sich auch bei den jungen Männern, die als Soldaten im Ersten Weltkrieg eingesetzt sind, eine bleibende innere Verbundenheit zum Heiligtum. Umgeben von den Grauen des Krieges versetzen sie sich immer wieder geistig dorthin, fühlen sich dort sicher und geborgen und bekommen auf diese Weise neue Kraft. All diese Beobachtungen sind für Pater Kentenich eine Bestätigung, dass seine „stille Lieblingsidee" tatsächlich einem göttlichen Plan entspricht. Mit Freude sieht er, mit welch hohem Einsatz die jungen Leute die Gottesmutter zu bewegen suchen, das Friedhofskapellchen in einen Gnadenort zu verwandeln und dass auch die Gottesmutter ihrerseits die Bitte angenommen hat.

Ausgehend von diesen Erfahrungen spricht Pater Kentenich bald von den originellen *Wallfahrtsgnaden*, die von dem kleinen Heiligtum ausgehen: Gnaden der *Beheimatung, der Wandlung und der apostolischen Fruchtbarkeit*. Es geht also nicht vorrangig um die Heilung von körperlichen Gebrechen und Krankheiten. Das Geschenk Schönstatts ist anderer Art. Das Charisma dieses Gnadenortes zielt auf innere Nöte der Menschen, auf die die Gottesmutter von hier aus eine Antwort geben will. In einer Zeit, in der tragfähige Bindungen oft bedroht sind oder zerbrechen, ist es zunächst häufig die Sehnsucht nach Heimat und Geborgenheit, die die Menschen ins Heiligtum führt. In der kleinen Gnadenkapelle fühlen sie sich aufgehoben, angeschaut von der Gottesmutter, bei ihr geborgen. Sie erleben: Hier kann ich einfach so sein, wie ich bin. So können neue Bindungen entstehen - an diesen Ort, an die Gottesmutter und den Dreifaltigen Gott - durch die „*Gnade der seelischen Beheimatung*". Aus dieser ersten Wallfahrtsgnade erwächst die zweite - die „*Gnade der seelischen Umwandlung*". Die Erfahrung, angenommen und geliebt zu sein, gehalten im Liebesbündnis, verändert den Menschen. Er erlebt Heilung im Inneren seines Herzens, erfährt einen seelischen Wandlungsprozess, hin zu einem erfüllten, ganzen Menschsein. Mit dem Geschenk dieser Erfahrung ist dann schließlich auch ein Auftrag verbunden. Es gilt, die gefundene Quelle auch anderen zugänglich zu machen und der Gottesmutter bei ihrer Aufgabe für die Erhaltung und Erneuerung des Glaubens zu helfen. So formuliert Pater Kentenich die dritte Wallfahrtsgnade als „*Gnade der apostolischen Fruchtbarkeit*." Letztlich sind alle drei Gnaden Ausdruck und Frucht des Liebesbündnisses mit der Gottesmutter, der ungewöhnlichen Quelle dieses Wallfahrts- und Gnadenortes ohne äußere Erscheinungen.

Und weil die Sehnsucht nach diesem Ort mit seinen ungewöhnlichen Gaben so groß ist, kommt es im Jahr 1943 in Uruguay auch zum ersten möglichst originalgetreuen Nachbau der Ursprungskapelle. Wieder reagiert Pater Kentenich auf das Leben: Eine Gruppe von in die Mission gesandten Marienschwestern, die dort wirkt, hat darum gebeten, das Heiligtum bauen zu können, um den Menschen dort diese Erfahrung der Geborgenheit, Wandlung und Sendung vermitteln zu können. So entstehen nach und nach die „*Filial-Heiligtümer*", mittlerweile fast 200 weltweit, von denen jedes Einzelne untrennbar verknüpft ist mit dem Ursprung, dem Urheiligtum.

So zieht das Heiligtum immer weitere Kreise. Aus der pastoralen Arbeit Pater Kentenichs mit Familien in Milwaukee entsteht Anfang der Sechzigerjahre ein neuer Wachstumsring: das „*Hausheiligtum*". Dieses hat bereits seit Ende der vierziger/Anfang der Fünfzigerjahre bei vielen Schönstatt-Familien - auch in Deutschland - eine Art „Vorläufer": die sogenannten „Schönstatt-Winkel" und das „lebendige Heiligtum" („living shrine"). Die Initiative zu dem eigentlichen Hausheiligtum geht dann von einzelnen Ehepaaren aus, die angesichts der Herausforderungen und Grenzerfahrungen in der Erziehung ihrer Kinder spüren, dass sie im Alltag verstärkt auf „Unterstützung von oben" angewiesen sind. Nachdem eine der Frauen die Gründungsurkunde intensiv gelesen hat, wendet sie sich mit der Frage an Pater Kentenich, ob sie die Gottesmutter nicht auch in ihre Häuser einladen könnten, damit sie dort ebenso gegenwärtig sei und wirken könne, wie im Urheiligtum und in den Filialheiligtümern. Die Reaktion Pater Kentenichs auf diese Anfrage ist bezeichnend für ihn: „Let's try!" – „Versuchen wir es!" Wie stets nimmt er alle Entwicklungen um ihn herum wach auf, offen für mögliche Anregungen Gottes durch Initiativen der Menschen. Ein Jahr nach dieser Anfrage ist in den Familien so viel Leben gewachsen, dass der Gründer bestätigend feststellen kann: „Jetzt müssen Sie einmal gut hören. Was ich jetzt sage, ist von elementarster Bedeutung für die Zukunft: *Was für das Urheiligtum, für die Filialheiligtümer gilt, das gilt auch für das Hausheiligtum.*" (zit. nach Niehaus 2003, 147) Aus diesen Anfängen wächst seitdem ein weltweites Netz von Hausheiligtümern – aus dem Versuch von einst eine Realität, die das Leben unzähliger Familien entscheidend prägt. „Heilige Orte" inmitten der Welt, Quellen des Glaubens und christlichen Lebens – mögliche Kristallisationspunkte der Neuevangelisierung in einer Zeit des Umbruchs der Kirche.

Den innersten Kern dieses gewachsenen „Organismus der Heiligtümer" bildet schließlich das „*Herzensheiligtum*". Auch wenn Pater Kentenich den Begriff als solchen erst in Milwaukee prägt, so verkündet er doch die urchristliche Überzeugung, dass Gott durch die Taufe im Herzen des Menschen wohnt, von Anfang seines Wirkens an. Er spricht vom „Gott des Herzens" und davon, dass der Mensch ein „Dreifaltigkeitskirchlein" sei. (WH 35). Das Herzensheiligtum als „Himmel in mir", als urpersönlichster Ort der Gottesbegegnung, macht den Menschen selber zu einem Heiligtum. So könnten wir auch hier mit Pater Kentenich sagen: „*...vor allem aber mein Herz.*"

Ein Heiligtum ist also mehr als ein Gebäude, mehr als ein heiliger Ort – es ist ein Lebensvorgang. Ein Heiligtum entsteht aus der lebendigen Beziehung zwischen den Menschen und der Gottesmutter. Immer geht es darum, die Gottesmutter zu bewegen, in der Mitte des Hauses, der Gemeinschaft, des Herzens gegenwärtig zu sein und von dort aus zu wirken, ihre besonderen Gaben zu schenken. Von menschlicher Seite ist das Heiligtum verbunden mit dem Versprechen, durch Gebet und Einsatz, durch Geschenke der Liebe mitzuhelfen, dass Ihr Wirken möglich wird.

Eine „erleuchtete Marienverehrung"

Aus all dem wird deutlich, dass Pater Kentenich durch sein persönliches Leben und Zeugnis vielen Menschen eine tiefe Beziehung zur Gottesmutter vermittelte. Doch sein Anliegen ging dabei weit über die Förderung einer emotional warmen Marienfrömmigkeit hinaus, wie sie an vielen Wallfahrtsorten gelebt und erfahren wird. So hat er sich zeitlebens auf den göttlichen Eingriff bei der Gründung und die damit verbundene marianische Ausrichtung und Sendung Schönstatts berufen. Von Anfang an hat er sich diese Sendung mit großer Überzeugung zu eigen gemacht und seiner Bewegung das Bewusstsein einer besonderen Verantwortung für die Verwirklichung der Aufgabe der Gottesmutter in der Kirche von heute mit freudiger Ergriffenheit weitergegeben. Aus Mitverantwortung für das Leben der Kirche hat er sich um theologische Klärung des Marienbildes und Vertiefung der Marienverehrung bemüht. Unzählige Kurse und Tagungen für die Gruppen und Gliederungen seiner immer weitere Kreise erfassenden Bewegung dienten dieser Zielsetzung. Deshalb spricht er auch von einer „erleuchteten Marienverehrung".

Eine vitale marianische Bewegung

Schönstatt ist also von Anfang an eine vitale marianische Bewegung. An Herausforderungen für eine solche fehlt es im Deutschland der Zwischenkriegszeit nicht. Es ist die Zeit der Jugendbewegung, die gerade im katholischen Bereich die reformbereiten Köpfe an sich zieht. Theologisch handelt es sich dabei um eine starke christozentrische Strömung mit biblischen und liturgischen Quellen, die als stärkste zukunftsträchtige Kraft empfunden und bewertet wird. Die marianische, immer noch prägende Frömmigkeit im Volk erscheint vielen wie eine beharrende, rückwärts orientierte Gegenströmung. Pater Kentenichs Vision ist es, eine umfassende marianische Bewegung zu schaffen, die *alle* Quellen des christlichen Glaubens zum Fließen bringt und auf die in der Zeit liegenden Herausforderungen Antwort zu geben vermag. Alle geschichtlich gewordenen Verengungen und kurzsichtigen Gegensätzlichkeiten – Christus *oder* Maria, Liturgie *oder* Volksfrömmigkeit, Heilige Schrift *oder* traditionelle Frömmigkeitsübungen und vieles Ähnliche – sollen langsam aufgeschmolzen werden und zu einer auf der Höhe der Zeit stehenden katholischen Weite ausreifen. Aus eigenster Erfahrung will er pädagogisch-pastorale Krisenherde vermeiden oder überwinden helfen: Gegenüber der Gefahr einer überstarken Intellektualisierung durch eine mechanistische Denkweise geht es ihm darum, neben der rationalen, wissensmäßigen Wurzel des Glaubens auch die irrationale und die supranaturale Wurzel stärker zu fördern. Er sieht in einer lebendigen Marienverehrung eine dazu von Gott angebotene Hilfe.

Seine pastorale Erfahrung hat in Pater Kentenich die Einsicht reifen lassen, dass in unserer pluralistischen Zeit die Widerstandskräfte des Glaubens geschwächt werden, wenn nicht erlebnismäßig in den Tiefenschichten der Seele der Glaube Wurzel schlagen kann. Er zitiert in diesem Zusammenhang oft einen Ausdruck Pius X. aus seiner Enzyklika „Ad diem illum": Eine echte Marienliebe schenkt eine lebendige und verlebendigende Erkenntnis Christi – eine „vitalis Christi cognitio", die über eine rein verstandesmäßige weit hinausgeht. Das ist die für unsere Zeit gültige Form des alten Erfahrungswortes: „per Mariam ad Jesum – durch Maria zu Jesus". Wer ausschließlich von der Dogmatik ausgeht, wird sich schwer tun, den gültigen Kern dieser Formel zu greifen. Sie ist vielmehr Ausdruck von geistlicher Erfahrung, die durch ihre wie selbstverständlich erfolgte und tradierte Rezeption „kirchlich belegt" ist.

Eine weitere Charakteristik tritt stärker hervor, als Schönstatt sich in den Dreißigerjahren zum Anwalt der historisch gewachsenen marianischen Volksfrömmigkeit macht. Die liturgische Bewegung jener Jahre lehnt sie als peripheres und nebensächliches Element ab – oder kann jedenfalls nicht viel damit anfangen. In einer umfassenden pastoral-pädagogischen Tagung über „Marianische Erziehung" greift Pater Kentenich alle strittigen Fragen auf und versucht eine Klärung. Sein Anliegen ist, die scharfe Konfrontation zu überwinden, um mit der Kraft einer gemeinsamen Volksbewegung der Bedrohung durch den Nationalsozialismus entgegenzutreten. So lautet seine These: „Das Christentum ist nicht nur eine Elitereligion, sondern auch eine Volksreligion." Die Zukunft der Kirche hängt also nicht nur von einer relativ kleinen Elite, sondern auch von der Masse der Gläubigen ab. Sie lebt von der gegenseitigen Ergänzung beider Gruppierungen. Pater Kentenich zeigt auf, dass die Marienverehrung - bei allen Mängeln einer „grobkörnigen Volksfrömmigkeit" - dem Glauben eine tiefe seelische Verwurzelung und eine das Leben prägende Kraft gibt.

Jahre später urteilt Pater Kentenich aus der Rückschau: „Damals war es inmitten eines Hexenkessels ein kühnes Wagnis sondergleichen, in breitester Öffentlichkeit über marianische Erziehung zu sprechen und sie nach beiden Seiten als das von Gott angebotene große Rettungsmittel aus verworrenen Zeitkrisen nachzuweisen und zu preisen und Wege zu ihrer gemeinsamen Befruchtung und Ergänzung zu zeigen.... Nicht nur der Glaube der Masse, sondern auch der Intellektuellen muss ohne Verankerung in der Marienverehrung als ernstlich bedroht aufgefasst werden." (1964, in: *Marianische Erziehung*, 13, 15) Durch sein Eintreten für eine tief im Volksglauben verwurzelte Marienverehrung auch und gerade gegenüber einer modernen liturgischen Elitefrömmigkeit wird Pater Kentenich in weiten Kreisen als Vertreter einer vitalen marianischen Bewegung bekannt.

Die „marianische Frage" bleibt auch in den kommenden Jahrzehnten in der Kirche wach und kommt nicht zur Ruhe. Die Schönstatt-Bewegung ist mit ihrer ausgeprägten marianischen Ausrichtung in allen Phasen daran beteiligt. Es führt hier zu weit, das Auf und Ab der Diskussionen und Entwicklungen nachzuzeichnen.

Herausgelesen aus dem Glaubensbewusstsein der Kirche

Auf einen bemerkenswerten Aspekt soll jedoch noch hingewiesen werden. Als Pater Kentenich Ende der Dreißigerjahre die Konturen seines dogmatischen Marienbildes zeichnet, erscheint es vielen ungewohnt und fremd. Doch als das Vatikanische Konzil im Rahmen der Kirchenkonstitution zusammenfassend die Marienlehre und Marienverehrung der Kirche darlegt, gebraucht es dieselben zentralen Begriffe, die auch Pater Kentenich verwendet: „Die selige Jungfrau war nach dem Ratschluss der göttlichen Vorsehung hier auf Erden die erhabene Mutter des göttlichen Erlösers, in einzigartiger Weise vor anderen seine großmütige Gefährtin... Sie hat beim Werk des Erlösers in durchaus einzigartiger Weise mitgewirkt zur Wiederherstellung des übernatürlichen Lebens der Seelen. Deshalb ist sie in der Ordnung der Gnade Mutter." (Lumen Gentium 61) Man hat Pater Kentenich schon vor dem Konzil gefragt, wie er dazu gekommen sei, sein Marienbild als „Dauergefährtin und Gehilfin Christi beim gesamten Erlösungswerk" zu fassen. Seine Antwort: „Ich habe es herausgelesen aus dem Glaubensbewusstsein der Kirche." Persönlich habe ich sehr über die ruhige Sicherheit gestaunt, mit der er das gesagt hat. Später war ich umso mehr verwundert über die Stellungnahme des Konzils, die genau um diese beiden charakterisierenden Ausdrücke kreist: Gefährtin und Gehilfin.

In den Wirren der Konzils- und der Nachkonzilszeit lässt Pater Kentenich uns einen Blick in seine Deutung dieser Auseinandersetzungen tun. Solange in der Aufnahme der Offenbarung durch die Kirche eine Wahrheit unangefochten im Ganzen der Kirche lebt, ist diese Wahrheit quasi ruhiger „Besitz". Dann kann es aber eine Phase geben, in der ein Fragen nach dem Verständnis und dem Wahrheitsgehalt einer Aussage wach wird. Die Theologie beschäftigt sich in der Folge angelegentlich mit dieser Wahrheit, und je nachdem entsteht auch Unruhe im Gottesvolk, das traditionelle Auffassungen in Zweifel gezogen erlebt. Solche krisenhaften Vorgänge können, wenn sie erst einmal weitere Kreise erfasst haben, heftige Erschütterungen auslösen und unter Umständen lange anhalten. Ein Blick in die Theologiegeschichte etwa der ersten Jahrhunderte im Ringen um die gläubige Erfassung der Christusgestalt kann das anschaulich bestätigen. Offensichtlich befinden wir uns heute in einer solchen krisenhaften Situation um die klärende Deutung der Person und Rolle der Mariengestalt im Ganzen der neutestamentlichen Heilsordnung. Erst wenn im innerkirchlichen und speziell theologischen Bereich ein Zustand geklärter Zustimmung erreicht ist, wird wieder die Ruhe eines neu erkämpften „Besitzes" eintreten.

In diesem Kontext ist auch die Haltung Pater Kentenichs zu sehen und zu verstehen. In ihm hat sich seit langem die gläubige Gewissheit verdichtet, dass wir kirchengeschichtlich eine wichtige Etappe durchleben: Langfristig gesehen geht es um ein Ringen zur vertieften Klärung der Stellung und Sendung Mariens im Heilsplan. In den letzten hundert Jahren hat es eine Fülle von Initiativen gegeben – sowohl mariologischer Versuche wie auch Bemühungen um eine Vertiefung der Marienverehrung. Keine dieser Initiativen hat ein solches Maß an innerkirchlicher Übereinstimmung gefunden, dass man von einer abschließenden Klärung sprechen könnte. Das Spektrum von Positionen und Strömungen in diesem Bereich ist beachtlich weit aufgefächert. Allerdings lässt sich heute so etwas wie eine Ermüdungserscheinung feststellen oder auch eine Haltung mangelnden Interesses angesichts der Vielfalt und Intensität aktueller Herausforderungen für die Kirche weltweit.

Ein weiterer Faktor ist zu berücksichtigen: Der Wellengang des aktuellen Interesses in unserer schnelllebigen Zeit ist sehr bewegt. Für weite Kreise ist die Aktualität etwa der Konzilszeit oder des Radius des öffentlichen Einflusses einer Gestalt wie Johannes Paul II. oder der Theologie der Befreiung heute schon sehr weit in den Hintergrund getreten. Dazu kommt, dass für unterschiedliche Mentalitäts-Räume auch ganz unterschiedliche Interessensperspektiven existieren. Die Kirche ist längst nicht mehr ein mehr oder weniger homogener „Block“. Wer zentrale Anliegen gesamtkirchlich vorwärts bringen will, muss sich darum auf lange Zeiträume einstellen und mit großer Beharrlichkeit seine Anliegen vorbringen. Das gilt unter dem Vielen, was weltkirchlich das Leben der Kirche bestimmt, auch von der marianischen Frage. Pater Kentenich ist der Überzeugung, dass der Heilige Geist in diesem Bereich ein Suchen angeregt hat, das vielfältige Formen angenommen und vielerlei Initiativen angestoßen hat. Er versteht sich als mitverantwortlicher Träger einer solchen geistbewegten Initiative der Gottesmutter von Schönstatt aus und verfolgt mit großem Interesse alles, was an marianischen Impulsen in der Kirche lebendig wird.

Unter den verschiedenen Elementen der diskutierten Fragestellungen stellt Pater Kentenich zwei Perspektiven heraus. Die Entwicklung der Mariologie war bis in unsere Zeit bestimmt von der Klärung ihres Verhältnisses zu *Gott*. Dieses wurde in den Dogmen formuliert: Im Zentrum steht ihre Erwählung zur jungfräulichen Mutter Christi. Im Hinblick darauf blieb sie von der Erbsünde befreit und wurde schließlich mit Leib und Seele in den Himmel aufgenommen. Das Interesse hat sich inzwischen verschoben und konzentriert sich auf die Frage nach ihrer Beziehung zu den *Menschen*. Insofern ist die Diskussion im Konzil um den Titel „Mutter der Kirche“ ein Anzeichen, dass die Entwicklung in dieser Richtung weitergehen wird. Das liegt ganz in der Perspektive Pater Kentenichs.

Den Beitrag Schönstatts zu diesem Klärungsprozess sieht er vor allem in einem Leben aus der liebenden Verbundenheit mit Maria. Für ihn ist – unbeschadet der großen Bedeutung theologischer Forschung und Diskussion – der überzeugendste Nachweis ihrer Echtheit und Kirchlichkeit das exemplarisch gelebte Christsein. Die Erfahrungen im Bereich der ökumenischen Annäherungen gelten sinngemäß auch im innerkirchlichen Leben: Ehrfürchtiges Offensein für die Originalität des Anderen und ein waches Gespür für Echtheit kann zu einer Erfahrung spiritueller Nähe führen, die durch einseitiges Mühen um theologische Klärung nicht erreicht werden kann.

Aus dem Glauben leben

In unserem Versuch, Werden und Sendung Pater Kentenichs langsam entfaltend nachzuzeichnen, haben wir bereits die wichtigsten Etappen seines Werdegangs und prägende Charakteristika seiner Persönlichkeit beleuchtet: seine pädagogische Begabung, seine Offenheit für den Gott des Lebens in Verbindung mit seiner von Gott in den Dienst genommenen Tatkraft, sowie seine tiefe Verbundenheit mit Maria. Es fehlt noch der Blick auf ein weiteres Wesenselement der ihm von Gott geschenkten Ausstattung, das er in seine Gründung mit einbringt: die spezifische Ausprägung seiner Spiritualität. Pater Kentenich spricht im Blick auf diese Art, den Glauben zu leben, von der „Dreidimensionalen Frömmigkeit in der Schönstatt-Spiritualität". In einer überraschenden Fülle sind originelle Formen eines Lebens aus dem Glauben entstanden, die bei aller Verwurzelung in der katholischen Tradition doch kreative und zeitgemäße Neuprägungen sind. Er nennt sie *Werktagsheiligkeit, Werkzeugsfrömmigkeit und Bündnisfrömmigkeit.*

Werktagsheiligkeit

Die junge Gründung der Schönstatt-Bewegung prägt langsam, aber mit erstaunlicher Vitalität ihr originelles Gesicht. In den Dreißigerjahren – zeitgleich mit Aufbruch und Ausbreitung des Nationalsozialismus – profiliert sich die erste Dimension der neuen Spiritualität, die *Werktagsheiligkeit.* Pater Kentenich entwickelt über Jahre hinweg in seinen Vorträgen, Tagungen und vor allem in den vielen Exerzitienkursen für die verschiedensten Gruppen und Gemeinschaften seine Vorstellung einer zeitgemäßen Frömmigkeit - es ist ein umfassender Wurf. Dieser soll schließlich, der Idee des Gründers zufolge, in Form eines „Handbuches" als Grundlagenwerk für die aszetische Schulung weitester Kreise gebündelt dargestellt werden. So erscheint im Jahr 1937 das Buch „Werktagsheiligkeit" (unter dem Namen von Marienschwester M. Annette Nailis, die den Auftrag von Pater Kentenich bekommen hatte, die Vortragsunterlagen druckreif zu machen). Es erlebt in kurzer Zeit mehrere Auflagen, weckt in einer breiten, interessierten Öffentlichkeit Aufmerksamkeit und Beachtung. Pater Kentenich spürt darin einen Impuls vom Gott des Lebens. Sein Sendungsbewusstsein wird wach, und er entwickelt eine regelrechte Strategie zur Verbreitung des Buches. Er selbst nutzt seine weit gestreuten Verbindungen zu einflussreichen Persönlichkeiten und Kreisen, denen er es zukommen lässt - in der Hoffnung, dass sie es positiv aufnehmen und der geistige Einfluss sich dadurch ausweitet. Seine Mitarbeiter schalten sich ein, in der Öffentlichkeit entsteht langsam eine Strömung und so wird „Werktagsheiligkeit" zu einem Markenzeichen Schönstatts. Die Anregungen Pater Kentenichs werden von verschiedenen Seiten aufgegriffen. Es gibt zahlreiche „flankierende" Maßnahmen und Initiativen: Weltpriester erarbeiten eine Buchreihe von Predigten über Themen der Werktagsheiligkeit, eine beachtliche Anzahl von Ordensgemeinschaften nimmt das Buch als Grundlage für die Schulung ihrer Mitglieder in Noviziaten sowie zur aszetischen Weiterbildung. Ein starkes Echo ruft die Grundausrichtung des Buches hervor, das sich zunächst an „strebsame Christen in der Welt" wendet. Dabei ist die Darstellung jedoch so weit gefasst und so tief entfaltet, dass auch Priester und Ordensleute wertvolle Anregungen finden und die grundlegenden Prinzipien der zeitgemäßen aszetischen Schulung mit Gewinn auf ihre Lebensform übertragen können. Für eine Reihe von Jahren wird die Werktagsheiligkeit so zu einer Inspirationsquelle in weitesten Kreisen. Schönstatt ist nicht nur im pädagogischen, sondern auch im religiös-aszetischen Bereich von innovativem Einfluss.

Einschub: „Dieses Buch muss jede Generation neu schreiben!"

An dieser Stelle möchte ich noch eine persönliche Begebenheit und ein gewichtiges Wort Pater Kentenichs erzählen. Bei meinem ersten Besuch in Milwaukee (1959) habe ich in einem Gespräch mit ihm auch die Rede auf die Werktagsheiligkeit gebracht. Da hatte sich in mir etwas angesammelt. Ich erzählte ihm, dass meine Mitbrüder und ich mit großem Interesse das Buch gelesen und uns des Öfteren darüber ausgetauscht hatten. Aber ich erzählte ihm auch, dass wir seit langem ein Bedenken hätten: Zwar war der Inhalt überzeugend, aber wir hatten alle den Eindruck, dass Sprache und Beispiele veraltet sind und deswegen einer positiven Wirkung im Wege stehen. Ich wollte ein paar Beispiele nennen, um ihm dies zu erläutern. Doch er unterbrach mich – mit einer Handbewegung schien er das alles beiseite zu schieben – und sagte: „Die ‚*Werktagsheiligkeit*' ist ein Grundlagenwerk und muss deshalb eigentlich für jede Generation neu geschrieben werden." Ich war überrascht – sowohl über die ruhige Sicherheit wie auch die Tragweite seiner Aussage. Ich musste das erst einmal in mich aufnehmen, habe aber seine Stellungnahme nie mehr vergessen. Sie ist von bleibender Gültigkeit und vor dieser Herausforderung stehen wir bis heute: Es gilt zum einen, die unveränderlich gültigen Grundaussagen zu erfassen und festzuhalten und zum anderen, ihre zeitgemäße Umsetzung immer neu zu erarbeiten, sie entsprechend zu beschreiben und vor allem ins Leben zu übertragen.

„Diese Heiligung verlange ich von euch!"

Ganz offensichtlich lebt in Pater Kentenich also eine von vielseitiger Erfahrung gesättigte und immer neu geistig durchdrungene Schau christlichen Lebens. Man spürt bei ihm den Drang, diesen inneren Reichtum ausdrücken und weitergeben zu können. Wenn er dafür ein Programmwort prägt, geschieht das nicht zufällig. Seit den ersten Anfängen seines priesterlichen Wirkens – schon bei den jungen Menschen im Studienheim der Pallottiner – hat er den Mut, als Hochziel ihres Lebens *Heiligkeit* auszurufen, wie der Blick in die Gründungsurkunde zeigt: „Diese Heiligung verlange ich von euch!" Und das ist für immer so geblieben – so übernehmen alle Gemeinschaften seiner Gründung dieses Ziel in je origineller Form. Josef Engling (1898-1918) aus der ersten Generation der Bewegung eröffnete die lange Reihe derer, die ihr Leben und Streben danach ausrichteten. Um dies zu belegen genügt ein Blick auf die Männer und Frauen, deren Seligsprechungsprozess kirchenrechtlich eröffnet ist: Nach Josef Engling ist es Schwester Emilie Engel (1893-1955) als erste Marienschwester, dann folgt der chilenische Ingenieur und Marienbruder Mario Hiriart (1931-1964); für den brasilianischen Familienvater Joao Pozzobom (1904-1985) ist die Bitte um die Eröffnung des Seligsprechungsprozesses eingereicht. Und Papst Johannes Paul II. hat den Priester Karl Leisner (1915-1945) als Martyrer selig gesprochen, der im Konzentrationslager Dachau von einem französischen Bischof und Mithäftling geweiht wurde. So kann man die Spur verfolgen, die Pater Kentenich bei seinem Wirken in den Herzen vieler Menschen hinterlassen hat. Es ist die ansteckende Spur der Begeisterung für echte Heiligkeit.

Ein neuer Heiligkeitstyp

Es ist also nicht zu verwundern, dass auch das seelsorgliche Wirken von Pater Kentenich in dieselbe Kerbe schlägt – sein Ziel ist auch jetzt, die Menschen zu einem Streben nach Heiligkeit zu bewegen. Doch wie genau sieht diese Heiligkeit aus? In der originellen Prägung des Wortes *Werktagshei-*

ligkeit leuchtet die Antwort auf. Dabei ist sie keine völlige Neuerfindung, sondern ihre Wurzeln liegen weit in der Geschichte zurück. Verfolgt man die Entwicklung der Kirchengeschichte in all ihren Etappen, stellt man fest, dass jede Epoche ihr charakteristisches Heiligkeitsbild aufweist. Ist es in den Anfängen zunächst das Bild des Märtyrers, wird es später abgelöst vom Ideal des Einsiedlers und Mönches, um dann über Jahrhunderte hinweg in wechselnden Formen vom Ideal des jungfräulichen, klösterlichen Lebens geprägt zu sein.

Bei aller Achtung und Ehrfurcht vor diesen Lebensformen, vor den heiligen Männern und Frauen, deren Leben Frucht dieser Heiligkeitsideale ist, fragt man sich doch, wieso kein originelles, anziehendes Bild für die bei weitem zahlenmäßig vorherrschende Gruppe von Laien in der Kirche entwickelt wurde und gezündet hat. Werktagsheiligkeit setzt genau hier an und will durch sein bewusst geprägtes, neues und zeitgemäßes Heiligenbild diesen Mangel beheben. Pater Kentenich hatte dabei ein Vorbild vor Augen, wenn auch die konkrete Ausformung sein ganz persönliches Werk war. Franz von Sales war der erste, der im 17. Jahrhundert einen ähnlichen Impuls verspürt hatte und sich in seiner „Philothea – Einführung in das Leben aus christlichem Glauben" an die Christen seiner Zeit richtete, die mitten in der Welt lebten und Sehnsucht nach einem intensiven religiösen Leben hatten. Entgegen der landläufigen Vorstellung, dass wirkliche Heiligkeit nur durch ein Leben im Kloster erreicht werden könne, zeigte er Möglichkeiten und Formen auf, die für den Menschen im gesellschaftlichen Alltag umsetzbar waren. Das war neu, hatten doch bis dahin strebsame Laien allenfalls versucht, die klösterlichen Formen möglichst originalgetreu für ein Leben in der Welt zu übernehmen. Demgegenüber ist die Werktagsheiligkeit der Versuch, einen radikalen Neuanfang zu wagen: Heiligkeit als bleibendes Element der christlichen Berufung auf Grund der

Taufe, diese aber gelebt im Werktag – inmitten der Herausforderungen des Lebens und ohne Abstriche an dem Ideal der Heiligkeit – ein hohes und gewagtes Ziel.

„Harmonie von Gott-, Werk- und Menschengebundenheit in allen Lagen des Lebens"

In dem Buch „Werktagsheiligkeit" entfaltet Pater Kentenich nun, wie ein solches Leben konkret aussehen kann. Jenseits der Klostermauern, ohne den Schutz einer Art „Sonderwelt", in der die ständige Verbundenheit mit Gott durch äußere Gegebenheiten leichter lebbar wird – *mitten in der Welt* also will die Werktagsheiligkeit gelebt werden. Alle weltlichen Gegebenheiten werden dabei nicht als Hindernis gesehen, sondern im Gegenteil als Weg zu Gott genutzt. Ziel ist deshalb die möglichst vollkommene „*Harmonie von Gott-, Werk- und Menschengebundenheit in allen Lagen des Lebens*" – so die von Pater Kentenich formulierte Begriffsbestimmung, die ein umfassendes Programm beinhaltet: „Werktagsheiligkeit ist nicht die Heiligkeit des Sonntags, des einen von den sieben Wochentagen, an dem die Glocken läuten und die Menschen Feiertagskleider tragen; nein, sie ist die Heiligkeit der sechs anderen Tage. Da fehlt nach außen hin alle festliche Stimmung; nüchterne, gewöhnliche Arbeit will verrichtet werden. Ein Werktagsheiliger gibt dem Alltag heilige Form, er *lebt* die ganze Woche hindurch heiligmäßig und drückt so all seinem Tun den Stempel der Heiligkeit auf. Sein Freuen und Trauern, sein Arbeiten und Ruhen, sein Beten, Sprechen und Gehen: Alles macht er aus Liebe außergewöhnlich gut, d. h. heiligmäßig. Natur und Übernatur sieht, liebt und lebt er als ein Ganzes, als einen lebendigen, großen Organismus. Die Natur ist ihm Grundlage und Unterbau für die Übernatur, und so lässt er sich durch alles Geschaffene nach oben führen, es ist für ihn Brücke und Wegweiser zu Gott. Wenn ihm daher irgendwie Gottes Wille aufleuchtet, setzt er ihn sofort ins Leben um, und sobald er im Leben eine Beobachtung oder Erfahrung macht, hebt er sein Auge nach oben und fragt, was Gott ihm wohl damit sagen will. Erkennen, Lieben und Leben sind bei ihm immer miteinander verknüpft. Er ist ein wirklicher Lebenskünstler und Lebensmeister und darum eine seltene Gabe Gottes an die heutige Menschheit. Was der alte Meister Eckehard für seine Zeit gesagt: ‚Ein Lebensmeister ist besser denn tausend Lesemeister', gilt heute vielleicht mehr als früher. Das weiß der Werktagsheilige." (WH 13)

In vielen Einzelbildern zeigt Pater Kentenich auf, wie sich dieser Anspruch ins Leben umsetzen lässt. So darf das Bemühen um eine intensive Bindung an Gott nicht auf Kosten des beruflichen Engagements oder der Nächstenliebe gehen. In gleicher Weise gilt dies für das gesellschaftliche Engagement, die Hingabe an den Ehepartner, die Kinder oder andere Menschen, mit denen wir verbunden sind. „*Gottgefällige Harmonie*" nennt er die Balance zwischen den verschiedenen Ebenen – und fügt hinzu, von welch großer Bedeutung es für die so gewachsenen Bindungen ist, dass nicht nur Verstand und Wille daran beteiligt sind, sondern ebenso Herz und Gemüt. Als „*affektbetonte Harmonie*" umschreibt Pater Kentenich dieses Kunstwerk, das in ständiger Suche nach Ausgewogenheit am Werden ist. Zunächst gilt es also, eine klare Vorstellung über den Begriff der Werktagsheiligkeit zu schaffen - es existieren zu viele falsche Bilder über christliche Vollkommenheit. Das Ziel der Werktagsheiligkeit ist hoch und wird einen Christen das ganze Leben hindurch beschäftigen. Niemand sollte sich der falschen Vorstellung hingeben, schon das große Ganze zu einem bestimmten Zeitpunkt für alle Zeiten erreicht zu haben. „*In allen Lagen des Lebens*" braucht es ein je neues Bemühen um die wunderbare Harmonie aller Lebensbereiche und Seinsschichten - Ringen um Heiligkeit ist *das* Abenteuer des christlichen Lebens.

In der Liebe wachsen

So stellt man beim Durcharbeiten der „Werktagsheiligkeit" immer wieder erstaunt fest: Es geht darin nicht um ein paar ermunternde Zurufe. Es ist ein anspruchsvolles Werk, das aus der jahrhundertelangen Erfahrung des Strebens nach Heiligkeit genährt wird. Für jeden Christen kann es eine Bereicherung sein, mehr über den Reichtum geistlicher Theologie zu erfahren, der sich in der Kirche angesammelt hat. Pater Kentenich steht in dieser lebendigen Tradition, setzt jedoch ganz eigene, originelle Akzente. An dieser Stelle das eine oder andere Beispiel, um zu veranschaulichen, was für ihn von Bedeutung war, was er uns nahebringen möchte, was zur Grundlage der Werktagsheiligkeit gehört.

Zunächst im Blick auf die *Gottgebundenheit*: Wenn es um Heiligkeit geht, dann kann es nur um eine sehr intensive, hochgradige Gebundenheit gehen, es genügt nicht die normale, die Gott von allen Christen erwartet. Gott gefällt am meisten, wenn der Mensch handelt, weil er *will* und nicht, weil er *muss*. Pater Kentenich verweist in diesem Zusammenhang auf die Begegnung Jesu mit dem reichen Jüngling. Zuerst zeigt Jesus ihm auf dessen Frage, was er tun solle, um ihm nachzufolgen, die göttlichen Gebote auf; dann, als der junge Mann sagt, dass er das alles ja schon lange tue, er wolle höher hinaus, zeigt Jesus ihm, was er sich von ihm wünscht: „Verkaufe, was du hast" - freiwillig: „Und er ging traurig davon." Da kann der junge Mann nicht mehr mitgehen. Pater Kentenich zeigt uns, dass wir uns diesen Weg führen lassen sollen: Zunächst die Gebote Gottes halten – und dann freiwillig den Wünschen Gottes folgen. In der Spiritualität Pater Kentenichs spielt diese Haltung eine zentrale Rolle: offen sein für das, was Gott wünscht, durch eine immer stärkere Liebe über sich selbst hinauswachsen und sich vom Hochherzigen bis ins Heroische führen lassen. So kennt die Gottgebundenheit verschiedene Grade, und der Weg der Werktagsheiligkeit will uns immer weiter und höher hinauf führen.

Umgekehrt gibt es aber auch die *Menschengebundenheit Gottes*: Gott liebt uns – mit ewiger Liebe hat er uns geliebt (Jer 31,3) – und er liebt mich ganz persönlich. In immer neuen Wendungen stellt Pater Kentenich mit Zitaten aus der Heiligen Schrift die Wunderwelt der gläubig erfahrenen Beziehung Gottes zu uns Menschen und unsere Liebesantwort ihm gegenüber vor Augen: „Ihr habt ja nicht den Geist der Knechtschaft erfahren, sondern den Geist der Kindschaft, in dem wir rufen: Abba, Vater." (Röm 8, 15) Oder: „Seht, welche Liebe uns der Vater erwiesen hat, dass wir Kinder heißen und sind!" (1 Joh 3,1) „Ich nenne euch nicht mehr meine Knechte, sondern meine Freunde." (Joh 15, 15 ff)

Ganz bewusst habe ich hier diese grundlegenden Beispiele gewählt, um deutlich zu machen, wie Pater Kentenich sich dieses Hineinwachsen in die Welt der Gottgebundenheit vorstellt. Im Kosten und Verkosten der wechselseitigen Bindung und der damit verbundenen gnadenhaften Erlebnisse wird unsere Liebe zu Gott immer tiefer und inniger. Deshalb spricht er von *Gott-Innigkeit und Gott-Ergriffenheit.*

Das Gewöhnliche außergewöhnlich gut tun

Bei der „*Werkgebundenheit*" im zweiten Hauptteil seines Grundlagenwerkes geht es um das Verhältnis zur Arbeit, zu den Dingen und um den Umgang mit Leid. Gott begegnet uns nicht nur im anderen Menschen, sondern in allem, was uns als seine Schöpfung umgibt und mit dem wir zu tun haben. Wir können ihm unsere Liebe auch zeigen, indem wir unsere Arbeit möglichst gut machen – „Das Gewöhnliche außergewöhnlich gut tun", heißt dabei die Devise. Und auch die Natur, alles, was uns an äußeren Gütern zur Verfügung steht, ist eine Spur Gottes und kann - richtig verstanden und gebraucht - ein Weg zu ihm sein. Pater Kentenich führt aus: „Weniger hell und vertraut klingt die vierte Eigenschaft der Werktagsheiligkeit: *harmonisch*. Theoretisch wissen wir zwar, dass die Gottgebundenheit organisch-harmonisch verbunden sein muss mit Werk- und Menschengebundenheit, dass echte Gottesliebe unsere Berufs- und Menschenliebe wecken und dass wiederum unsere Berufs- und Nächstenliebe Ausdruck und Mittel für die Gottesliebe sein muss. Sonst kann man von Werktagsheiligkeit nicht sprechen, die wir kennengelernt haben als die gottgefällige Harmonie zwischen affektbetonter Gott-, Werk- und Menschengebundenheit in allen Lagen des Lebens. Sie macht das ganze Leben des Menschen zu einem Kunstwerk und zieht die Mitmenschen in ihren Bann. Darum sträubt sich auch unser Gefühl, wenn wir im praktischen Leben Christen kennenlernen, die zwar viel beten, sich aber nicht bemühen, berufstüchtig und im Verkehr mit den Mitmenschen umgänglich zu werden. Nietzsche hat sicher recht, wenn er erklärt: ‚Wenn diese Erlösten mir erlöster lebten, würde ich eher an ihren Erlöser glauben.' Er hätte ebenso gut sagen können: Würden die Christen im Sinne einer gesunden Werktagsheiligkeit das praktische Leben meistern, dann würden sie für die Echtheit ihrer Religion stärker und wirksamer werben." (WH 96)

„Wer mein Jünger sein will, der nehme sein Kreuz auf sich und folge mir nach." (Mk 8, 34)

Ein weiterer, zentraler Aspekt der Werktagsheiligkeit ist der entsprechende Umgang mit leidvollen Erfahrungen. Schwere Krankheiten oder Schicksalsschläge, der Verlust eines geliebten Menschen oder persönliche Grenzerlebnisse stellen einen jeden vor die drängende Frage nach dem

Warum und Wozu. Eine allgemein gültige Antwort darauf gibt es nicht. Als Christen jedoch orientieren wir uns am Beispiel Jesu. Wir stellen uns der Realität von Kreuz und Leid als unausweichlichem Bestandteil unseres Lebens. Der Weg der Werktagsheiligkeit ist ein Weg der Nachfolge Christi. Er erfordert den Mut, die persönliche Begrenztheit anzunehmen, die inneren Brüche und menschlichen Unvollkommenheiten, die immer wieder zu einer Erfahrung des Versagens führen, weder zu verdrängen noch schön zu reden, noch an ihnen zu zerbrechen. Dies ist eine bleibende Herausforderung. Bei der Frage nach dem Sinn erschließt uns unser Glaube jedoch Dimensionen, die über das rein Schmerzliche und Bedrohliche hinausgehen. Um diese wirklich erfassen zu können, braucht es im Vorfeld die tiefe Erfahrung, vorbehaltlos geliebt zu sein. Wer um seine unverlierbare Größe als einzigartiges Kind Gottes weiß, kann sein Kleinsein in echter Demut annehmen und dem Vater hinhalten. Im Vertrauen auf dessen barmherzige und umfassende Liebe kann er mit dem Apostel Paulus sprechen: „Er aber antwortete: Meine Gnade genügt dir, denn sie erweist ihre Kraft in der Schwachheit. Viel lieber also will ich mich meiner Schwachheit rühmen, damit die Kraft Christi auf mich herabkommt. Deswegen bejahe ich meine Ohnmacht, alle Misshandlungen und Nöte, Verfolgungen und Ängste, die ich für Christus ertrage; denn wenn ich schwach bin, dann bin ich stark." (2 Kor 12, 9-10) Gleichzeitig macht es die Erfahrung der eigenen Grenzen leichter, auch mit denen der Mitmenschen geduldig und verständnisvoll umzugehen und ihnen aufrichtige Wertschätzung entgegenzubringen.

Der Christ auf dem Weg der Werktagsheiligkeit lebt also in tiefer Verbundenheit mit Jesu Christus, der für uns Menschen Kreuz und Leid auf sich genommen hat und seine Jünger aufruft, ihm nachzufolgen und es ihm gleichzutun – aus Liebe. Er sucht danach, den Willen Gottes in allen Situationen seines Lebens zu erkennen und zu tun. Mit Christus betet er in kindlichem Vertrauen: „Dein Wille geschehe." „Mein Vater, wenn es möglich ist, lass diesen Kelch an mir vorübergehen. Aber nicht mein, sondern dein Wille soll geschehen." (Mt 26, 39) Pater Kentenich sieht in dieser Haltung das eigentliche Heiligkeitsideal und fasst es in den Begriff der *Blankovollmacht*: Wie im geschäftlichen Bereich setze ich in uneingeschränktem Vertrauen meine Unterschrift auf ein leeres Blatt, das der Empfänger später ausfüllen darf. Diesen Vorgang überträgt er auf die Haltung des Menschen Gott gegenüber. Öffentlich verwendet Pater Kentenich den konkreten Begriff erstmals im Umkreis des 25-jährigen Gründungsjubiläums der Schönstatt-Bewegung (1939). Bei diesem Anlass fordert er die Mitglieder seiner Bewegung auf, als Antwort auf die Bedrohung durch den Nationalsozialismus der Gottesmutter, und damit dem Dreifaltigen Gott, quasi einen Blanko-Scheck zu überreichen. Ziel ist dabei die Gleichförmigkeit mit dem Willen Gottes, eine möglichst große Herzenseinheit. Später, ab 1941, als Pater Kentenich die Gefahr der Verfolgung für sich selbst und die ihm Anvertrauten immer größer werden sieht, will er sie auf mögliches Leid wie Gefangennahme und Haft vorbereiten. Dazu greift er einen Ausdruck des Heiligen Augustinus auf und spricht von der *„inscriptio cordis in cor*", von der Einschreibung des Herzens einer Person in das Herz einer anderen. Gemeint ist damit die besondere Bereitschaft, Kreuz und Leid anzunehmen, ja sogar darum zu bitten - und zwar genau in dem Maße und in der Weise, wie es den Plänen Gottes für mein Leben entspricht.

Möglich wird diese Haltung der *Inscriptio* - als besondere Akzentuierung der Blankovollmacht - nur durch eine ganz tiefe, warme Liebe zu Gott. Sie setzt vielfältige Erfahrungen seiner zärtlichen Fürsorge voraus, die schließlich zu dem uneingeschränkten Vertrauen führen: *Gott liebt mich und will nur Gutes für mich. Er kennt mich besser als ich selbst und weiß, was ich brauche. Auch durch Kreuz und Leid will er mir nicht schaden, sondern mich weiterführen auf meinem Weg zu ihm.* Psychologisch gesehen geht es dabei um einen Umwandlungsprozess, der die von Natur aus negative Haltung des Menschen im Blick auf das Leid, seine spontane Angst- und Abwehrreaktion in einen anderen Rahmen stellt: Gehalten von der Grundüberzeugung endloser Geborgenheit in kindlichem Vertrauen ist es dem Menschen möglich, einen tieferen Sinn im Leid zu sehen. Er kann es, statt als „Strafe", als eine Art Bewährungsprobe verstehen, die seinen Glauben stärken oder läutern will. Er wird nach und nach frei von Sorge und Angst, denn er weiß nun: Alle Ereignisse können und sollen ihm helfen, in der Liebe zu wachsen hin zur wahren Freiheit der Kinder Gottes. So sieht Pater Kentenich in der „Leidensschule" vor allem auch eine „Liebesschule". Diese zunächst ungewohnte Sichtweise sucht er in all seinem seelsorglichen Wirken den Menschen auf vielfältige Weise nahezubringen.

Stellvertretend nur ein Beispiel, das er zur Veranschaulichung nutzt: „Das will auch der schlichte Vers sagen: ‚*Was ist dem Gotteskind der Schmerz? Ein Vaterruf: Komm an mein Herz!*' Eine Familie war einmal in Not geraten und schrieb an reiche Verwandte in Amerika. Bald kam ein Paket von dort an. Heißhungrig ging man ans Öffnen und - fand nichts darinnen als einige belanglose Sachen. Ärgerlich warf man die gesamte Verpackung auf den Speicher und dachte, die reichen Verwandten wollten sich noch lustig machen über die Not. Vor Ostern beim Hausputz sollte alles ins Feuer wandern. Beim Zerreißen des innersten Kartons entdeckte das jüngste Kind der Familie einen doppelten Boden, der einen Brief mit 20000 Dollar barg. - In jedem Leid, das Gott uns schickt, ist solch ein Brief von ihm, und viel Kostbares, viel Tröstliches ist darin enthalten. Wenn wir doch jeweils den Brief suchten, statt zu hadern! Wenn uns einmal das Geheimnis des Kreuzes aufgegangen ist, dann drückt es nicht mehr, dann ist es ein lieber Gruß

Gottes, eine Gnade, eine Auszeichnung. Für den Werktagsheiligen wird in seiner reiferen Entwicklungszeit das Kreuz ein loderndes *Liebesfeuer*,– ein Feuer, das hochgradige göttliche Liebe angezündet und von glühender menschlicher Gegenliebe ständig genährt wird. Innige Liebe schickt das Leid, herzliche Gegenliebe nimmt es in Empfang als ein Geschenk der ewigen Liebe, das die Seele dem Bilde des Eingeborenen ähnlich machen soll." (WH 170/171)

Auf dem „Kuhweg" zur Heiligkeit

Lassen wir diese Worte auf uns wirken, wird unmissverständlich klar, welch hohes Ideal mit der Werktagsheiligkeit vor uns steht. Der Weg dorthin ist weit und schwer, das Ziel so ohne weiteres nicht zu erreichen. Das ist auch Pater Kentenich bewusst, der deshalb in seiner bildhaften Sprache häufig vom „Kuhweg" zur Heiligkeit spricht. Schritt für Schritt versucht er, seine Gefolgschaft diesen Weg zu führen: „Der Werktagsheilige lässt sich aber davon nicht zurückschrecken. Wohl geht er bei seiner nüchternen, lebensnahen Art gern den ‚Kuhweg' im geistlichen Leben, d. h. er macht es wie die Kuh, die auf den Gipfel eines Berges muss. Sie läuft nicht geradewegs diesem Gipfel zu, sondern geht ruhigen und festen Schrittes die gesicherten Wege, die den Bergesabhang umsäumen. Dadurch verzichtet er aber nicht auf hohe Ziele noch auf Wärme und Schwung und Kraft in Anwendung der Mittel, die zu diesem Ziele führen. In allem strebt er nach Maßgabe seiner Kraft und der empfangenen Gnaden zum Letzten, zum Höchsten und zum Tiefsten. Darum ist er nicht zufrieden, den Sinn des Kreuzes im Allgemeinen erfasst zu haben, er möchte vordringen zum Ursinn. Wenn er dabei nur langsam vorwärtskommt, tröstet er sich mit den Aposteln. Wie lange haben die gebraucht, bis sie den Heiland verstanden! Wohl hat er ihnen den Ursinn des Kreuzes mit dem schlichten Wort auseinandergesetzt: ‚Wer sein Leben retten will, wird es verlieren. Wer aber sein Leben um meinetwillen verliert, wird es finden.' (Mt 16, 25)." (WH 174) Mit dem Beispiel der Apostel will Pater Kentenich auch den heutigen Christen Mut machen, sich immer neu auf den Weg zum Gipfel der vollkommenen Liebe zu machen.

„Liebet einander, wie ich euch geliebt." (Joh 15, 34)

Um diese vollkommene Liebe geht es auch im dritten Teil der Werktagsheiligkeit. Dort entfaltet Pater Kentenich unter dem Aspekt der „*Menschengebundenheit*", wie sich das Streben nach „Heiligkeit im Alltag" auf den Umgang mit den Mitmenschen auswirkt. Auch hier geht es zunächst darum, die Wirklichkeit so zu sehen und zu anzunehmen, wie sie ist: „Der Werktagsheilige ist sowohl in natürlichen wie auch in übernatürlichen Dingen der ausgesprochene Realist." Nicht nur im Blick auf Kreuz und Leid, sondern in allen Lebensbezügen lässt er sich von Gottes Wünschen leiten und stellt auch hier nach dem Vorbild der Heiligen Schrift Christus in den Mittelpunkt: „Deshalb räumt er der Person des Gottmenschen einen überragenden Einfluss auf sein persönliches Ringen und Streben, auf sein Beten und Arbeiten ein." Und das Beispiel der Apostel ist auch an dieser Stelle für ihn eine Orientierung: „Modell, Vorlage und Vorbild für die Formung und Gestaltung seines Lebens und Charakters ist Christus. ... Christus steht also im Mittelpunkt seines Denkens, seines Herzens und seines Handelns. Er bewahrt mit großer Vorliebe – ähnlich wie die Gottesmutter – alle Worte von ihm und über ihn in seinem Herzen." (WH 176)

Leben und lieben wie Christus – eine hohe Anforderung: vollkommen darauf ausgerichtet sein, den Willen Gottes zu erfüllen, sich für die Menschen hingeben, sein Kreuz auf sich nehmen; barmherzig, sanftmütig und demütig sein, dabei aber doch klar und deutlich die Wahrheit aussprechen; sich nicht ängstlich um das Irdische sorgen, sondern im völligen Vertrauen auf die Liebe und Fürsorge Gottes leben – um nur einige Wesensmerkmale der Christusnachfolge aufzuzeigen. Die Größe der Herausforderung, die Vielzahl der Gebote und Wünsche könnte leicht mutlos machen und erdrückend wirken. Wie kann es gelingen, so zu leben? Was soll der Werktagsheilige denn nun tun, um wie aus einem Guss allen Anforderungen und Räten gerecht zu werden und gleichzeitig doch innerlich froh und aufgeschlossen für das Leben zu bleiben? Jesus selbst gibt darauf die Antwort. Er weist hin auf das Band, das leicht und sicher alle Tugenden zu einem sinnvollen Ganzen eint, auf ein Kompendium, eine kurze leicht verständliche Zusammenfassung aller Gebote: „Ein neues Gebot gebe ich euch: Liebet einander! Wie ich euch geliebt habe, so sollt auch ihr einander lieben. Wenn ihr einander liebt, sollen alle erkennen, dass ihr meine Jünger seid." (Joh 13, 34 ff) Damit gibt der Heiland die Nächstenliebe als das wesentlichste Merkmal, als das eigentliche, durch nichts ersetzbare Kennzeichen seiner Jünger an – und dieses in harmonischer Verknüpfung mit der Gottesliebe. „Beides: Gottes- und Nächstenliebe sind gleichwertige Hauptgebote. Das Gebot der Nächstenliebe ist dem Gebot der Gottesliebe gleich. Die Vollkommenheit besteht somit wesentlich in beiden..." (WH 178)

Diesen Zusammenhang haben viele Große der Kirchengeschichte erkannt und aufgezeigt, grundgelegt ist sie in der Bibel selbst. Zur Veranschaulichung seien einige Zitate angeführt: „Durch die Gottesliebe wird die Nächstenliebe erzeugt, und durch die Nächstenliebe die Gottesliebe genährt." (Gregor der Große) „Wer wissen will, wie viel Liebe Gottes er habe, der untersuche nur, wie viel er Liebe gegen den Nächsten habe. Beide sind gleich groß; beide werden miteinander geboren, wachsen miteinander, werden miteinander vollkommen, leben und sterben miteinander."

(Pergmayer) „Hätte der Mensch alle Tugenden und Eigenschaften, aber nicht die Liebe, so wäre er nichts, eine klingende Schelle und ein tönendes Erz." (1 Kor 13, 1) Umgekehrt aber hat er alle Tugenden, wenn er die wahre Liebe sein eigen nennt. Denn so belehrt uns der Apostel: „Die Liebe ist langmütig, die Liebe ist gütig. Sie ereifert sich nicht, sie prahlt nicht, sie bläht sich nicht auf. Sie handelt nicht ungehörig, sucht nicht ihren Vorteil, lässt sich nicht zum Zorn reizen, trägt das Böse nicht nach. Sie freut sich nicht über das Unrecht, sondern freut sich an der Wahrheit. Sie erträgt alles, glaubt alles, hofft alles, hält allem stand. Die Liebe hört niemals auf." (1 Kor 13, 4 - 8) Hier findet der Mensch auf dem Weg der Werktagsheiligkeit also die Antwort auf seine Fragen, die Richtschnur für jegliches Handeln. Die Pflege der Nächstenliebe ist damit Dreh- und Angelstück, ist das „Kabinettstückchen seines Heiligkeitsstrebens." (WH 179)

„Weltgrundgesetz der Liebe"

Aufgrund der herausragenden Bedeutung der Liebe spricht Pater Kentenich auch vom „Weltgrundgesetz der Liebe": „Liebe war in seinem Leben das große Triebrad, das alle Fähigkeiten des Leibes und der Seele ständig in Bewegung hielt. Die Liebe, die im Leben und Wirken Gottes das große Weltgrundgesetz ist, war für ihn das große Lebensgrundgesetz. Johannes hat uns die kürzeste Formel gegeben, auf die wir alles göttliche und gottmenschliche Wirken zurückführen können: ‚Gott ist die Liebe.' (Joh 4, 8) Das will sagen, dass der Hauptgrund für alles *göttliche Wirken* seine Liebe ist. Alle anderen Eigenschaften – wie Gerechtigkeit und Allmacht – werden von der Liebe in Bewegung gesetzt. Letztlich tut Gott alles aus Liebe, durch Liebe und für Liebe. Aus Liebe hat er uns erschaffen, aus Liebe uns auch den Erlöser gesandt: ‚So sehr hat Gott die Welt geliebt, dass er seinen eingeborenen Sohn dahingegeben hat.' (Joh 3, 16) Aus Liebe schickt er uns den Heiligen Geist. Alle Schicksale unseres Lebens sind letztlich von ihm aus Liebe zu uns gewollt, gefügt oder zugelassen. *Gott ist die Liebe*! Das Wort löst uns auch alle Rätsel im Leben des *Gottmenschen*. Er ist ja die ewige, Mensch gewordene Liebe Gottes, stellt aber auch als Mensch die vollendete Verkörperung des Weltgrundgesetzes dar." (WH 180) Will man also den Begriff der Werktagsheiligkeit auf den Punkt bringen, lässt sich mit Recht die Vielzahl aller dabei zu bedenkenden Aspekte in einem Wort zusammenfassen: *Werktagsheilige sind Menschen einer großen Liebe.*

Werkzeugsfrömmigkeit

Die zweite Dimension der schönstättischen Spiritualität geht mit der Werktagsheiligkeit Hand in Hand – die eine ist ohne die andere weder zu denken und noch zu leben. Ausführlich dargestellt hat Pater Kentenich selbst sie in seinem Buch „*Marianische Werkzeugsfrömmigkeit*", das im Jahr 1944 zum dreißigjährigen Jubiläum Schönstatts im KZ Dachau entstanden ist. Es ist fast unvorstellbar, wie unter den unmenschlichen Lebensbedingungen des Konzentrationslagers und ohne jedes Material, das heißt ohne die Möglichkeit, auf schriftliche Unterlagen, geistliche Literatur und Ähnliches zurückzugreifen, eine solch umfassende Darstellung geschrieben werden konnte. Umso deutlicher wird dadurch, in welchem Maße Geschichte und Spiritualität seiner Schönstattfamilie im Gründer lebendig ist. Mit großer Klarheit und Kraft zeichnet er die Grundlinien auf, deutet geschichtliche Ereignisse, gibt überzeugende Antworten auf zentrale Fragen und richtet schließlich den Blick in die Zukunft.

„Der rote Faden unserer Geistesgeschichte"

In diesem Werk bezeichnet er den „Werkzeugsgedanken" als „eine der wesentlichsten Linien, ... die nachweisbar das ganze Leben und Streben nach allen Richtungen durchzogen hat" und die „Marianische Werkzeugsfrömmigkeit" als *das* charakteristische Merkmal schönstättischer Spiritualität: „Der Werkzeugsgedanke – *das* Ideal der Familie von ihren Anfängen an. Ihm verdanken wir alles Große, was unsere innere und äußere Familiengeschichte bisher aufzuweisen hat: sowohl die reichen geistigen Strömungen, in denen wir seit dreißig Jahren schwimmen, als auch die äußeren Formen, die diese Strömungen in Satzung und Brauch, in Organisation und Regierungsweise sich geschaffen haben. Auch unsere Werktagsheiligkeit – nicht so sehr, wie sie im Buche niedergelegt ist, weil dort absichtlich das marianische Gepräge in den Hintergrund tritt, sondern wie wir sie praktisch üben – erhält dadurch tragendes Fundament, Antrieb und Krönung." (MWF 217)

Von der Gründungsurkunde ausgehend zeichnet er die Entwicklung in den verschiedenen Etappen der Geschichte nach und sieht den marianischen Werkzeugsgedanken wie einen roten Faden, der die ganze Geistesgeschichte Schönstatts durchzieht: „Bald tritt er als leitende Idee in den Vordergrund, als klar gesichtete Aufgabe, bald wirkt er als treibende Kraft, als Funktion: In irgendeiner Weise ist er immer lebendig gewesen. Grundgelegt finden wir ihn bereits – wie nicht anders bei unserer konservativen Einstellung zu erwarten ist – in der Gründungsurkunde. Darin erklärt die Gottesmutter sich bereit, sich in Schönstatt niederzulassen, ihre Herrlichkeiten zu offenbaren und Wunder der Gnade zu wirken, wenn wir uns ihr ganz und ungeteilt ausliefern für ihre Zwecke, wenn wir unsere Liebe beweisen durch heroische Preis- und Hingabe an sie und ihr Werk." (MWF 221f)

Diese Haltung des Einsatzes für die Gottesmutter zieht sich in verschiedenen Ausprägungen durch die weiteren Etappen der Geschichte Schönstatts. Die Linie lässt sich ziehen von den Einführungstagungen für Akademiker nach dem 1. Weltkrieg, über die Entstehung des Apostolischen Bundes, bis hin zu der Auseinandersetzung mit dem Nationalsozialismus und dann später, nach dem 2. Weltkrieg, mit der Kirche selbst. Pater Kentenich sieht in dieser Haltung den Schlüssel dafür, dass alle Herausforderungen letztlich gemeistert werden konnten, obwohl es menschlich gesehen oft unmöglich schien. So erklärt er in den „Worten zur Stunde" (2. Gründungsurkunde, 18.10.1939): „Heute wundern wir uns, dass unsere junge Gründergeneration vor 25 Jahren von einem solch tiefen Sendungs- und Werkzeugsbewusstsein getragen war. Mit Recht fragen wir nach den Gründen, die sie dazu veranlasst. Wir kennen sie. Viele von uns wären damals schwerlich damit zurechtgekommen. Besser verstehen wir den Beweisgang, der nach fünfjähriger Existenz und Fruchtbarkeit seit Ende des Weltkrieges von 1919 ab diese göttliche Sendung erhärtet. Wir haben ihn ungezählt viele Male gehört und wiederholt. Er gruppiert sich um die bekannten Worte: Geringfügigkeit des Werkzeuges, Größe der Schwierigkeiten und Größe des Erfolges. Was wir seit 1919 bis heute durchkämpfen und erreichen durften, verstärkt nach allen Seiten in ungemein tiefer Weise die Beweiskette und damit unseren Sendungsglauben und unser Werkzeugsbewusstsein. Wir haben darum Grund, allen herzlich zu danken, die die göttliche Vorsehung benutzt, um uns Schwierigkeiten zu machen. Ohne sie ständen wir heute, wo so vieles zusammenbricht und soviel Mutlosigkeit weiteste Kreise lähmt, wohl nicht so gefestigt in unserem frohen und sieghaften Glauben, Hoffen und Lieben da." (Nr. 60)

„Seid so gesinnt wie Christus Jesus" (Phil 2,5) – Grundlagen der Werkzeugsfrömmigkeit

Die Werkzeugsfrömmigkeit beschreibt ein zentrales Wesensmerkmal der Grundhaltung des Menschen gegenüber Gott, seinem Schöpfer. Urbild und Vorbild dieser Haltung ist Jesus Christus selbst, dessen ganzes Leben einzig und allein dem Ziel dient, den Willen des Vaters zu tun. So lehrt er auch seine Jünger beten und handeln. In der Heiligen Schrift finden wir zahlreiche Stellen, die dieses anschaulich schildern – Pater Kentenich beruft sich darauf, um den Ursprung der Werkzeugsfrömmigkeit aufzuzeigen: „Paulus wird nicht müde, sich und uns den Gedanken einzuprägen: Haupt und Leib – ein Christus! Lesen Sie bitte einmal das erste Kapitel seines Briefes an die Epheser von Vers 3-23! Dort entrollt er in großen Zügen das ihm anvertraute Gottes- und Christusgeheimnis: Der Vater hat uns aus Liebe nach seinem freien Willensentschluss vor Grundlegung der Welt vorherbestimmt in Christus Jesus zu seiner Kindschaft ... Wir und alles und alle im Himmel und auf Erden sollen in Christus Jesus als dem Haupte zusammengefasst werden. ‚Alles hat er ihm zu Füßen gelegt und ihn zum alles überragenden Haupte der Kirche gemacht, die sein Leib ist, erfüllt von ihm, der das Ganze mit allem erfüllt.' Alles soll sinngemäß ihm gleichgeschaltet werden. Darum mahnt der Apostel im Brief an die Philipper (2, 5): ‚Seid so gesinnt wie Christus Jesus.' Und der Grundzug seiner Gesinnung ist ganz ausgesprochen werkzeugliche Ganzhingabe an den Willen des Vaters." (MWF 16)

In der Heiligen Schrift finden sich zahlreiche Belege für diese Haltung Jesu. Zur schnelleren Orientierung sei das eine oder andere Zitat aufgeführt: „Meine Speise ist es, den Willen dessen zu tun, der mich gesandt hat, und sein Werk zu vollenden." (Joh 4, 34) Oder: „Wahrlich, wahrlich, ich sage euch: Der Sohn kann nichts tun aus sich selbst, sondern nur, was er den Vater tun sieht. Was dieser tut, das tut gleicherweise auch der Sohn." (Joh 5, 19) „Ich kann nichts aus mir selbst tun. Ich richte, wie ich höre, und mein Gericht ist gerecht, denn ich folge nicht meinem Willen, sondern dem Willen dessen, der mich gesandt hat." (Joh 5, 30) „Alles, was der Vater mir gibt, kommt zu mir, und wer zu mir kommt, den weise ich nicht zurück. Ich bin ja nicht vom Himmel herabgekommen, um meinen Willen zu tun, sondern den Willen dessen, der mich gesandt hat." (Joh 6, 37) „Und der, der mich gesandt hat, ist bei mir; er hat mich nicht allein gelassen, weil ich immer tue, was ihm Freude macht." (Joh 8, 29) „Wer an mich glaubt, der glaubt nicht an mich, sondern an den, der mich gesandt hat, und wer mich sieht, der sieht den, der mich gesandt hat." (Joh 12, 44) Diese wenigen Stellen mögen reichen, um deutlich zu machen, wie sehr sich Jesus selbst als Werkzeug in der Hand des Vaters sieht, wie bedingungslos sein Wille sich an Wunsch und Willen des Vaters hingibt. „Wir sind also mit unserer Werkzeugsfrömmigkeit in überaus guter Gesellschaft." (MWF 17)

Wesen und Eigenschaften der Werkzeugsfrömmigkeit im Allgemeinen

Pater Kentenich sieht in der Werkzeugsfrömmigkeit sowohl eine Lebensform als auch eine Erkenntnisquelle. Zunächst einige Gedanken zur *Lebensform.* Um in dieser „werkzeuglichen" Grundhaltung Christi dem Vater gegenüber leben zu können, sind bestimmte Eigenschaften unabdingbare Voraussetzung. Pater Kentenich zeigt folgende auf: *ganzheitliche Lösung, ganzheitliche Bindung und Hingabe, hochgradige Einsatzbereitschaft, Vergegenwärtigungscharakter, befreiende Gesichertheit und reiche Fruchtbarkeit.* Um die ganze Fülle dieser Begriffe zu erfassen, bedürfte es ausführlicher Erläuterungen zu jedem einzelnen Aspekt, was jedoch den gegebenen Rahmen sprengen würde. Einige Ausführungen sollen genügen.

Der Gründer macht deutlich, „dass ein Werkzeug seinem Wesen nach immer jemanden voraussetzt, der es benutzt." (MWF 4) Damit dies möglich ist, bedarf es einer völligen Übereinstimmung zwischen Werkmeister und Werkzeug. Auf Gott und den Menschen übertragen heißt das, dass der Mensch sich in vollem Vertrauen auf die Größe, Weisheit und Liebe Gottes ganz in seine Hand gibt – und dabei eigene Wünsche, starre Vorstellungen und feste Pläne weitestgehend loslässt. „*Ganzheitliche Lösung und ganzheitliche Bindung*" meint also die innere Freiheit, sich von sich selbst zu lösen und sich ganz an Gott und seine Wünsche zu binden, es meint das paradox anmutende Wechselspiel von Freiheit und Hingabe – das nur auf der Basis vollkommener Liebe und vollkommenen Vertrauens möglich wird. Daraus erwächst die *Bereitschaft, sich mit allen Kräften und Fähigkeiten für das Reich Gottes auf Erden einzusetzen.* Wenn Menschen so leben, dann werden sie Christus ähnlich. Christus selbst, der in seiner Kirche und in jedem einzelnen Glied seiner Kirche weiterlebt, wird dann erfahrbar, wird neu lebendig, oder mit anderen Worten: gegenwärtig gesetzt. Genau diesen Vorgang meint Pater Kentenich, wenn er vom „*Vergegenwärtigungscharakter*" als der vierten Eigenschaft des werkzeuglich eingestellten Menschen spricht.

Aus der so gestalteten Verwurzelung des Menschen im Herzen und Willen Gottes erwächst *eine innere Sicherheit und Gelassenheit in jeder Lebenslage*, so dunkel und schwer sie auch sein mag, so groß die Herausforderungen und Schwierigkeiten oder so begrenzt die eigenen Möglichkeiten auch sein mögen. Der Mensch der Werkzeugsfrömmigkeit weiß mit ruhiger Sicherheit, dass es nicht um ihn selbst und seine eigenen Interessen geht, sondern um die Pläne Gottes. Er lebt in dem Bewusstsein, dass nicht er es ist, der Großes vollbringen soll, sondern dass Gott selbst durch ihn wirken will. In der Schönstattgeschichte hat Pater Kentenich immer wieder auf die Bedeutung der Kleinheit der Werkzeuge, der Größe der Schwierigkeiten und der Größe des Erfolges hingewiesen: „Unsere Schwäche und Unansehnlichkeit ist dafür kein Hindernis, solange wir das Werkzeugsbewusstsein sorgfältig pflegen und betätigen. Im Gegenteil! Gott wählt immer das Kleine, um das, was groß ist, zu beschämen. Nur der kleine David konnte den Goliath unschädlich machen. Je geringer das Werkzeug, desto größer und augenscheinlicher ist die Macht dessen, dem es gehört und der es gebraucht." (MWF 84) So erklärt sich auch die letzte der genannten Eigenschaften, die *reiche Fruchtbarkeit*. Die Werkzeugshaltung gibt dem Menschen, der sich von Gott in Dienst nehmen lässt, auch teil an seiner schöpferischen Kraft.

Doch nicht nur Lebensform, sondern auch *Erkenntnisquelle* sieht Pater Kentenich in der Werkzeugshaltung: „Weil sie (die Werkzeugsfrömmigkeit) in allem angewiesen ist auf Gottes Wunsch und Willen, muss sie viel Gewicht legen auf deren Erkenntnis. Es liegt ihr gleichsam im Blute, als Quelle zu diesem Zweck ständig den Werkzeugscharakter der geschaffenen Dinge zu benutzen, mag es sich dabei handeln um das gesprochene Wort, um frei wirkende Zweitursachen, um die Seinsstruktur der Dinge, um Zeitenströmungen und Weltgeschehen oder um Fügungen und Zulassungen im persönlichen Leben." (MWF 39)

Gott spricht also zu uns durch die Heilige Schrift und durch innere Anregungen und Erleuchtungen, aber auch durch andere Menschen. Er hat den Menschen nach seinem Abbild geschaffen und ihm einen Teil seiner Eigenschaften – ein Stück von seiner Weisheit, Macht, Güte, Treue und Liebe – übertragen, um durch ihn zu wirken, um dadurch andere Menschen zu führen, zu gewinnen, an sich zu binden. So können Menschen lebendige Boten Gottes füreinander sein, durch die Gott seine Wünsche und Absichten mitteilt. Eine solche Offenheit für die Äußerung Gottes durch ganz verschiedene Erkenntnisquellen setzt ein geschultes Organ und ein hohes Maß an Flexibilität voraus. Der werkzeuglich eingestellte Christ wartet nicht starrköpfig auf unmittelbare außerordentliche göttliche Willensäußerungen, sondern er ist und bleibt überaus hellhörig für alles, was Gott ihm auf verschiedensten Wegen mitteilt. Eine solche Haltung ist auch ein wirksamer Schutz vor der Gefahr der Selbstüberschätzung und des Selbstbetruges.

Darüber hinaus spricht Gott auch durch Zeitströmungen und Weltgeschehen sowie durch Ereignisse im eigenen Leben. Im Sinne des praktischen Vorsehungsglaubens liegt hier eine besondere Erkenntnisquelle, die für die ganze Schönstattbewegung entscheidend wurde: „Wie häufig durften wir hören und bekennen, dass weder Vision noch visionärer Traum, sondern lediglich der einfache, praktische Vorsehungsglaube bei ihrer Gründung und ihrem Ausbau Pate gestanden hat, ein Vorsehungsglaube, der hinter Zeitnöten und Zeitbedürfnissen, hinter dem großen Weltgeschehen und den Führungen und Fügungen im kleinen Kreis immer klar und deutlich die knüpfende und verknüpfende, die gütige und mächtige Vaterhand und den bittenden Vaterwunsch zu sehen, zu erkennen und zu beantworten verstand. So trifft uns nicht der Vorwurf des Heilandes: ‚Die Zeichen am Himmel und in der Natur versteht ihr zu deuten, aber nicht die Zeichen der Zeit.'" (MWF 51)

„Lass mich gleichen deinem Bild" – Der marianische Charakter der Werkzeugsfrömmigkeit

Das Spezifikum der Werkzeugsfrömmigkeit in Schönstatt ist ihr marianischer Charakter. Pater Kentenich überträgt dabei alles, was er grundlegend über diese urchristliche Haltung gesagt hat, in besonderer

Weise auf die Gottesmutter und spricht von ihr als *Vorbild, Gegenstand und Vermittlerin* der Werkzeugshaltung. Dabei stellt er sie zunächst als leuchtendes *Vorbild* vor Augen, das ihr Leben in vollkommener Weise Gott ganz zur Verfügung gestellt hat. Ohne ihr „Fiat" – „Mir geschehe" in der Verkündigungsstunde hätte Gott die Pläne der Menschwerdung seines Sohnes nicht auf die vorgesehene Weise verwirklichen können. Hier wird besonders deutlich, wie sehr der allmächtige Gott sich abhängig macht von der freien Entscheidung seiner Geschöpfe. Diese Haltung der vorbehaltlosen Offenheit und Verfügbarkeit für den Willen Gottes lässt sich im ganzen Leben Mariens nachzeichnen. Alle Eigenschaften der Werkzeugsfrömmigkeit lassen sich leicht in ihrem Leben nachweisen, wie der Gründer mit anschaulichen Worten beschreibt: „Ungeteilte Hingabe an Gottes Wunsch und Willen, an seine Person und seine Kraft und Gnade begegnet uns in reichstem Maße in allen Teilen ihres Lebens. Bei der Verkündigungsszene gibt sie willig und freudig ihre ‚Blankovollmacht' und lebt danach bis zum letzten Augenblick. Sie beugt sich dem Willen Gottes, flieht mit dem Kinde und dem heiligen Josef nach Ägypten, nachdem sie es getreu seinem Wunsche, wie er in den Beschneidungsgesetzen zum Ausdrucke kommt, im Tempel dem Vater vorbehaltlos zurückgegeben hat. Auf seinen Wink kehrt sie nach Nazareth zurück, führt dort ein stilles, zurückgezogenes Familienleben, gibt den Heiland zu gegebener Zeit für seine öffentliche Tätigkeit und für Leiden und Sterben frei, nimmt willig das vom Kreuze aus feierlich proklamierte Mutteramt an, betätigt es im Pfingstsaale bis zum Ende ihres irdischen Lebens und nunmehr vom Himmel aus bis zum Ende der Zeiten. (...) Ihre Sicherheit und Geborgenheit in Gott und ihre innere Freiheit von allem Un- und Widergöttlichen hat sie in ihrem Leben des Öfteren beweisen dürfen. Periodenweise lebte sie in ähnlich ungesicherten, fließenden, wankenden, schwankenden Verhältnissen, wie sie heute an der Tagesordnung sind: Sie verlor ihr Haus und ihre Heimat, musste blutigen Verfolgungen ausweichen, in die Verbannung gehen, das Brot der Fremde essen. Schmach und Leid, Ungerechtigkeit und willkürliche Misshandlung, wie sie dem Gottessohn zuteil wurden, erlebte sie so tief, ja noch tiefer, als wären sie ihr selber unmittelbar zugedacht. Ihr Herz mochte bei all diesen Prüfungen erzittern und erbeben, aber: ‚Stabat'! Sie stand nicht nur als die Mutter des vor der Öffentlichkeit gebrandmarkten Verbrechers ruhig und sicher, fest und frei unter dem Kreuze; ihr ganzes Leben hindurch war sie im Willen Gottes, in seinem Herzen gesichert und geborgen. Wenn die Heilige Schrift uns von der Allmacht Gottes überzeugen will, macht sie darauf aufmerksam, dass er mit seinem Finger die Berge berührt und sie rauchen. Die Gottesmutter ist mit diesem Bilde nicht zufrieden. Im Magnifikat spricht sie vom Arme der göttlichen Allmacht, auf den sie ihr ganzes Vertrauen setzt, der Großes an ihr getan hat und sie selig preisen lässt durch alle Geschlechter." (MWF 61ff)

Pater Kentenich sieht die Gottesmutter jedoch nicht nur als Vorbild für die Lebensform, sondern auch dafür, wie sie alle ihr zur Verfügung stehenden Erkenntnisquellen benutzt hat, um Gottes Wunsch und Willen zu ermitteln. Das Magnifikat beweist, wie offen sie das gesprochene Gotteswort aufnahm und in sich verarbeitete, ebenso der vielsagende Satz, den die Heilige Schrift von ihr berichtet: „Sie bewahrte alle diese Worte in ihrem Herzen." So ist sie auch für uns ein Beispiel, wie wir auf die Anrufungen Gottes hören und reagieren können – aufgeschlossen, gläubig und bereit, unser Handeln danach auszurichten.

Wenn Pater Kentenich über den Vorbildcharakter hinaus aber davon spricht, die Gottesmutter sei auch „*Gegenstand der Werkzeugsfrömmig-*

keit", geht er damit noch einen Schritt weiter. Er meint damit, dass der gläubige Christ diese Haltung nicht nur Gott selbst, sondern auch der Gottesmutter gegenüber einnehmen darf und soll. Nachvollziehbar wird das nur, wenn die herausragende Stellung der Gottesmutter im Heilsplan Gottes gesehen und anerkannt wird. Pater Kentenich spricht von ihr als der ganz herausragenden Zweitursache, die von Gott mit besonderen Gnaden und Aufgaben ausgestattet wurde. „Die in dieser Behauptung liegende scheinbar unvereinbare Gegensätzlichkeit löst sich leicht auf, wenn wir uns daran erinnern, dass dieselbe Gottesmutter unter verschiedenen Gesichtspunkten einmal ‚Mond' und ein anderes Mal ‚Sonne' genannt wird: ... Dem Mond ist sie vergleichbar, insofern sie wie der Mond kein eigenes Licht hat, sondern all ihre Herrlichkeit von Christus empfängt; der Sonne (ist sie vergleichbar), insofern sie alles empfangene Licht, alle erhaltenen Gnaden und Herrlichkeiten wie die Sonne in überreichlicher Fülle – freilich immer in entsprechender Abhängigkeit von Christus und dem Dreifaltigen Gott – über die Menschen ausgießt. In ähnlicher Weise kann sie unter dem einen Gesichtspunkte ... Vorbild und von der anderen Seite aus gesehen ... Gegenstand unserer Werkzeugsfrömmigkeit sein." (MWF 71f)

Ist die Gottesmutter also auch diejenige, der wir uns als Werkzeug in die Hand geben können, so lassen sich auch alle Eigenschaften, die in der allgemeinen Werkzeugsfrömmigkeit aufgeführt wurden, auf unser Verhältnis zu ihr übertragen: „Ganzheitliche Lösung: Um der Gottesmutter ganz gehören zu können, lösen wir uns mehr und mehr von uns selbst, so wie wir es durch die Beiträge zum Gnadenkapital der MTA zu tun pflegen, angefangen von gelegentlichen Versuchen bis zur vollkommenen Preisgabe des eigenen Ich, bis zur Blankovollmacht, die wir ihr gegeben, oder der Inscriptio in ihr Herz. Ganzheitliche Bindung: Solche Preisgabe zielt hin auf die Ganzhingabe an sie, d. h. auf ein vollkommenes Eingehen auf ihren Wunsch und Willen, auf ungeteilte Hingabe an ihre Person und auf unerschütterliche, vertrauensvolle Abhängigkeit von ihrer Gnadenhilfe." (MWF 79ff)

Das ganzheitlich organische Denken Pater Kentenichs sieht dabei immer die unlösliche Einheit zwischen Gott und der Gottesmutter und zerstreut so alle Befürchtungen, Gott selbst könne bei dieser Art der Bindung an Maria zu kurz kommen. Pater Kentenich ist im Gegenteil fest davon überzeugt, dass eine starke Zentrierung auf die Gottesmutter uns näher zu Gott führt, dass wir ihn durch sie besser erkennen und dadurch die Liebe zu ihm erst richtig wachsen und sich entfalten kann. Weil der Mensch Gott nicht unmittelbar schauen kann, ist er – um auch nur eine annähernde Vorstellung von ihm zu entwickeln – immer auf Bilder und Vergleiche angewiesen. Pater Kentenich sieht Maria – als den heilen, ganzen Menschen, wie Gott ihn eigentlich gedacht hat – an der Spitze der Schöpfung leuchtend stehen. Der Mensch schaut auf Maria, in den „Spiegel Gottes" – und bekommt so eine Ahnung von der Größe Gottes. Ein tiefes, ehrfürchtiges Staunen erfüllt ihn, weiß er doch: „Gott ist immer größer". So führt die Bindung an Maria den Menschen nach und nach zu einer staunend-ehrfürchtigen Haltung und einer tieferen Liebe zum Dreifaltigen Gott.

Und schließlich will Gott selbst, dass die Menschen sich kindlich vertrauend an Maria binden: „Gott hat deutlich gesprochen vom Kreuze aus: ‚Siehe da, deine Mutter! Siehe da, deinen Sohn!' Er will also, dass die Menschen die Mutter kindlich lieben und sich ihr hingeben. Füglich verlangt auch sie diese Kindesliebe, um sie – wie es ihrer Art entspricht – organisch weiterzuleiten hin zu Gott: zu Christus und dem Dreifaltigen. Und weil sie das wünscht und will, wünscht und will ihr Werkzeug ein Gleiches. ... Sie kann deswegen nicht anders, als ungezählt viele Male zu wiederholen: ‚Siehe, ich bin eine Magd des Herrn; mir geschehe nach deinem Worte!'" (MWF 102f)

Und schließlich stellt Pater Kentenich uns die Gottesmutter auch als *Vermittlerin* der Werkzeugsfrömmigkeit vor Augen. Als unsere Mutter und Fürsprecherin geht sie mit uns, sie erleichtert den steilen Weg zu Gott. Sie hilft uns bei all unserm Tun und schenkt uns die Gaben und Gnaden, die wir brauchen. Von besonderem Interesse sind hier die inneren Beziehungen zwischen apostolischer Fruchtbarkeit und marianischer Werkzeugsfrömmigkeit. Pater Kentenich hat in seinem ganzen Leben und Wirken erfahren, dass die Gottesmutter dem apostolischen Einsatz zu besonderem Erfolg verhilft, wenn Menschen sich ihr zur Verfügung stellen und von ihr gebrauchen lassen. So kann er persönlich bezeugen, dass von dort ein besonderer Segen für die heutige Zeit ausgeht. Diesen Erfahrungs- und Glaubensschatz will er weitergeben. Er will den Menschen Mut machen, sich ganz in die Hand der Gottesmutter zu legen – wie er selbst es zeitlebens getan hat. Wer Pater Kentenich davon sprechen hört, spürt sofort die innere Kraft und ruhige Sicherheit, die hinter seinen Worten steht – es ist keine theologische Spekulation, die er uns vorträgt. In konkreten Fällen wie diesen wird deutlich, dass er dabei auch ein klares Gesamtbild von Maria und ihrer Stellung im Ganzen der Heilsgeschichte in sich trägt. Das kann er bei kritischen Anfragen auch sofort darstellen und erläutern.

So habe auch ich es ganz konkret erlebt: Es fiel mir beim erstmaligen Hören seiner Ausführungen zu diesem Aspekt der Werkzeugsfrömmigkeit schwer, die Selbstverständlichkeit zu akzeptieren, mit der er unsere personale Hingabe an Gott auf Maria überträgt und uns anleitet, uns in der Werkzeugshaltung ganz und gar abhängig zu machen von ihr, uns gebrauchen zu lassen für ihre Ziele. Zwar hatte ich dies beim Hineinwachsen in die Schönstatt-Spiritualität schon praktisch erlebt und zunächst auch kein Problem damit gehabt. Doch jetzt, wo es so reflexiv klar ausgesprochen wurde, regte sich mein „theologisches Gewissen" und ich stellte mir die Frage: Kann man unsere Hingabe an Gott so direkt auf Maria übertragen? Die Reaktion Pater Kentenichs, als ich ihm meine Zweifel erläuterte, kam sofort und war eigentlich ganz einfach: Es geht um das organische Denken, das Zusammenspiel von Erst- und Zweitursache. Wenn wir festhalten, dass Gott die alles überragende Erstursache ist, von der jeder Mensch, also auch Maria, abhängig ist, dann gilt ebenso, dass jede Bindung an Zweitursachen immer weitergeleitet werden muss zu Gott. Aber was mich letztlich überzeugt und beruhigt hat, war nicht die Erklärung an sich, sondern die Art, wie er sie vorbrachte, seine Haltung. Bei ihm war das lebensmäßig spürbar und nachvollziehbar: Gott steht strahlend im Mittelpunkt und Maria ist das kleine Geschöpf, auch wenn sie die Größte unter uns Menschen ist. Und ihr Lebenssinn und -ziel ist es wiederum, Gott und die Menschen in Verbindung zu bringen, Christus zu den Menschen zu tragen und alle und jeden zu Christus und zum Dreifaltigen Gott weiterzuleiten. In seiner Erklärung war nichts zu spüren, was nach einem Überredungsversuch klang. Da war das glasklare Fundament des Glaubens an die Seinsordnung von Erstursache und geschöpflicher Zweitursache. Nach diesem kurzen Gespräch zur Erklärung war innere Ruhe und Sicherheit in mir – und eine tiefe Freude, dass ich in meinem Glaubensleben in diese von Gott gewollte und geschenkte Ordnung einschwingen darf.

„Bittet und ihr werdet empfangen!"

Gerade in der schwierigen Situation der heutigen Seelsorge kann die Gottesmutter helfen: „Sie ist nach der Absicht Gottes ‚der große

Missionar. Sie wird Wunder wirken' (Vinzenz Pallotti). Nein, sie hat Wunder gewirkt! Wo andere Mittel versagen, da wirkt sie tatsächlich Großes und Wunderbares." („Worte zur Stunde" Nr. 78). Von besonderer Bedeutung ist dabei das vertrauende Bittgebet, in dem wir all unsere Anliegen vor den Dreifaltigen Gott tragen und zu dem Jesus selbst uns auffordert: „Nicht mehr Knechte nenne ich euch. Denn der Knecht weiß nicht, was sein Herr tut. Freunde habe ich euch genannt. Denn ich habe euch alles geoffenbart, was ich von meinem Vater gehört habe. Nicht ihr habt mich erwählt, sondern ich habe euch erwählt und euch dazu bestellt, dass ihr hingehet und bleibende Frucht bringt. Dann wird der Vater euch alles geben, um was ihr in meinem Namen bittet." (Joh 15, 15-17) „Wahrlich, wahrlich, ich sage euch: Wenn ihr den Vater in meinem Namen um etwas bittet, so wird er es euch geben. Bittet, so werdet ihr empfangen, und eure Freude wird vollkommen sein." (Joh 16, 23-24)

Auch in dieser vertrauensvollen Gebetshaltung ist die Gottesmutter sowohl Vorbild wie auch Vermittlerin und Pater Kentenich wird nicht müde, seine Familie zu ermutigen, die Verheißungen Jesu sehr ernst zu nehmen: „Ich kann nicht oft, nicht klar und deutlich genug sagen, dass wir als vollkommene Werkzeuge in Geist und Form der Inscriptio allen Grund haben, diese Verheißungen wortwörtlich zu nehmen. Darum kann unser Vertrauen nicht groß genug und unser Bittgebet nicht eindringlich und warm genug sein. Dass und in welchem Ausmaße Gott und Gottesmutter die Familie als Werkzeug benutzen wollen, haben sie durch Führungen und Fügungen handgreiflich gezeigt. Darum erneut die Mahnung: ,Bittet, und ihr werdet empfangen; suchet, und ihr werdet finden; klopfet an, und es wird euch aufgetan!' Gott will es!" (MWF 241)

Bündnisfrömmigkeit

Im Dreiklang der originellen Spiritualität Schönstatts spielt als drittes Element die Bündnisfrömmigkeit eine zentrale Rolle. Sie ist nicht einfach noch eine weitere Dimension, sondern stellt das Fundament für alle anderen dar. Sie erwächst aus dem Bund, den Gott am Anfang mit den Menschen geschlossen und durch die ganze Heilsgeschichte hindurch verwirklicht hat. Dabei geht die Initiative nicht vom Menschen, sondern von Gott aus. *Er* ist der Liebende, der alle Menschen an sich ziehen und in seine Lebens- und Liebesgemeinschaft mit hineinnehmen will. Im Gegenzug sucht und erwartet er die Antwort des Menschen auf seine Einladung. Pater Kentenich zitiert oft das Wort des mittelalterlichen Franziskanertheologen Johannes Duns Scotus (1266-1308): „Deus quaerit condiligentes se" – „Gott sucht Mit-Liebende". Bündnisfrömmigkeit ist das immer neue Leben im Dialog mit dem Bundesgott in allen Situationen des Lebens.

Heilsgeschichte als Bundesgeschichte

Bei vielen Christen lebt die Erinnerung an die Wirklichkeit dieses Bundes nur noch ahnungsweise. Zwar singt man bei entsprechendem Anlass: „Fest soll mein Taufbund immer stehen" oder spricht vom „Bund der Ehe", doch im Allgemeinen ist das Wissen darum verblasst und hat keinen besonderen Einfluss auf das Verhalten der Menschen. Die Schönstatt-Spiritualität stellt nun diese Wirklichkeit des Gottesbundes ins Zentrum und will das ganze Leben daraus gestalten. Mit lapidaren Worten beschreibt Pater Kentenich diese Realität: „Wer die verflossenen Jahrtausende im Licht der Offenbarung überschlägt, unterschreibt gern die Behauptung: Der Gottesbund, das Liebesbündnis zwischen Gott und Volk ist Grundsinn und Grundform,

Grundkraft und Grundnorm der ganzen Heilsgeschichte." (LS 1952 II, 43) Sich auf diese Glaubenssicht einzulassen, beinhaltet eine Chance für jeden Christen; er wird bald etwas spüren von der Weite und Tiefe, die damit umschrieben ist. Die Erkenntnis, dass die individuelle Erfahrung des In- und Miteinander mit Gott immer schon in diesem universellen Rahmen steht, lässt neue Dimensionen aufleuchten und stellt alles Persönliche in einen größeren Kontext. So hilft das Hineinwachsen in diese Welt, frei zu bleiben - oder zu werden - von allem Kreisen um das eigene Ich, das sich im Getriebe des Alltags nur allzu leicht einstellen kann. Der immer neue Aufblick zu unserem Bundesgott hilft uns zu verstehen, was Pater Kentenich meint mit „Grundsinn": Gott hat uns seinen Bund angeboten, um uns seine Liebe zu schenken. Der Sinn aller Geschichte, auch unserer persönlichen Lebensgeschichte, ist dieses Leben und Beschenkt-Werden im Liebesbündnis.

Der erste große Höhepunkt der Heilsgeschichte ist der *Alte Bund*, in dem Gott sich mit seinem auserwählten Volk Israel über Jahrhunderte hin verbündet hat. Zuerst hat er dies durch die Repräsentanten des Volkes getan – mit Noah, mit Abraham und mit Moses. Später, nach dem Auszug aus Ägypten, hat er am Berg Sinai den Bund unmittelbar mit dem ganzen Volk geschlossen. Dieser Bundesschluss hat das ganze Leben des Volkes geprägt. Sooft die Israeliten den Bund vergessen oder gebrochen haben, sooft hat Gott sein erwähltes Volk wieder an sich gezogen. Der Bund war die große Schicksalsmacht, die alles bestimmt hat. Periodenweise, nach Einschnitten in die Geschichte, wurde dieser Bund feierlich erneuert und auf vertiefte Weise zur prägenden Kraft sowohl für das persönliche Leben wie auch für das des Volkes.

Der entscheidende Einschnitt in die Heils- und Weltgeschichte kam, als Gott seinen Sohn auf die Erde sandte. Christus hat durch sein Leben und

Sterben am Kreuz den *„Neuen und Ewigen Bund"* begründet. Durch die Taufe sind wir alle hineingezogen in diesen Bund und dürfen zu Recht singen: „Fest soll mein Taufbund immer stehen". Ihren symbolischen Ausdruck findet diese neue Wirklichkeit im *Bild von Braut und Bräutigam, vom hochzeitlichen Bund Christi mit seiner Kirche*. Im Laufe der Jahrhunderte wurden biblische Symbole, die das Miteinander zwischen Gott und Mensch beschreiben, immer wieder neu entdeckt: Reich Gottes, Hirt und Herde, Weinberg, Weinstock und Reben, Vater und Kind, Haus mit lebendigen Steinen, etc. Die wechselnden Bilder beleuchten dabei von verschiedenen Seiten immer neu Perspektiven und Gesichtspunkte der einen, unveränderten Wirklichkeit: die faszinierende, nicht in Worte zu fassende Liebesgeschichte zwischen Gott und Mensch.

Das Liebesbündnis als origineller Weg Schönstatts

Um zu einem tieferen Verständnis der verschiedenen Ausprägungen dieser Bundeswirklichkeit in der Geschichte der Kirche zu gelangen, erscheint es mir wichtig, einen weiteren Schritt zu vollziehen. Dass wir durch die Taufe in den Bund mit Christus und Gott hineingezogen sind, ist nicht nur etwas, das jeden Christen individuell berührt. Es gibt im mystischen Leib Christi auch das Phänomen, dass der Heilige Geist Menschen zu Gemeinschaften zusammenführt. So bilden sich immer neu Orden oder religiöse Bewegungen mit einer je eigenen Originalität und von Gott geführten originellen Geschichte. Sie alle haben ihren Platz, bringen ihren Beitrag zur Bereicherung des Ganzen ein und stellen in ihrer bunten Vielfalt die lebendige Kirche dar. Wenn wir von Bündnisfrömmigkeit sprechen, gilt es, diese vom heiligen Geist gewirkte und zusammengehaltene Vielfalt vor Augen zu haben.

Als Schönstatt-Bewegung, mit der Bundesspiritualität als Grundintuition allen geistlichen Lebens und apostolischen Wirkens, stehen wir in diesem Strom religiöser Erfahrungen und eröffnen sozusagen ein neues Kapitel darin. Pater Kentenich fasst zusammen: „Für uns ist das Liebesbündnis mit der Gottesmutter... eine tiefgreifende Erneuerung, Festigung und Sicherung des Taufbundes, das heißt des Bündnisses mit Christus und dem Dreifaltigen Gott. Jede Weihe und jeder in ihr zum Ausdruck gebrachte erneuerte Bündnisschluss bedeutet für unser Denken und Wollen eine neue freigewählte und freigewollte Entscheidung für Christus: für seine Person, für seine Interessen und sein Reich. (...) Sie ist gleichbedeutend mit einem tieferen Hineinwachsen in eine enge Liebesgemeinschaft zwischen uns und ihm und dem Dreifaltigen Gott." (LS 1952 II, 58) Es geht also dabei um das Anliegen, das ursprüngliche Bündnis mit dem Gott des Lebens lebendig zu erhalten, es immer wieder zu erneuern, ganz persönlich wie auch in Gemeinschaft. Auf diese Weise ist im Laufe der Jahre und Jahrzehnte ein ausgeprägtes Bündnisbewusstsein in der Schönstatt-Bewegung gewachsen. Der Bündnisgedanke ist so tief in ihrem Lebensgefühl verankert, dass wir ihn tatsächlich als „Grundsinn und Grundform, Grundkraft und Grundnorm" bezeichnen können. Hier wird die enge Verbundenheit und Übereinstimmung mit alt- und neutestamentlichem Denken, Empfinden, Wollen und Handeln sehr deutlich. Diese Beobachtung führt Pater Kentenich zu der tastenden Frage: „Ich weiß nicht, ob es irgendeine religiöse Gemeinschaft der Neuzeit gibt, die das im selben Ausmaß von sich sagen kann?" (LS 1952 II, 58)

Auf diesem biblischen Fundament steht nun die Originalität der Bündnisfrömmigkeit in Schönstatt, die den Bund als *Liebesbündnis* in den Mittelpunkt stellt. Pater Kentenich verweist dabei auf das „Weltgrundgesetz der Liebe", das besagt, „dass der letzte Beweggrund, der Grund aller Gründe für alles göttliche und gottmenschliche Wirken die Liebe ist. Genauer gesagt: *Gott tut alles aus Liebe, durch Liebe, für Liebe.* Das heißt: Er tut alles aus dem Hauptbeweggrund der Liebe, die so stark ist, dass sie alle anderen göttlichen Eigenschaften in Bewegung setzt und in ihren Dienst nimmt, nicht zuletzt Gerechtigkeit und Allmacht. Hinter allem, was er tut, steht eine ausgeprägte, eine greifbare Liebesbewegung, die eine vollkommene Liebeseinheit mit dem Liebes- oder Bundespartner erreichen möchte. (LS 1952 II, 33) Die eigentliche Besonderheit der Bündnisfrömmigkeit in Schönstatt liegt aber in ihrer stark marianischen Prägung und in der Verbindung mit dem Heiligtum. Der Gründer selbst drückt es so aus: „*Unser unmittelbarer Bündnispartner ist die Gottesmutter, insofern sie unter dem Titel ‚Dreimal wunderbare Mutter und Königin von Schönstatt' von ihrem Heiligtum aus als Volkserzieherin tätig ist, um eine umfassende und tiefgreifende Erneuerungs- und Erziehungsbewegung in Welt und Kirche hineinzuleiten und dort lebendig und fruchtbar zu erhalten.*" (LS 1952 II, 77ff)

Durch Maria zu Christus

Wie zu Beginn dargestellt, geht die Gründung Schönstatts am 18. Oktober 1914 auf eben dieses Bündnis mit Maria zurück, das zunächst im Sinne der „Marienweihe", wie sie bei den Marianischen Kongregationen und vielen anderen Gemeinschaften in der Kirchengeschichte bereits üblich war, verstanden wird. Aber diese Weihe steht nie isoliert da, von Anfang an ist sie verbunden mit der Bitte: „Zieh uns an dich und führe uns immer tiefer zu Christus und zum Dreifaltigen Gott." Die Erfahrung von nun fast einem Jahrhundert belegt eindrucksvoll, dass Maria dieser Bitte offenbar gern nachkommt. Dafür stehen Unzählige, die das Liebesbündnis mit ihr geschlossen haben und bezeugen können, wie sich dadurch auch ihre Beziehung zum Gott des Lebens vertieft hat. Im Laufe der langen Geschichte der Kirche haben viele Christen Ähnliches im Zusammenhang mit Maria erleben dürfen. So ist ein Ausdruck entstanden, der so etwas wie die Summe all dieser Erfahrungen ist: „*Durch Maria zu Christus*" – „*per Mariam ad Christum*". Pater Kentenich spricht im Blick auf die besondere Aufgabe der Gottesmutter, ihren Sohn immer neu in die Welt zu bringen und umgekehrt die Menschen stets zu ihm zu führen, vom „*Mariengeheimnis*." Dieser Ausdruck geht auf Ludwig Maria Grignon von Montfort (1673-1716) zurück; er verwendet ihn analog zum „Christusgeheimnis" des Apostels Paulus, wenn er von der Bedeutung der Gottesmutter im Erlösungsplan Gottes spricht.

Durch Christus zum Dreifaltigen Gott

Doch obwohl die Weihe immer als Teil der universellen Wirklichkeit „Bund" gesehen wurde, zu dem die Bindung an Christus wie selbstverständlich gehörte, wird erst nach einer längeren Zeit der Erfahrung in der Schönstatt-Bewegung deutlich, dass ihre ureigene Art, das Liebesbündnis zu leben, ein Neuaufbruch des heilsgeschichtlichen Gottesbundes ist. Langsam klärt sich diese Zusammenschau der verschiedenen Elemente des Bundes im Lichte des Glaubens. Die treibende Kraft dabei ist die immer weitergehende Führungsgeschichte durch den Heiligen Geist. Pater Kentenich bezeugt in späteren Jahren und im deutenden Rückblick auf die schrittweise Entfaltung des Liebesbündnisses in Schönstatt, dass von seiner Seite keinerlei Plan im Vorfeld existiert hat, wie das Ganze und die einzelnen Teilschritte aussehen sollen. Alles entsteht aus dem Ineinandergreifen von göttlicher Führung und menschlicher Antwort. Für die menschlichen Partner ist es ein ständiges Gehen durch ein Hell-Dunkel: Das Helle ist das, was Gottes Geist schon entschleiert hat – dass die Gründung Schönstatts ein Bündnis mit Maria ist und dass Maria die junge Gemeinschaft lebensmäßig zu einer tieferen Verbundenheit mit Christus führen will. Dabei steht den Jugendlichen umrisshaft stets die ganze Weite des Bundes vor Augen und so taucht immer wieder die Formulierung auf: „Durch Christus zum Dreifaltigen Gott." Das „Wie" dieses Weiterwachsens, welche konkrete Form das alles annehmen soll, das ist das verbleibende Dunkel. Die Geschichte dieses schrittweisen Erkennens und Ertastens eines göttlichen Planes für den spirituellen Weg Schönstatts ist das Paradebeispiel der Anwendung des aktiven Vorsehungsglaubens (vgl. „Der Mann des Glaubens").

Führen wir uns zum Verstehen der schrittweisen Erhellung dieses Dunkels vor Augen, wie die Jugendlichen am Beginn Schönstatts über die Bindung an Maria zu Christus und von da aus weiter zum Vatergott geführt werden. Ausgehend von dem für sie selbstverständlichen Leben mit Christus im Ablauf des Kirchenjahres entdecken die Jugendlichen durch eine längere Zeit der Beobachtung, dass Christus sich ganz und gar abhängig von seinem Vater im Himmel weiß: „Ich bin vom Vater ausgegangen." „Ich verkünde nur, was ich beim Vater gesehen habe." „Ich bin nicht gekommen, um meinen Willen zu tun, sondern den Willen dessen, der mich gesandt hat." „Was dem Vater Freude macht, das tue ich allezeit." Diese und viele andere Aussagen Jesu über seine Beziehung zum Vater finden wir im Johannes-Evangelium, vor allem in den Abschiedsreden Jesu (Kap. 13-16) und im hohepriesterlichen Gebet (Kap. 17). Durch das längere Verweilen bei diesem Aspekt reichert sich das Christusbild der jungen Leute an und findet seine innere Mitte im Vater. Der eigentliche Bündnispartner ist und bleibt Christus; Maria erweist sich immer mehr als diejenige, die zu einer lebendigen Beziehung zu ihm hinführt. Doch die Verbundenheit der Jugendlichen mit Christus bekommt, seinem Vorbild entsprechend, nach und nach eine immer stärkere Ausrichtung auf den Vatergott. Dies ist jedoch ein stiller, langsamer Entwicklungsprozess, der ihnen selbst gar nicht direkt bewusst wird.

Auch die Rolle, die der Spiritual dabei spielt, wird erst mit der Zeit deutlich. Seine Art der Führung ist eine behutsame, ehrfürchtige und jeden einzelnen einbeziehende. Dabei ist ein Merkmal besonders ausgeprägt: Pater Kentenich beobachtet alle Regungen der Seele und sucht unentwegt, was der Heilige Geist wirken will. Impulse, Inspirationen und Wegweisungen übernimmt er nur, nachdem er sie sorgfältig geprüft hat. Es ist ein subtiles Zusammenspiel einer Vielzahl von Faktoren: individuell menschlicher, gemeinschaftlicher und vom Geist ausgehender Anregungen. Als sich zeigt, dass die neue Ausrichtung der Christusfrömmigkeit auf den Vater hin in der Seele der *ganzen* Gemeinschaft ein stärkeres Echo geweckt hat, wird Pater Kentenich klar, dass hier tatsächlich der Heilige Geist wirksam ist. Sein erst dann einsetzendes eigenes Mitsteuern versteht er als Aufgreifen dieser Inspiration von oben und er nutzt nun jedes einzelne Echo in dieser Richtung, um das Bewusstsein der Gemeinschaftsseele zu stärken.

Bei den Jugendlichen wird, was früher mehr oder weniger einfach „bekannt" und alltäglich war, jetzt neu entdeckt. So hatte man schon immer das „Vater unser" gebetet, doch auf einmal hat es einen neuen Klang. Mit einer Art Entdeckerfreude spürt man all diese Anzeichen bei Christus für den Zug hin zum Vater in den eigentlich vertrauten Gebeten und Formen auf; das „Neue" wird immer gefüllter und anziehender. Die unaufdringliche Art, mit der auch der Spiritual sich von diesem Interesse anstecken lässt, wird als positiv empfunden; will er doch nicht seine eigenen Ideen durchsetzen, sondern ihre Initiative unterstützen. Er spürt, dass hier etwas Neues am Werden ist und sieht seinen Beitrag darin, mit den Jugendlichen zu suchen, was Gott ihnen durch die Ereignisse sagen will.

In diesem Zusammenhang wird die Erkenntnis wichtig, dass die *Liturgie* dabei eine entscheidende Rolle spielt. Zunächst könnte ja der Eindruck entstehen, die eucharistische Liturgie sei allein auf die Person Jesu Christi zentriert. Die Vertreter der liturgischen Bewegung, mit deren Anliegen Pater Kentenich sich seit Anfang der Zwanzigerjahre auseinandersetzt, betonen in einer gewissen Einseitigkeit diese ausschließliche Ausrichtung der Liturgie auf Christus als ihrer Mitte. Demgegenüber entdecken die Jugendlichen durch ihre Aufgeschlossenheit für die Beziehung Jesu zum Vatergott neu, wie stark die liturgischen Gebete sich eigentlich an den Vater richten. In ihrer überwiegenden Zahl wenden sie sich „durch Christus" an den Vater. Besonders deutlich kommt das in der Doxologie zum Abschluss des Hochgebetes zum Ausdruck: *„Durch ihn und mit ihm und in ihm ist dir, Gott, allmächtiger Vater, in der Einheit des Heiligen Geistes alle Herrlichkeit und Ehre, jetzt und in Ewigkeit. Amen."*

Ein zweiter Ansatzpunkt auf dem Weg zum *Vater* ist in Schönstatt von Anfang an der lebendige *Vorsehungsglaube.* Jesus selbst hat seine Jünger gelehrt, dass der Vater alles führt und für alles sorgt. Er kümmert sich um jeden Menschen und jedes Geschöpf, selbst um die „Vögel des Himmels" und die „Lilien auf dem Felde". Seine Jünger bezeichnet er als „Kleingläubige", weil sie sich ängstlich um ihren Lebensunterhalt sorgen und nicht verstehen, dass der Vater im Himmel doch weiß, was sie brauchen und es ihnen zur rechten Zeit geben wird (vgl. Mt 6, 19-34). In der Atmosphäre des lebendigen Vorsehungsglaubens, wie sie in Schönstatt im Laufe der Jahre gewachsen ist, kann auch eine „Vaterfrömmigkeit" leichter entstehen und sich entfalten.

Dieser aufgezeigte Vorgang, *durch Maria zu Christus und durch Christus zum Vater,* wiederholt sich später immer wieder in verschiedenen Kreisen der wachsenden Schönstatt-Bewegung. Immer wieder vollzieht sich ein ähnlicher Prozess wie zu Beginn bei den Jugendlichen: Nachdem der Funke einmal übergesprungen ist, entdeckt man auf Schritt und Tritt, in welch anschaulichen Bildern uns das neue Testament die Botschaft Jesu vom liebenden Vater vor Augen führt. Das gilt ebenso für die Verkündigung der frühen Kirche nach dem Tod Jesu: „Der Gott und Vater unseres Herrn Jesus Christus" lebt in den paulinischen Briefen, das „Abba – Vater" gehört zum Kern dieser urchristlichen Frömmigkeit. Das Johannes-Evangelium als Fundgrube, in der die Vaterbotschaft Jesu als Herzmitte seines Lebens besonders zum Ausdruck kommt, wurde bereits erwähnt. Pater Kentenich hat es über lange Zeit in seiner Verkündigung und geistlichen Führung sorgfältig gepflegt. Dabei geht es nicht in erster Linie um ein Studium der Texte. Pater Kentenichs zentrales Anliegen ist es immer, dass alle vom Geist inspirierten Wertwelten langsam Wurzeln schlagen. So wächst unter seiner beharrlich pflegenden Hand eine ganze Welt der Vaterfrömmigkeit, wie sie nicht oft anzutreffen ist. Dieser neue Wachstumsring reift über Jahrzehnte ohne viel Aufsehen, ohne dass die anfänglichen Zentralwerte Schönstatts dadurch beeinträchtigt worden wären. Sie leben in der Schönstatt-Bewegung weiter und sind mit dem neuen Ring zu einer organischen Einheit verwachsen.

Ohne geduldige Pflege sind solche Vorgänge in einer sich immer weiter ausbreitenden Gemeinschaft nicht möglich. Die Schönstatt-Bewegung ist nicht nur zahlenmäßig gewachsen, sie hat sich auch international ausgebreitet, hat immer neue Generationen integriert. Als Pater Kentenich 1965 aus dem Exil heimkehren und langsam wieder Kontakte mit den einzelnen Gruppierungen aufnehmen darf, zieht er des Öfteren sozusagen „Bilanz". Sein auswertendes Fazit: In Schönstatt hat sich ein originelles Glaubensleben entwickelt, ohne dass im Vorfeld ein genauer Plan oder eine zielstrebige Führung existiert hätten. Die beiden zentralen Wertkomplexe, die das Leben in Christus von innen her prägen, sind seine *Ausrichtung auf Maria und auf den Vatergott.* Pater Kentenich verwendet an dieser Stelle häufig zwei von ihm selbst geprägte und auf den ersten Blick nicht leicht zugängliche Begriffe: Er spricht von „marianischer Patrozentrik" oder auch von einem „marianischen Vaterreich".

Dass Pater Kentenich und die Schönstatt-Bewegung mit dieser Entwicklung nicht allein dastehen, wird als Bestärkung und Bestätigung von oben empfunden. Ohne Steuerung oder Planung, auf dem Lebensweg sozusagen, ergeben sich Verbindungen zu anderen Gemeinschaften mit ähnlichen Anliegen. So kommt Pater Kentenich zum Beispiel in Kontakt mit den „Darmstädter Marienschwestern", einer protestantischen Gründung, die ebenfalls eine marianische und eine Strömung hin zu Gott-Vater kennt. Beiden Gemeinschaften gemeinsam ist, dass sie ihre Originalität auf einen vom Heiligen Geist gewirkten Lebensaufbruch zurückführen. Diese Erfahrung wird auf beiden Seiten als beglückende Gotteserfahrung im Inneren der Kirche erlebt.

Exkurs: „Dein Reich komme!" – Pater Kentenich und die Vaterbotschaft Jesu

Für die Entstehung und Entwicklung der starken Vaterströmung innerhalb der Schönstatt-Bewegung ist neben dem Liebesbündnis mit Maria und dem aktiven Vorsehungsglauben vor allem die *Person Pater Kentenichs* selbst ausschlaggebend. Die Frage nach der Bedeutung des Vaters für die seelische und religiöse Entwicklung des Menschen nimmt eine zentrale Stellung in seinem Wirken ein. Selbst vaterlos aufgewachsen, hat er die Auswirkungen fehlender väterlicher Liebe und Autorität am eigenen Leibe schmerzlich erfahren. Umso mehr will er in seinem eigenen pädagogischen

Wirken den ihm anvertrauten Jugendlichen väterliche Bezugsperson sein. In seiner dem Einzelnen aufmerksam zugewandten, aufnehmenden und fürsorglich annehmenden, fördernden und zugleich fordernden priesterlichen Art wird er zunächst für seine Schüler, später dann für viele Frauen und Männer der wachsenden Bewegung zu einem väterlichen Begleiter. Durch sein *väterliches Sein und Handeln* bringt er den Menschen die Liebe Gottes näher, macht sie spürbar. So wird er für viele zu einem lebendigen *Transparent des Vatergottes.*

Dieses gewichtige Wort ist also aus dem Leben und Erleben der Schönstatt-Bewegung mit ihrem Gründer entstanden. Kein Einzelner hätte durch langes Nachdenken einen derartigen Ausdruck „am grünen Tisch" erschaffen können. Schönstatt ist ein originelles Lebensgebilde mit ebenso originellen Lebensvorgängen. In diesem Fall handelt es sich um die gemeinsame Erfahrung, die alle Mitglieder und Gruppierungen der Bewegung mit ihrem Gründer gemacht haben. Er war der lebensmäßige Mittelpunkt seiner „Schönstatt-Familie" und wurde durch seine Art, mit jedem Einzelnen umzugehen, seine charakteristischen Reaktionen wie auch durch seine Stellungnahmen von allen Beteiligten über viele Jahre so erlebt.

Wollte man das Geschehen dieses geistig-seelischen In- und Miteinander im Detail beschreiben, müsste man weit ausholen. Hier geht es mir nur darum, den lebensmäßigen Kontext zu skizzieren, in dem das eigentliche Bild steht: das Bild des Gründers, das viele Facetten hat und das bei allem Vertraut- und Bekanntsein doch auch etwas Geheimnisvolles, nicht ganz Fassbares behält. Immer wieder haben einzelne wie auch Gruppen versucht, dieses Ungewöhnliche, das sie in der Begegnung mit Pater Kentenich erlebt haben, zu benennen. Aber alle Versuche dazu blieben auf halbem Wege stehen. Eine gewisse ehrfürchtige Scheu, in Worte zu fassen, was so deutlich zu spüren war, blieb bei allem Vertrautsein mit dem Gründer erhalten. Im tiefsten war es ein Erahnen und Erleben seiner Nähe zu Gott, die Ausstrahlung einer ungewöhnlichen religiösen Atmosphäre, die ihn wie eine Aura umgab.

Das ist der lebensmäßige Kontext, in dem der Ausdruck „Transparent des Vatergottes" entstanden ist. Doch man kann ihm noch eine größere Tiefenschärfe verleihen. Im inneren Wachstum der Schönstatt-Bewegung ging es zu der Zeit um die Eroberung des Gottesbildes vom barmherzigen Vater. Dies war auf weite Strecken hin Neuland und verschiedene Fragen standen im Raum: Kann man in unserem geistigen Umfeld von Gott als *Vater* sprechen? Wie kann man überhaupt zu einer *ganz persönlichen Gottesbeziehung* kommen? Dabei erlebten die Mitglieder ihren Gründer als Mann Gottes noch einmal neu. In dem gemeinsamen Ringen um eine wachsende Nähe zu Gott war seine besondere Führung und persönliche Begleitung eine große Hilfe für sie. Schließlich ging es ja nicht um ein größeres Wissen, sondern darum, entsprechende Erfahrungen zu machen. Immer wieder habe auch ich persönlich gespürt: Durch diesen vom Heiligen Geist bewegten Priester wird für mich etwas von der Nähe und Liebe Gottes zu mir erfahrbar. Seine ganze Gestalt strahlt etwas von der Väterlichkeit Gottes aus. So ist der Ausdruck vom „Transparent des Vatergottes" gewachsen. Diese Erfahrung des Gründers als in Gott verwurzelte und den Menschen zugewandte Vaterpersönlichkeit hat wesentlich dazu beigetragen, dass Schönstatt zu einer auf den Vater ausgerichteten Bewegung geworden ist.

Pater Kentenich wird durch seine reflektierte Erfahrung immer klarer, wie groß die Bedeutung einer solchen Erfahrung von Väterlichkeit auf der natürlichen Ebene für die gesunde Entwicklung des Menschen wie auch für sein Gottesbild ist. Schon früh stellt er deshalb in seiner pädagogischen Tätigkeit die *Grundhaltung des selbstlosen Dienens als Wesensmerkmal der Väterlichkeit* (bzw. Mütterlichkeit) in den Mittelpunkt. Zunächst ist das besonders für die zahlreichen Priester eine hilfreiche Wegweisung für ihr Wirken. Umgekehrt kann Pater Kentenich seinerseits aus dieser Quelle wichtige Einsichten schöpfen, durch die ihm das Vatersein und der Vatersinn als zentraler Weg einer Annährung an Gott noch deutlicher werden. Ausschlaggebend für diesen Weg vom Vatererlebnis zur Gottesbeziehung ist der Vorgang der Übertragung, ein psychologisches Phänomen, durch das im Inneren des Menschen ständig Erfahrungen, die auf der einen Ebene gemacht werden, auf eine andere, ähnliche Ebene übertragen werden. So hat zum Beispiel die Erfahrung mit Autorität in der Familie Auswirkungen auf den Umgang mit Vorgesetzten im Beruf oder kirchlichen Autoritäten, das Erlebnis mit der Mutter auf eine Lehrerin, um nur einige Beispiele zu nennen. Und diese Übertragung findet ebenso von der natürlichen auf die übernatürliche Ebene statt. Beten wir also mit Jesus: „Vater unser, dein Wille geschehe", so weckt das Wort „Vater" in uns sofort - und ohne dass wir es verhindern könnten - unsere persönlichen Assoziationen zum eigenen Vater. Je nachdem wie dieses Wort besetzt ist, fällt es uns leicht oder schwer, die vertrauensvolle Haltung Jesu mit zu vollziehen. Für Pater Kentenich ist deshalb der Verlust des Vatererlebnisses auf der natürlichen Ebene eine der Hauptursachen für die Glaubenskrise unserer Zeit.

Parallel zu dem stillen Reifen im Inneren der Schönstatt-Bewegung, von der Zentrierung auf Maria hin zu einer starken Vaterströmung, vollzieht sich ein Prozess innerhalb der Gesellschaft. Pater Kentenich macht in den Zwanzigerjahren seinen eigenen Worten zufolge eine Art Entdeckung: Auf der einen Seite nimmt er wahr, dass viel über die Rolle der Frau und ihren spezifischen Beitrag für die Gesellschaft gesprochen wird. Auf der anderen Seite gibt es aber kein vergleichbares Suchen im Blick auf den Mann. Diese Erkenntnis wird für ihn zu einer zentralen Herausforderung, die sein weiteres Wirken stark beeinflusst. Aus eigener Erfahrung kann ich sagen, dass seine Reaktion darauf typisch für ihn ist: Er sieht darin einen persönlichen Anruf Gottes. Für ihn liegt auf der Hand, dass Gott durch jedes Ereignis zu ihm spricht – also auch durch diese gesellschaftliche Veränderung - und dass er damit gleichzeitig eine Botschaft, einen Auftrag verbindet. Auf diesem Hintergrund gilt es für ihn, *die Bedeutung des Mannes als Vater neu zu entdecken und in den Mittelpunkt seiner erzieherischen und pastoralen Arbeit zu stellen.* Für diese Mission stellt sich Pater Kentenich fortan zur Verfügung: In seinem Umfeld und mit der ganzen Kraft seiner Person will er helfen, an dieser Stelle durch eine Art „Vatererziehung" ein neues Bewusstsein zu schaffen, das auf lange Sicht einen gesellschaftlichen Wandel bewirken könnte. Überall, wo er tätig wird, spielt dieses Anliegen nun eine entscheidende Rolle. Ihm ist klar, dass durch große Appelle nicht viel erreicht werden kann. Gewinnen und überzeugen kann er nur auf dem langen Weg der geduldigen, „stillen, aber zielstrebigen Kleinarbeit", wie er selbst sein Wirken treffend kennzeichnet.

Betrachtet man die Gesellschaft im 21. Jahrhundert, so wundert man sich, wie früh und scharf Pater Kentenich den Schwund des väterlichen Profils und den fortdauernden Auflösungsprozess diagnostiziert. Beim Schreiben dieser Zeilen habe ich selbst gestutzt, um nachzuschauen, ob er wirklich „Zwanzigerjahre" gesagt hat, als ihm die beschriebene Problematik beim Beobachten der seelischen Situation und der herrschenden Tendenzen anfänglich aufging. In den Jahrzehnten danach wird diese Entwicklung immer klarer. Heute ist die Lage psychologisch und soziologisch deutlich anders als vor neunzig Jahren. Symptomatisches „Großereignis" in diesem Prozess ist das 1963 erschienene Buch des Psychoanalytikers Alexander Mitscherlich (1908-1982): „Auf dem Weg zur vaterlosen Gesellschaft". Es war *die* Programmschrift; der griffige Titel ließ aufhorchen.

Im Klappentext der Erstausgabe heißt es: „Mitscherlich entwirft ein sozialpsychologisches Bild unserer Epoche, das seine Gültigkeit bis heute nicht verloren hat. Er zeigt auf, wohin eine Gesellschaft steuert, die Abschied nimmt von symbolischen Vorbildern und Idealen. Insofern ist das Buch auch ein zutiefst pädagogischer Gesellschaftsentwurf. Die ‚Hierarchie der Vaterrolle' zerfällt, die prägenden Vorbilder verblassen."

In der Folge setzt eine ganze Welle von Vaterbüchern ein, in denen viel vom „neuen Vater" und seinem Selbstverständnis die Rede ist. Damit ist öffentliches Thema, was Pater Kentenich Jahrzehnte zuvor wahrgenommen und ins Wort gebracht hat: Der *Vater* als eine zentrale Gestalt ist in seiner Bedeutung und Funktion einer starken Veränderung ausgesetzt. Ihre Wurzeln hat diese Veränderung in den historischen Ereignissen des 20. Jahrhunderts. Da ist zunächst der 1. Weltkrieg, an dessen schwerwiegenden Folgen die Gesellschaft in den Jahren leidet, in denen Pater Kentenich sich erstmals mit dem Thema auseinandersetzt. Dabei geht es nicht nur um die persönliche Tragik des Sterbens hunderttausender Soldaten und den damit verbundenen, zunächst vor allem in den Familien spürbaren Verlust an Väterlichkeit. Die Auswirkungen sind auch allgemein unüberschaubar. Aus demographischer Sicht sind das gesamte Volk und die heranwachsende nächste Generation in Mitleidenschaft gezogen - eine Potenz, die man nicht zählen oder wiegen kann, die aber von weitreichender Bedeutung ist. Dazu kommt eine weitere gravierende Veränderung nach dem Krieg: der politische Wandel von der Monarchie zur Demokratie. Bei diesem Umbau der Gesellschaft spielt der Ausfall der Adels- und Herrschergeschlechter in Europa eine wesentliche Rolle. Seit unvordenklichen Zeiten war die Figur des Vaters in verschiedenen Verkörperungen fassbar und einflussreich: Kaiser und Könige, kirchliche und gesellschaftliche Größen in allen gesellschaftlichen Ordnungen – angefangen bei den Familien – hatten als inneres Richtbild den Vater. Die Träger und Repräsentanten einer Autorität waren sich bewusst, dass dieses Richtbild auch seine Verpflichtungen hatte. Exemplarisch seien die verschiedenen „Fürstenspiegel" genannt, eine Art Verhaltenskodex, der je neu aufzufangen und zu aktualisieren versuchte, auf welche Weise das Bild des Vaters verkörpert werden sollte. Bei allen begrüßenswerten und positiven Veränderungen der Gesellschaft hin zur Demokratie entsteht an dieser Stelle jedoch eine Art Vakuum, das es zu füllen gilt. Das, was über Jahrhunderte hindurch von einer Generation an die nächste ohne bewusste Steuerung weitergegeben wurde, wird plötzlich in Frage gestellt.

Der 2. Weltkrieg mit all seinen leidvollen Erfahrungen und langfristigen Auswirkungen ist ein weiterer schwerwiegender Faktor in dieser Entwicklung. Vor allem das erst im Nachhinein in seiner ganzen Tragweite öffentlich werdende Grauen der Nazi-Zeit, die unzähligen Verbrechen an unschuldigen Menschen und die drängende, nicht aufgearbeitete Schuldfrage, die in vielen Familien zu einer großen Sprachlosigkeit führt, sind hier zu nennen. Dazu kommt das Erlebnis von am Krieg innerlich zerbrochenen Männern und von Frauen, die den Wiederaufbau entscheidend in die Hand nehmen. Der Aufstand und die Veränderungen der 68er Jahre wie auch die fortschreitende Emanzipation der Frau sind weitere Schritte auf diesem Weg, die hier nur kurz erwähnt werden können.

Bei allen weitreichenden und tiefschürfenden Zeitanalysen ist die *Diagnose* nur die eine Seite der Reaktion. Die zentrale Frage ist, was konkret getan werden kann, um wirksam Veränderung zu schaffen. So ist auf der politischen Ebene – um nur ein kleines Beispiel zu nennen - das vor einigen Jahren anstelle des früheren „Muttergeldes" eingeführte „Elterngeld", das auch dem Vater eine bezahlte Elternzeit ermöglicht, *eine* konkrete Folge dieser Entwicklung hin zu einem neuen Selbstverständnis der Vaters.

Die Reaktion Pater Kentenichs liegt naturgemäß auf einer anderen Ebene. Seine Kernfrage lautet: *Wie kann Väterlichkeit in ausreichendem Maß neu wachsen und sich entwickeln und im Ganzen der Gesellschaft eine prägende Rolle spielen?* Unabdingbare Grundvoraussetzung dafür ist, dass der Wert der Väterlichkeit neu entdeckt und gefüllt wird. Letztlich angefragt in all dem ist dabei der Vater an sich, der seine Leitbildfunktion schon lange verloren hat. Zu häufig hat er seine Macht im Laufe der Jahrhunderte missbraucht, um die ihm anvertrauten Menschen zu unterdrücken. Im Nachhinein ist oft genug dargestellt und angeprangert worden, in welchem Maße das Patriarchat, wie es sich über Jahrhunderte entwickelt und durchgesetzt hat, im Namen und in der Autorität der von Gott gesetzten Ordnung eine Tyrannei war, unter der die Untergebenen schrecklich gelitten haben. Berechtigterweise lehnen sich die Menschen nun gegen diese Form der väterlichen Unterdrückung auf. Folge dieser Entwicklung im 20. Jahrhundert ist eine starke Ablehnung des Patriarchats und ein ständiger Kampf gegen jede Form anmaßender väterlicher Autorität.

Selbstverständlich steht auch Pater Kentenich einem solchen Missbrauch der väterlichen Autorität ablehnend gegenüber. Am Richtbild des Vaters hält er jedoch grundsätzlich fest. Alles hängt nun davon ab, ob es gelingt, ein neues Vaterbild zu schaffen; ihm gilt Pater Kentenichs ganzes erzieherisches Wirken. So zitiert er öfter ein Wort von Ernst Jünger: „Alles hängt ab von einer neuen Konzeption von Vater." *Wie* dieses Zielbild für ihn beschaffen ist, entfaltet er unermüdlich in zahllosen Begegnungen, persönlichen Gesprächen und Vorträgen: *Väterlichkeit bedeutet für ihn selbstloses Dienen* jeder fremden Originalität gegenüber. Seit den Dreißigerjahren gehen in den Gliederungen der Schönstatt-Bewegung prägnante Formulierungen um, die diese Zielvorstellung Pater Kentenichs ins Wort bringen und die Richtung für die Erziehung und Persönlichkeitsbildung vorgeben: „Neue Väter – neue Welt" oder „priesterliche Väterlichkeit" sind solche Worte. Mit „priesterlich" ist hier und in ähnlichen Zusammenhängen gemeint: in Gott, „in der transzendenten Welt" verwurzelt. Dabei geht es immer um die Frage der Autorität und wie sie konkret als Dienst am Leben ausgeübt wird. Pater Kentenich ist überzeugt: Wo diese Dienstgesinnung authentisch gelebt wird, wirkt Väterlichkeit in hohem Maße Leben weckend, erhaltend und fördernd.

Wie umfassend seine Reformabsicht ist, wird erst richtig greifbar, wenn man seine Gesamtschau vom „*diesseitigen und vom jenseitigen Vaterreich*" in den Blick nimmt. Die diesseitigen Väter sind die Männer, die einerseits die Gesinnung selbstloser Väterlichkeit in sich tragen, die aber gleichzeitig mit dem Blick auf die jenseitige Welt das Urbild der Väterlichkeit, den ewigen Vatergott, vor Augen haben. Analog zu der Bitte Jesu: „Dein Reich komme!" spricht auch Pater Kentenich vom „Reich des Vaters", ja sogar von einem „doppelten Vaterreich". Er versucht, die Männer für solche weitgespannten Idealvorstellungen zu gewinnen, ihnen aber gleichzeitig auch Mut zu machen, sich in ihrer konkreten Umgebung väterlich einzubringen. Es liegt auf der Hand, dass dieser hohe Anspruch zunächst erschreckend, wenn nicht gar abschreckend wirken kann. Wer sollte sich denn angesichts persönlicher Grenzen und Schwächen zutrauen, dem göttlichen Vorbild nahe zu kommen? Doch wie stets bei der Orientierung an Idealen, geht es auch bei dem Ideal des „echten Vaters" nicht um Perfektion und Vollkommenheit, sondern um die innere Haltung, um die Bereitschaft, sich „selbst zu erziehen zu festen, freien und priesterlichen Charakteren." (27.10.1912)

Ausschlaggebend ist also, an sich zu arbeiten, sich für Gott zu öffnen und sich im Bund mit Ihm den Menschen mit väterlichem Interesse und Wohlwollen zuzuwenden. Echte Autorität wächst von innen, sie stellt sich zur Verfügung mit allen Fähigkeiten und Schwächen, mit der ganzen Person. „Vor allem aber mein Herz" - wie Pater Kentenich selbst in seinem ersten Vortrag sagt und zeitlebens vorlebt. In der Schönstatt-Bewegung wird zielstrebig über Jahre hin daran gearbeitet, die Wertwelt „Vater" von beiden Seiten zu füllen, sowohl vom Ansatzpunkt der Vaterfrömmigkeit wie von dem der Haltung und Gesinnung der Väterlichkeit. So ist sie nach und nach zu einer umfassend patrozentrischen Bewegung geworden, die an dieser Stelle einen spezifischen Auftrag für heutige Zeit sieht, für die „Kirche am neuesten Zeitenufer". Mit den Worten Jesu gesagt lautet er: „*Vater*: Deinen Namen will ich den Menschen kundtun, die Du mir in der Welt geben wirst." (Joh 17)

Organische Sicht der Welt

Die originelle Art des Denkens und der Erkenntnismethode Pater Kentenichs ist eine weitere Facette, deren Beschreibung unerlässlich ist, will man Gründer und Werk in ihrer ganzen Komplexität erfassen. Ebenso gilt es, einige der Herausforderungen darzustellen, mit denen jeder konfrontiert wird, der sich einen Überblick über das Leben und Wirken Pater Kentenichs zu verschaffen sucht. Auf diese Weise sollen mögliche Hindernisse zu einem besseren Verständnis aus dem Weg geräumt werden.

Organisches Denken

Seine besondere Denkweise hat das ganze Lebenswerk Pater Kentenichs innerlich durchformt. Er selbst hat sie mit ruhiger Sicherheit als *„organisches Denken"* bezeichnet, dessen hervorstechendes Charakteristikum das Denken in Ganzheiten ist. Im Kern geht es darum, Wirklichkeiten und Lebensvorgänge – in welchem Bereich auch immer – stets *als Ganzes* zu umfassen und im Blick zu behalten. Dem gegenüber steht das abstrahierende und analytisch zergliedernde, das „mechanistische Denken". Für dieses gilt, dass es seinen instrumentellen, methodisch dienenden Charakter behalten, dabei aber stets eingebunden bleiben muss in das umfassendere Denken in organischen Zusammenhängen.

Einheit von Natur und Übernatur, Idee und Leben, sowie von einzelnen Lebensvorgängen

Pater Kentenich selbst hebt dabei drei vornehmlich bedrohte Bereiche hervor, für die ein solches Denken im Seinszusammenhang unerlässlich ist: Natur und Übernatur, Idee und Leben sowie alle Lebensvorgänge in ihrer Komplexität. Er versteht das in unserer Zeit vorherrschende *„mechanistische Denken"* im Gegensatz dazu als ein Denken, das organische Zusammenhänge auseinanderreißt und das damit in letzter Instanz wohl für die meisten der heute grassierenden Zeitkrankheiten verantwortlich ist. Im Zusammenhang mit der Bindungs- und Bündnispädagogik werden die konkreten Auswirkungen des organischen Denkens für die Entwicklung des Menschen und für die Weitergabe des Glaubens ausführlicher dargestellt. An dieser Stelle geht es mehr um die philosophisch-geistesgeschichtlichen Hintergründe als Grundlagen für ein tieferes Verständnis.

Für Pater Kentenich wird in den Zeitkrankheiten das Endprodukt einer langen Entwicklung fassbar, in der sich negative Elemente der neuzeitlichen Denkgeschichte – aus dem Nominalismus und Protestantismus, der Aufklärung, vor allem aber aus dem philosophischen Idealismus bis hin zum stark irrationalen Vitalismus – erschreckend summiert haben. Pater Kentenich geht sogar soweit, die verheerende Wirkung des mechanistischen Denkens als die „einer Atombombe im geistigen Bereich" zu qualifizieren, weil es „Idee und Leben, Erst- und Zweitursache voneinander trennt und das flutende Leben auseinanderreißt." (PT 1951, 98) Als Spätfolge solcher Denkmethoden, die zunächst in kleinen intellektuellen Kreisen aufkommen, entsteht oft eine Art „Vergröberungsprozess". Dieser bewirkt, dass sich die jeweilige Art des Denkens ausweitet und einen wachsenden Einfluss auf weiteste Kreise gewinnt, bis sie schließlich als „objektiver Zeitgeist" das Denken der Menschen schlechthin beeinflusst. Dieser Vorgang lässt sich besonders deutlich an der Entwicklung des mathematisch-naturwissenschaftlichen Denkens aufzeigen, das in der technischen Beherrschung unserer Welt eine wesentlich mitentscheidende Rolle gespielt hat und nun von vielen Zeitgenossen als einzig gültige Form des

Denkens betrachtet wird. Pater Kentenich sieht in der Überwindung dieser einseitig mechanistisch-separatistischen Denkweise durch ein „gesundes organisches Denken", nämlich durch ein ganzheitliches, symbolhaftes und zentriertes Denken, eine der wesentlichen Zeitaufgaben.

Die weitere geschichtliche Entwicklung macht deutlich, dass dies keine „fixe Idee" Pater Kentenichs ist, kein bloßer „Spleen" – wie der apostolische Visitator, Pater Sebastian Tromp, im Jahr 1951 befand. Das Anliegen Pater Kentenichs tat er mit den gleichen Worten ab, wie schon früher die Gedanken seines Ordensbruders Erich Przywara (1889-1972) zu der Bedeutung der ‚analogia entis' (‚Analogie des Seins'). Heute sind längst einsichtsreiche Zeitbeobachter aus allen Kreisen zu der Auffassung gekommen, dass nur über die Erneuerung des Denkens ein Hinauskommen aus den Sackgassen und Irrwegen unserer Zeit zu einem neuen, zukunftsweisenden Weltbild möglich sei. In vielfältigen Ansätzen und aus verschiedenen Herkünften meldet sich das Anliegen eines neuen Denkens zu Wort.

„Der Kampf zweier Grundformen des Denkens"

Um die Gewichtigkeit des Gemeinten zu verdeutlichen, kommen noch einige Stimmen zu Gehör und werden verschiedene Lebensbereiche beleuchtet, in denen sich diese Entwicklung zeigt. Zunächst aus dem Gebiet der *Theologie*: Einer der großen Theologen, der sich wie Pater Kentenich mit der Frage des neuzeitlichen Denkens auseinandergesetzt hat, ist Hans Urs von Balthasar (1905-1988). Ein Leitmotiv seines Schaffens war die „polemische Spitze gegen die neuzeitliche Denkgestalt" mit ihrem „Primatanspruch der begrifflichen Erkenntnis." (Lochbrunner 107) Das erste der beiden zentralen Anliegen von Balthasars ist die Ausprägung einer demütig-empfangenden Haltung des Erkennenden vor dem Geheimnis und der

Kostbarkeit des Seins – gegenüber der Prometheushaltung des aneignend-überwältigenden Herrschaftswissens der Neuzeit. Zum anderen geht es ihm um die neue Ausformung einer Fähigkeit zum Gestalt-Sehen in den Erscheinungen der Welt, die über das rein abstrakt-begriffliche Denken hinausgeht. Was Pater Kentenich „mechanistisches und separatistisches Denken" nennt, wird bei ihm so charakterisiert: „Unser Facettenauge passt für das Zersplitterte, das Quantitative; wir sind Analytiker der Welt und auch der Seele und können keine Ganzheit mehr sehen." (Herrlichkeit 1,22f) Der Aufruf ist unüberhörbar, von dem einseitig vorherrschenden logisch-rationalen Denken in ein gesamtmenschliches, integriertes und integrierendes Erkennen zurückzufinden - unter Einschluss vor allem des symbolhaft-anschauenden Denkens. Das geschieht durch den Rückgriff auf biblisches, das heißt aber auch auf semitisches Denken und auf das Denken der Kirchenväter. Heute strömt es im breiten, ungefilterten Strom *östlichen Denkens, asiatischer Religionen und religiöser Praxis* in unsere westliche Hemisphäre ein.

Auch die *Psychologie* hat dies durch die Neuentdeckung der Wirkkraft der Symbole in der Seele und ihre Ununterdrückbarkeit neu entdeckt, wie sie z. B. C. G. Jung (1875-1961) in seiner Lehre vom „Kollektiven Unbewussten" und den „Archetypen" (1919) darlegt. Seit Mitte des 20. Jahrhunderts entstehen immer neue psychotherapeutische Richtungen, die den Menschen in seiner Ganzheit entdecken und das Leben als komplexen Prozess ineinander verwobener Lebensvorgänge in den Blick nehmen – wie zum Beispiel die Gestalttherapie nach Fritz Perls (1893-1970). Andere legen den Schwerpunkt auf das Individuum als Teil eines Systems und die sich daraus ergebenden Auswirkungen und Einflüsse aufeinander. Die Vertreter dieser systemischen Ansätze sprechen in den Achtzigerjahren gar von einem „Paradigmenwechsel", so gravierend erscheint ihnen der Wandel in der Blickrichtung der Therapie vom isoliert gesehenen Erleben und Verhalten des Einzelnen hin zum Denken in systemischen Zusammenhängen.

Ein weiterer Bereich ist die *Kulturanthropologie*, die mit der Wiederentdeckung des Mythos und seiner Sinn und Halt stiftenden fortwirkenden Kraft die Bedeutung dieser Ebenen des Menschseins neu sehen und werten gelehrt hat. Und schließlich ist noch das *ökologische Denken* zu nennen. Ausgehend von seinen Anfängen in kleinen Kreisen einer zunächst belächelten alternativen Umweltbewegung, hat es sich mittlerweile zu einer gesellschaftsprägenden Kraft entwickelt. Dabei hat es weite Kreise der Bevölkerung quer durch alle Schichten, Altersstufen und politischen Parteien erfasst. Die Rückbesinnung auf den Auftrag der „Bewahrung der Schöpfung" ist zu verstehen als Frucht des großen Erschreckens angesichts der erbarmungslosen Folgen des einseitigen Profit- und Kausaldenkens und der daraus entstandenen Beherrschung und Ausbeutung der Natur.

Alfons Rosenberg (1902-1985) fasst das Ergebnis dieses ansatzweise aufgezeigten, langen geistesgeschichtlichen Werdegangs raffend zusammen: „Seit der Zeit der Renaissance, in der nicht das vorsokratisch-mythische, sondern das immer mehr abstrakter Logik verfallene Griechentum auferstand, setzte sich mehr und mehr ein ‚sachliches', auf der Kenntnis kausaler Naturgesetze beruhendes Weltbild durch. Dieses aber hat schließlich zu einer Entgöttlichung der Welt und zur Entseelung des Menschen geführt... Nachdem sich das Christentum erst einmal mehr oder minder von dem antik-biblischen symbolischen Weltbild gelöst hatte, verlor es auch allmählich das Verständnis für das tiefsinnige symbolische Denken, in dem es gegründet ward und durch das es seine großen schöpferischen Taten hervorgebracht hatte. Besonders im Protestantismus beeilte man sich mit diesem ‚Vergessen', und man wurde damit in knapp hundert Jahren fertig... Innerhalb der katholischen Kirche wurden die Zeugnisse der symbolischen Denkart zäher bewahrt..., aber auch in diesem Bereich vermochte man immer weniger, den inneren Gehalt der Symbole zu verstehen... Der große Bruch im abendländischen Geiste wurde somit unabwendbar – und in ihm ist dann wohl die Ursache jener geistigen Katastrophe zu suchen, die schließlich zu der heutigen Desintegration und Säkularisierung der abendländischen Kultur geführt hat." (Einführung in das Symbolverständnis. 24f)

So wird verständlich, wenn etwa Walter Birnbaum (1893-1987) unsere geistige Situation als den „Kampf zweier Grundformen des Denkens" beschreibt, „deren Ringen um die Herrschaft den Gang des Geistes im 19. und 20. Jahrhundert höchst eindrucksvoll bestimmt". Es ist seine „wissenschaftliche Überzeugung, dass die Herrschaft des mechanistischen Prinzips für alles wissenschaftliche Denken abgelaufen ist; ja das Mechanistische hat nur innerhalb des organischen Denkens und diesem untergeordnet seine Berechtigung" (Organisches Denken, 1960). In seinen vier Entwürfen über „Organisches Denken als Weg in die Zukunft" sucht er im naturwissenschaftlichen wie im geisteswissenschaftlichen Bereich den Durchbruch dieser Denkform zu artikulieren. Eine der überraschenden Einsichten, die er vor uns ausbreitet, ist die Tatsache, dass ausgerechnet von der modernen Atomphysik ein Durchbruch in dieser Richtung erreicht worden ist. Der Heisenbergschüler Fritjof Capra popularisiert diese Erkenntnis eines „neuen Denkens" mit Beteiligung aller menschlicher Fähigkeiten, nicht nur der Ratio, und zieht Verbindungslinien zur alt-chinesischen Philosophie. Nach ihm leben wir in einer „Wendezeit". Dabei nimmt Capra das ostasiatische Ganzheitsdenken mit den polaren Größen Yin und Yang zum Ausgangspunkt.

So steht Pater Kentenich durchaus nicht allein, sondern in einem zunehmend breiten Strom des Bemühens um eine neue, der heraufkommenden Epoche angemessenen Denkform, wenn er – wie oben bereits zitiert – seine Lebensaufgabe als „Erzieher des neuen Menschen" in der Überwindung des mechanistischen Denkens sieht. Im Dienst an dieser Aufgabe steht seine organische Sicht der Welt.

Die Methode: beobachten – vergleichen – straffen – anwenden

Wie kommt Pater Kentenich nun zu seinen Erkenntnissen? Gegen Ende seines Lebens formuliert er selbst, offensichtlich in der Beschreibung des eigenen Denkweges, ein Schema, das seinen Erkenntnisprozess geprägt hat. Er spricht von den vier Schritten: *beobachten – vergleichen – straffen – anwenden.* Diese Schritte nachzuvollziehen kann helfen, den Assimilierungsprozess des Gründers zu erfassen. Sie werden deshalb im Folgenden in einer gewissen Ausführlichkeit entfaltet.

Beobachten

Das Beobachten ist ein Zug im Wesen Pater Kentenichs, der allen auffällt, die mit ihm in nähere Berührung kommen. Er ist bekannt dafür, mit welcher Konzentration er zuhört, mit welch aufschließendem Interesse für Großes und Kleines er jeden aufnimmt und sich noch nach Jahren an solche Gespräche und einzelne Inhalte erinnert. Im Laufe seines priesterlichen Wirkens weitet sich der Radius der Menschen, mit denen er in näheren Kontakt kommt, die sich ihm oft vertrauensvoll ohne Rückhalt erschließen und über viele Wachstumsstufen ihres inneren Lebens von ihm begleitet werden. Anfangs sind es die jungen Gymnasiasten und Studenten. Als die Bewegung nach 1919 in Priester- und Akademikerkreisen wächst und auch Frauen sich anschließen, wächst sein Beobachtungsfeld beträchtlich. Einflussreiche Persönlichkeiten des deutschen Katholizismus suchen die Begegnung mit ihm. Eine besondere Rolle spielen dabei die erwähnten Priestertagungen und -exerzitien der Zwanziger- und Dreißigerjahre, zu denen jährlich bis zu dreitausend Priester aus dem deutschsprachigen Raum kommen, zeitweise ein Zehntel des deutschen Klerus. Durch seinen Aufenthalt in Dachau kommt Pater Kentenich dann in Kontakt mit vielen europäischen Völkern – besonders Slawen, wie auch mit der Welt der Ostkirche. Auf seinen Weltreisen nach 1947 taucht sein wacher und forschender Geist in andere Ausprägungen der abendländischen Kultur in Nord- und Südamerika ein.

Lesen im Buch der Seelen und im Buch der Zeit

Oberflächlich betrachtet könnten all diese Begegnungen und Beobachtungen vielleicht bloß „interessant" erscheinen, tatsächlich haben sie bei Pater Kentenich eine beträchtliche Tiefendimension. Er selbst versteht sie als intensives Lesen in einem „doppelten Lese- und Lernbuch": „Gelesen und studiert habe ich zweifellos viel, unheimlich viel, mehr jedenfalls als die meisten Zeitgenossen... Aber nicht in und aus Büchern gewöhnlicher Art – das geschah tatsächlich ganz, ganz selten -, sondern meist, fast ausschließlich in und aus Seelen, aus gesunden und kranken, aus hochstrebenden und gedrückten Seelen jeglichen Standes, sowie in und aus dem Buche des Zeitgeschehens. Auch gehört habe ich ungemein viel. Es handelte sich überall letztlich um Gottes Stimme... Ich habe sie wiederum aus denselben zwei Büchern in mich aufgenommen, nicht aber oder nur selten aus Vorträgen... Überall durfte ich aus meinen Büchern die zartesten und feinsten, aber auch die kraftvollsten und leidenschaftlichsten Regungen des menschlichen Herzens – ob es sich dabei um Männer- oder Frauen- oder um Priester- oder Laienseelen handelte – erlauschen, und Menschengeist von Gottesgeist, Menschenwort von Gotteswort unterscheiden lernen. Das doppelte Lese- und Lernbuch war allezeit unerschöpflich und unübertrefflich reich an wertvollstem Inhalt. Und weil durchweg führende Exponenten moderner geistiger Strömungen, die sich im deutschen Raume stießen, sich einfanden, war ich allezeit aus unmittelbar letzter Quelle über den Atem unterrichtet, der durch die Zeit hindurchvibrierte, und über dessen Niederschlag in der Fachliteratur orientiert, ohne die üblichen Bücher zur Hand nehmen zu müssen. So war ich allezeit für meine Kurse vorbereitet... Vom Pfarrer von Ars hebt man lobend hervor, wie viele Stunden er im Beichtstuhl zugebracht hat. Man versucht sogar, diese Stunden zu zählen. Ginge ich daran, die Zeit zu messen, die ich den Seelen in meinem langen Leben Tag und Nacht unverdrossen und mit stetig gleichbleibendem Interesse widmen durfte, es käme ein verwunderlich großes Maß heraus." (Apologia 1960, 98)

Bedeutung und Auswirkungen aus der Sicht des Gründers

Welch ungewöhnlichen und entscheidenden Einfluss diese Art des „Studiums" Pater Kentenichs auf die äußere Entwicklung und innere Ausgestaltung seines Werkes hat, macht er im Laufe der Zeit immer wieder deutlich. Deshalb lassen verschiedene ausgewählte Zitate den Gründer selber nun ausführlich zu Wort kommen. So stellt er anlässlich seines silbernen Priesterjubiläums im Jahr 1935 die Bedeutung seines „Hörens auf die Seelenstimme" in folgender Weise dar:

„Ob Sie mir übelnehmen, wenn ich einmal versuche, Ihren Anteil an diesem Werk kurz zu umreißen? Dann muss ich Ihnen zunächst gestehen: Sie selber haben einen ungemein starken Einfluss auf meine eigene persönliche Entwicklung gehabt. Es ist wahr, was vorhin scherzweise hingeworfen wurde: ‚Das weiß er ja alles nur von uns!' Das Buch, das ich gelesen, ist das Buch der Zeit, das Buch des Lebens, das Buch Ihrer Seele. Hätten Sie mir Ihre Seele nicht so rückhaltlos erschlossen, die meisten geistigen Errungenschaften wären niemals entdeckt worden. Aus Büchern kann man das nicht lesen, das kann man nur aus dem Leben lesen...

Aber das reicht noch nicht. Was ich so lesen durfte in Ihren Seelen, das gab mir durchweg die Richtung an für die jeweiligen Teilziele, die wir erstrebten. Es mag ein nüchterner Geschichtsschreiber später einmal kritisch forschend nachweisen, dass die letzten Großziele und das bewusste Festhalten an diesen Zielen primär meine Aufgabe in diesen 25 Jahren gewesen ist. Aber die einzelnen Teilziele, die verwirklicht werden sollten, das Festhalten, das Herausstellen dieser Teilziele und das erleuchtete Ringen um die Verwirklichung, das, meine liebe Schönstattfamilie, ist schlankweg undenkbar ohne Sie. Und hier beginnt in tiefgehender Weise die Verkettung des Handelns und Wollens, des Lebens und Liebens. Soviel leben die Dinge noch alle in mir, dass ich Ihnen in den meisten Fällen sagen kann, das und das ist von dem und dem, das ist ein Stück von dessen Seelenleben...

Wenn Sie mir für irgendetwas dankbar sein wollen, dann ist es das eine, dass ich mich bemüht habe, alles aufzugreifen, was in Ihnen am Werden war, ihm eine Bahn zu schlagen, und nachdem es einigermaßen auch in der Gemeinschaft leben durfte, es auch jeweils als Parole herauszugeben. So könnte ich Ihnen sagen, wer damals der Hauptträger unserer Missionsbewegung war. Ich habe als Baumeister ja einzeln aufgebaut. Und wo ich wusste, dass etwas Gesundes am Werden war, habe ich mich vollständig zurückgezogen, weil ich dachte, es wird schon wachsen..." (11.8.1935).

Viele weitere Dokumente verdeutlichen in nüchterner Reflexion seine besondere Art des Beobachtens und deren Konsequenz. So schreibt er zwanzig Jahre später in einem anderen Zusammenhang: „Unsere Organismuslehre darf als Frucht vierzigjähriger Beobachtung und Erfahrung und sorgsamer wissenschaftlicher Überprüfung aufgefasst und gewertet werden. (...) Seit Hörde (August 1919) mehrten sich die Kreise, die in Verbindung mit Schönstatt traten. Alle Schichten der Bevölkerung, alle Lebensalter und Stände sandten ihre Vertreter. Damit weitete sich gleichzeitig der Beobachtungs- und Erfahrungskreis. (...) Einen tiefen Einschnitt in die Geschichte dieser Lehre bedeutet das Gründungsjahr unserer Marienschwestern (1926). Ihr urgesundes und weit sich öffnendes Seelenleben entschleierte wie ein Vergrößerungsglas nach allen Richtungen hin Gesetzmäßigkeiten, Tiefen und Weiten, die den wachen pädagogischen Blick und die tastende Erzieherhand dauernd in Bewegung und Spannung hielten, und die sich – fast wie von selbst – mit der Zeit zu einem geschlossenen System verbanden." (Brief 14.3.1955, 14, 15)

Ähnlich ein anderes Zitat, in dem er seine spezifische Vorgehensweise beschreibt und zum Ausdruck bringt, wie sehr sie seiner persönlichen Veranlagung entspricht: „Um beides (Kunst und Wissenschaft der Erfassung und Leitung von Individuum und Gemeinschaft oder von Einzel- und Gemeinschaftsseele) richtig handhaben zu können, war ich auf ständige persönliche Fühlung mit Individuum und Gemeinschaft und auf die Kunst des Aufschließens sowie des Hörens und Heraushörens und des erleuchteten Führens wesentlich angewiesen. So erklärt sich meine ununterbrochene Tag- und Nachtarbeit innerhalb und außerhalb der Kurse, so auch Vielfalt, Art und Ziel meiner zahlreichen Reisen und der Sinn meiner Besuche bei

Familiengliedern: Allezeit galt es, Gottes Stimme in den Seelen und seiner Sprache durch Zeitlage, Zeitbedürfnisse, Zeitforderungen und Seinsstruktur der Dinge sorgfältigst zu lauschen und sie in der rechten Weise zu beantworten... Die angewandte Methode lag mir gleichsam im Blute. Sie war nicht das Resultat langer wissenschaftlicher Überlegung."

Bei seinen unzähligen Begegnungen mit den verschiedensten Menschen kommt er auch mit deren seelischen Problemen oder gar psychischen Störungen in Berührung und stellt sich auch dieser Herausforderung. Er schreibt dazu: „Schon sehr früh kam ich mit dem angeschnittenen Problem theoretisch und praktisch in Berührung. (...) Kaum hatten sich mir Türen und Fenster nach draußen geöffnet, da kamen von allen Seiten Patienten zu mir. Es waren Laien und Priester. So geschah es bereits am Anfang der Zwanzigerjahre. Damals, unmittelbar nach dem ersten Weltkrieg, galt Dr. Bergmann mit seiner Praxis in seiner Heilanstalt in Kleve als Fachmann auf diesem Gebiete. Was er vom medizinischen Standpunkt aus begonnen, durfte ich in solchen Fällen als Priester psychologisch-aszetisch und religiös fortsetzen und vollenden. Das war nicht selten saure Arbeit. Viel leichter wäre es gewesen, die Finger davon zu lassen und sich mit allgemeinen frommen Sprüchen aus der Situation herauszuhalten." (Apologia 1960, 82)

Diese Äußerungen des Gründers selbst lassen deutlich erkennen, dass sein aufmerksames Beobachten aller Lebensvorgänge die Basis bildet für jeden Entwicklungs- und Wachstumsschritt der neuen Gründung. Am Beispiel der Entstehung einer laikalen Führergemeinschaft („Der Apostolische Bund von Schönstatt") in der jungen Bewegung soll dies exemplarisch veranschaulicht werden. Für diese Gemeinschaft, die ohne jede juristische Verpflichtung und Sicherung mitten in der Welt steht und ein intensives religiöses Leben führt, sah der konkrete Vorgang Pater Kentenich zufolge so aus: „Alles, was in der Familie geworden, ist immer eine Antwort gewesen auf die Einsprechungen in den Seelen. Außerordentlich stark waren uns mitbehilflich die Zeitenstimmen. Wenn beides miteinander harmonierte, war verhältnismäßig schnell von uns auch eine zusammenfassende Antwort gegeben. Und nachdem wir diese geben konnten, war die große Frage: Wie sieht denn nun das neue Institut, das neue Lebewesen praktisch aus? Deswegen die Seinsstimmen. (...) Was ist also die Eigenart des ‚Bundes'? Der Bund wollte eine schlagfertige Führergemeinschaft bereitstellen ‚in der Welt'. Das ist das Zentrale, auf das das Konzil heute antwortet. (...) Also nicht hinter den Mauern, sondern in der Welt. Was wird da vorausgesetzt? Eine klare Sicht der Bedürfnisse der Zeit. Weltfähig - früher sagte man dafür diasporafähig. (...) Natürlich gab es am Anfang unserer Geschichte eine ganze Anzahl Seelen, in denen eine Sehnsucht nach dieser Richtung wachgeworden war. Das Bedürfnis der Zeit für die Kirche lag nahe. Die Welt hatte sich damals schon sehr gewandelt und so viel Einfluss ausgeübt, dass die Kirche sich diesem Einfluss nicht mehr entgegenstemmen konnte. Deswegen weckte der Herrgott in den Seelen die Sehnsucht, sich für eine solche Aufgabe herzugeben. Sie müssen bedenken, dass ich selber damals noch blutjung war. Diese Dinge waren also keine Eigenkonzeption, die durch langes Grübeln langsam geworden ist. Der ständige Verkehr mit den Seelen und wohl auch die Fähigkeit, das, was der liebe Gott will, aus den Seelen herauszulesen, brachte das mehr und mehr ins Bewusstsein. Diese Dinge sind mir alle noch so gegenwärtig, als wäre es gestern oder vorgestern gewesen. Ich habe ja ständig darin leben dürfen und müssen, habe an sich gar nichts anderes gehabt als bloß derartige ‚Stimmen'. Sie müssen nicht meinen, ich hätte das erst am grünen Tisch ersonnen, beileibe nicht. Das war immer weiter nichts als ein ehrfürchtiges Nachtasten: Was will der liebe Gott? Was sagt er durch die Seelen? Denn

Er spricht ja, wir haben weiter nichts zu tun, als seine Stimme zu hören und zu bejahen... In den Einzelnen ist das damals entstanden ganz ohne mich... Ich habe das nicht in die Seelen eingesenkt. Daran kann ich Ihnen so sehr gut zeigen, wie ernst es mir immer gewesen ist, wenn ich sagte: Ich will nur, was der liebe Gott will und was er in den Seelen gewirkt hat." (Romvorträge, 11.12.1965)

Mit seiner Art des dauernden und intensiven Beobachtens berührt Pater Kentenich den geistesgeschichtlichen Kontext seiner Zeit; er vollzieht es im lebendigen Dialog mit dem gesellschaftlichen und kirchlichen Umfeld. Dabei wird deutlich, dass er doch im breiteren Strom der phänomenologischen Ausrichtung des Geisteslebens im 20. Jahrhundert steht – wenn auch auf seine spezifische und aufs Ganze gesehen untypische Weise. Der unverstellte Blick auf die Wirklichkeit, die Suche nach dem „Wesen" der Dinge im vorurteilslosen Schauen und Hören, das Wiederentdecken der vernehmenden Vernunft nach einer langen Vorherrschaft der begrifflichen Systeme und der autonom „setzenden" Ratio eines idealistischen oder auch technischen Zeitalters – das sind die verbindenden Anliegen dieser phänomenologischen Ausrichtung, die im übrigen viele Formen und Verzweigungen gefunden hat. Für Pater Kentenich bedeutet seine Ausrichtung ein wagemutiges Heraustreten aus den engen Bahnen der Neuscholastik, die im innerkirchlichen Bereich noch immer vorherrschte. Sie war aber längst zu erstarrt in ihrer Begriffssystematik, um noch das sich entwickelnde Seelenleben in seiner neuartigen Formgebung und zeitspezifischen Notlage begreifen und aufnehmen zu können. Rückschauend muss man sich eigentlich wundern, dass Pater Kentenich nicht viel früher mit dieser Tendenz, auf das Leben und die Dinge selbst zu schauen und von daher für Pädagogik und Seelsorge seine Norm zu holen, mit offiziellen kirchlichen Stellen zusammengestoßen ist.

„Zeit – Seele – Sein"

In den zitierten Texten wird bereits deutlich, welche Erkenntnisquellen Pater Kentenich für diesen wagemutigen Forscherweg, der sich hinter dem unscheinbaren „Beobachten" verbirgt, vorwiegend benutzt hat. Da ist zunächst das eigenartige Phänomen zu registrieren, dass sein Beobachten tatsächlich in einem ganz und gar ungewöhnlichen und fast extrem einseitigen Sinn auf das Leben, auf das *Sein* der Dinge und auf Lebensvorgänge selbst gerichtet ist. Das heißt ja: in aller Regel nicht vermittelt durch das Studium der Literatur. Es dürfte schwerfallen, in der geistigen Landschaft des 20. Jahrhunderts einen Denker zu finden, der mit gleicher Leidenschaft und Einseitigkeit sich auf das Beobachten des eigentlichen, wirklichen Lebens in den Seelen der Menschen konzentrierte. Seine Unbekanntheit im universitären Bereich rührt sicherlich zum großen Teil von daher.

Und doch hat dieses Beobachten seine strenge Methodik. Spät – wie fast alles, was von ihm an Reflexion über sein eigenes Tun überliefert ist – hat er die Trias der Erkenntnisquellen namhaft gemacht, die ihn geführt haben: „Zeit – Seele – Sein", so pflegte er zusammenfassend zu formulieren. Sein unmittelbares Beobachtungsfeld sind also das *Seelenleben der Menschen und die wahrnehmbaren Zeitströmungen* in unlösbarer Verschränkung miteinander. Dabei ist es vor allem die Wechselwirkung zwischen beidem, die er beobachtend aufnimmt: das seelische Leben, insofern es die Zeitströmungen in ihrer Urgestalt spiegelt und die Zeitströmungen, wie sie als kollektiver Faktor das Bewusstsein der Menschen einer Epoche konkret prägen. Für diese Art Beobachtung hatte Gott ihn durch seine geistigen Anlagen offensichtlich prädestiniert: Sein Einfühlungsvermögen in fremdes Seelenleben, seine Intuitionskraft und die Sensibilität und das Gespür für Zeitströmungen und entsprechende Tiefenvorgänge waren phänomenal.

Die dritte namhaft gemachte Erkenntnisquelle ist in diesem Zusammenhang noch einmal besonders auffällig: das *Sein* der Dinge. Auffällig erscheint mir dies aus einem doppelten Grund: Einmal ist das begabungsmäßige Mischungsverhältnis zwischen psychologischem Einfühlungsvermögen und metaphysischer Abstraktionskraft, wie es hier offensichtlich gemeint ist, nicht zu häufig; zum andern aber ist es auch und vor allem zeituntypisch. In einem geistesgeschichtlichen Pendelschlag, auf den Pater Kentenich selbst oft hinweist, folgte einem zu intellektualistischen Denken, das auf die Essenz, auf das Sein der Dinge schaute, eine starke Tendenz zu einem vitalistischen und existentialistischen Denken. Kommt seine Begabung zu psychologischer Einfühlung und die Fähigkeit, geschichtliche Entwicklungen zu erspüren, dieser „existentialistischen" Tendenz entgegen, so ist seine Veranlagung, in gleicher Intensität das Sein der Dinge und Lebensbereiche zu ergründen, im Kontext unseres Jahrhunderts eher ungewöhnlich – auf jeden Fall aber die Kombination beider stark ausgeprägten Fähigkeiten und ihre methodische Handhabung im Umgang mit den namhaft gemachten Erkenntnisquellen.

Dahinter und darunter ist als treibende Kraft das Bemühen wirksam, in allen drei Formen die Stimme Gottes zu hören, seine Absichten und seinen Willen wahrzunehmen. Für ihn ist der „Schöpfergott" im Sein der Dinge und in den Vorgängen der menschlichen Seele nicht weniger real und wichtig als der vorsehende „Gott des Lebens und der Geschichte". Mit ungewöhnlicher Kraft der Konzentration versucht er in allem Beobachten die Absichten Gottes zu entdecken. Nimmt er das Weisheitswort „vox temporis – vox Dei" aus der Tradition auf und verwandelt es in ein charakterisierendes Lieblingswort seiner Einstellung, so hat es doch für ihn einen viel breiteren und tiefer reichenden Anwendungsbereich: Es gilt ihm auch als Leitwort für das Verständnis geschichtlich-evolutionärer Vorgänge, in denen er ebenfalls die Stimme Gottes suchen und verstehen wollte, und schließlich auch für das Verständnis überzeitlicher Wesensprägungen, die bei allem Wandel doch auch etwas Bleibendes behalten. So kann er von sich sagen: „Wer mich zeichnen will, muss es so tun: das Ohr am Herzen Gottes und die Hand am Puls der Zeit".

Wandel als gottgewollte epochale Veränderung

Das führt uns zu einer letzten Charakterisierung seines Beobachtens: Es ist ganz bewusst und programmatisch das einfühlende Beobachten eines Zeitgenossen, der unsere Zeit als revolutionäre Übergangsepoche deutet. Es fasst und begreift den epochalen Wandel, der in der Zeit und in den Seelen sich vollzieht und kondensiert, als gottgewollte Veränderung. Nur von daher ist zu verstehen, dass Pater Kentenich sich durch ein ausgesprochenes Zukunftsbewusstsein auszeichnet. Er lebt aus der ihn ganz durchdringenden Überzeugung, an der Gestaltung des Morgen und Übermorgen mithelfen zu dürfen. Damit steht er jedoch weithin im bewussten Gegensatz zu seiner Umgebung und den herrschenden Trends der jeweiligen Gegenwart. Das hat – wie ebenso von anderen Großen im Raum der Kirche genügend bekannt – den eigenartigen Umschwung der öffentlichen Meinung im Umkreis des Konzils in der Beurteilung Pater Kentenichs zur Folge: War er ab 1949 als zu progressiv und für die Kirche als zu gefährlich gemaßregelt worden, gilt er nach seiner Rückkehr aus der Verbannung als „konservativ" und „vorkonziliar". War der Kern des Verdachtes oder der Verurteilung *vor* dem Konzil seine Ausrichtung auf die existentiellen Veränderungen in Seele und Zeit und seine auf die Zukunft zielende pädagogisch-pastorale Einstellung, so steht im Mittelpunkt seiner Einschätzung *nach* dem Konzil sein Beharren auf dem

Standpunkt, dass es in allem Wandel doch auch überzeitlich Bleibendes und Unaufgebbares gibt.

Auf eines sei abschließend noch hingewiesen: Offenbar ging bei Pater Kentenich das Zusammenspiel von anlagemäßig mitgebrachter Ureinsicht und dem Ertrag seiner phänomenologischen Beobachtungsfahrten reibungslos vor sich. In seinem gesamten Werk findet sich keine Spur eines Bruches zwischen beiden oder auch nur einer harten Reibung. Daraus lässt sich schließen, dass sein eigenes Seelenleben als Beobachtungsfeld allem anderen vorgelagert war und es zum ersten methodischen „Vergleichen" kam, als er mit seiner eigenen, in ihm gewachsenen Welt in ein pädagogisches Wirkungsgeschehen eintrat. Darin liegt wohl auch der Ursprung der ihm eignen inneren Sicherheit, in der er sich mit seiner gottgeschenkten Anlage sowohl als „Zeitgenosse" und wie auch als „Pfadfinder" in eine unbekannte Zukunft verstand.

Vergleichen

Bei allem Beobachten des Aktuellen, der konkreten Lebenssituation Einzelner, verfügt Pater Kentenich über eine große Kenntnis von Vergleichsmöglichkeiten aus der Geschichte, Literatur oder der Heiligen Schrift, vor allem aber auch aus seiner eigenen Lebenserfahrung. Wer Pater Kentenich in seiner oft sehr überzeugt klingenden, apodiktischen Sprechweise auf sich wirken lässt, wird nicht so leicht vermuten, dass dahinter nicht nur die langwierige und geduldige Forschungsarbeit des Beobachtens steckt, sondern auch der Wachstumsring des umfassenden Vergleichens. Dabei verbinden sich die aus dem Beobachten gewonnenen Einsichten je neu mit den Ur-Intuitionen seiner Veranlagung und werden in einem eigentlich nie endenden Prozess mit Erträgnissen und Ergebnissen anderer Lebenserfahrungen, Lebensformen und Lebensauffassungen verglichen, um zu einer ausgewogenen Einschätzung zu kommen.

Wie ich ihn später bekennen hörte, war dies zu Beginn seines Wirkens, in einer Periode der langsam wachsenden originellen Weltsicht, eher in einem einsamen Ringen um eigene innere Überzeugungen geschehen. Es blieb jedoch, wenn auch auf veränderte Weise, für mich deutlich erkennbare und mitvollziehbare Grundhaltung bis in die letzte Zeit seines Lebens. Besinnlich und mit dem weiten Blickwinkel eines umfassenden Interesses nahm er alles auf – wieder vornehmlich aus dem „Buch der Seelen" und dem „Buch der Zeit" – , was an ihn herantrat. So erlebte ich ihn, völlig unbeschadet seiner im Wesentlichen schon geformten Überzeugungen, stets geöffnet für alles Neue. Der Wille Pater Kentenichs, alle Lebensäußerungen, von woher auch immer, vorurteilslos aufzunehmen, sie mit dem Eigenen zu vergleichen und darin entweder Bestätigung oder In-Fragestellung zu entdecken, sich ergänzen und bereichern zu lassen, war bis zum Schluss stark und ungebrochen. Dabei frappierte mich immer neu, wie in der Begegnung mit dem Neuen seine eigenen Positionen sozusagen wieder „flüssig" wurden, wenn er vergleichend und abwägend erzählte, auf welche Lebensbeobachtungen sie ursprünglich zurückgingen. So kann ich mich in diesem Zusammenhang an ein Gespräch erinnern, in dem er mir auseinanderlegte, wie in sein Konzept von Idealpädagogik christliche und nichtchristliche Einsichten und Erfahrungen von Jahrhunderten eingegangen seien - um den Radius der von ihm durchgeführten Vergleiche wenigstens anzudeuten.

Zur Erläuterung der *Schönstatt-Spiritualität* zieht er in seinen Ausführungen eine ganze „Wolke von Zeugen" heran. Dabei wurde mir im konkreten Aufweisen deutlich, in welchem Maße er jeweils verschiedene Traditionsströme miteinander verglichen und durchaus bewusst seine Wahl getroffen hat. So beruft er sich zum Beispiel hinsichtlich seiner Auffassung von *Liebe*, als in der menschlichen Natur grundgelegten Urkraft, und ihrer führenden Rolle im Leben des erlösten Menschen, in seinem spirituellen Konzept auf Franz von Sales (1567-1622). Darüber hinaus macht er dann aber deutlich, inwiefern andere Größen der Spiritualitätsgeschichte wie Thomas von Aquin (1225-1274) und Ignatius von Loyola (1491-1556) den einzelnen Tugenden eine größere Eigengesetzlichkeit zugestehen. Vergleichbares lässt sich im Blick auf sein *Gehorsamsverständnis* beobachten. Obwohl er sich ansonsten vielfältig auf den Gründer des Jesuitenordens bezieht, vermag er der ignatianischen Frömmigkeit und Weisheit in diesem zentralen Punkt, aufgrund der gewandelten Seelenlage des modernen Menschen, nicht zu folgen. Stattdessen entwickelt er einen ganz originären Standpunkt, indem er die Bedeutung des *Freimutes* als Ausdruck personaler Mitverantwortung betont und dessen konstitutiven Rang im Gesamtkonzept des Gehorsams herausarbeitet.

Die Kunst der Unterscheidung der Geister

Pater Kentenich ist sich bewusst, dass dieser Vorgang des vergleichenden Beobachtens als Hineinhören in die Seele und Heraushören der Absichten Gottes eine zeitgemäße Ausweitung und Weiterführung der uralten Kunst der „Unterscheidung der Geister" ist. Für ihn ist die spirituelle Tradition der Kirche weithin aktuelle Wirklichkeit, die er im Sinne eines ehrfürchtigen und notwendigen Vergleichens ständig zu Rate zieht. Das kann der nachfolgende Text veranschaulichen:

„Für den Fortschritt im geistlichen Leben ist es ja offensichtlich von Bedeutung, sich über den Ursprung oder die Quelle solcher Vorgänge möglichst große Klarheit zu verschaffen und zu wissen, wie man sich dazu zu stellen hat: d. h., ob man sie ablehnen oder unterdrücken oder bejahen und zur Norm des Lebens machen soll... Zwei Wege gibt es, die man beschreiten kann, um sich Klarheit zu verschaffen: den Weg der praktischen Erfahrung und der eingegossenen Gaben des Heiligen Geistes.

Im ersten Fall handelt es sich um eine erworbene und deshalb erlernbare Wissenschaft. Nach dieser Richtung zielt die besagte Regel, die Ignatius aus dem reichen Schatz seiner eigenen Erfahrung und Beobachtung geschöpft hat. In seinen Lebenserinnerungen hebt er hervor, dass er durch die eigene Erfahrung in der Zeit seiner Bekehrung (1521/22) auf die Unterscheidung der Geister aufmerksam wurde, da er durch die einen ‚traurig, durch die andern heiter gestimmt blieb'. So kam er allmählich dazu, den Unterschied zwischen den Geistern, die ihn bewegten, zu erkennen, nämlich zwischen dem Geiste Satans und dem Geiste Gottes. Was er auf solche Weise an sich selbst beobachtet, erlebt und erfahren, hat er in zweiundzwanzig Regeln zusammengefasst und in seinem Exerzitienbüchlein niedergelegt... Ignatius weiß, dass die Sicherheit, die die hier gemeinte erworbene Wissenschaft gibt, sehr fragwürdig ist. Es hängt eben je und je viel von Grad und Art und Dauer der Selbsterfahrung und -beobachtung ab. Darum hat er den besagten Regeln die Charakteristik vorangestellt: ‚Regel, um einigermaßen die verschiedenen Regungen, die in der Seele hervorgerufen werden, zu gewahren und zu erkennen; die guten, um sie zuzulassen, die schlechten, um sie abzuweisen'...

Was Ignatius von der ethischen Seite in Angriff nimmt, versucht Theresia [von Avila] auf die religiöse Ebene zu erheben. Darum erhalten die Regeln für die Unterscheidung der Geister in ihrem Munde folgende Form: ‚Es gibt, wie in der äußeren Welt, so auch in der inneren, verschiedene Witterungen. Es kann nicht anders sein. Wirkt der Geist Gottes in der Seele, dann flößt er ihr ein großes Verlangen ein, im Gebete voranzuschreiten und den festen Entschluss, nicht davon abzulassen trotz aller Mühen und Beschwerden, die sich entgegenstellen mögen. Weiter verleiht er ihr eine mit Demut und Furcht gepaarte Sicherheit, dass sie selig werde; er vertreibt die knechtische Furcht aus ihr und verschafft ihr eine große Zunahme an kindlicher Furcht. Die Seele nimmt wahr, dass die Liebe zu Gott ganz uneigennützig zu sein beginnt. Das Wirken des bösen Geistes erkennt man klar aus der Unruhe und Verwirrung, die er erregt, aus der Aufregung, die er ihr verursacht, und endlich aus ihrer Trockenheit und Untauglichkeit zum Gebet und zu allem Guten.'

Wir Schönstätter haben besagte Regeln aus der ethischen und religiösen Ebene auf eine philosophische Form gebracht. Wir haben uns daran gewöhnt, die Geister nach dem „Gesetz der göttlichen und der teuflischen Resultante" zu unterscheiden. Im Einzelnen besagt das: Überschreitet ein Akt, ein Zustand oder ein Lebensvorgang nach sorgfältiger Berücksichtigung aller Umstände das normale Maß menschlichen Könnens und Wollens und Wagens, so schließen wir daraus auf einen greifbaren stärkeren Einfluss göttlicher oder teuflischer Kräfte und Mächte." (Studie 1964, 316-318)

„Ich habe es doch gesehen!"

Abschließend ein Beispiel aus meinen persönlichen Erfahrungen. Wenn ich mit Pater Kentenich über irgendein Thema unserer Spiritualität sprach und er begann, mir etwas zu erklären und zu erschließen, zeigte er in der Regel die entsprechende geschichtliche Entwicklung auf. Durch das innere Mitvollziehen des Geschehens wurde mir deutlich, welche Beobachtungen einen konkreten Lebensvorgang ausgelöst hatten. Jeder Ausdruck „verflüssigte" sich quasi, ich konnte das Leben spüren, das zu dieser sprachlichen Form geführt hatte. Diese Erfahrung habe ich aus unseren Gesprächen von damals mitgenommen: Für das Verständnis ist und bleibt es ungemein hilfreich, *hinter jeder Form das ursprüngliche Leben zu entdecken.*

In diesem Zusammenhang noch eine bezeichnende kleine Anekdote: Während unseres Beisammenseins berichtete er mir einmal von einem Streitgespräch mit einem Wissenschaftler – leider habe ich den Streitpunkt als solchen wieder vergessen. Sein Gesprächspartner hatte eine Behauptung aufgestellt und Pater Kentenich versuchte, ihm seinen entgegengesetzten Standpunkt zu erklären. Er berief sich dabei auf die Beobachtung konkreten Lebens, die ihn zu dieser Auffassung geführt hatte. Doch sein Gegenüber beharrte auf seinem wissenschaftlichen Standpunkt, sodass das Gespräch bald beendet wurde. Später, als er mir von diesem Erlebnis berichtete, erklärte Pater Kentenich auf meine Nachfrage, was ihn denn in seiner Meinung so sicher gemacht habe, mit einem verschmitzten Lächeln: „Ich habe es doch *gesehen*!" Da wurde für mich unmittelbar deutlich, was den Unterschied ausmacht zwischen rationalem Argumentieren und lebensmäßiger Erfahrung.

Straffen

Der dritte methodische Schritt seines Wachstums in eine originelle Weltschau lautet bei ihm: *Straffen.* Vom Ausdruck her ist die Funktion dieses Vorgangs wohl nicht so leicht zu greifen. Dahinter verbirgt sich seine Tendenz, zur Erkenntnis naturgegebener Gesetzmäßigkeiten vorzustoßen, die er „metaphysisch" nennt. Vom Ansatz her zeigt sich darin bereits sein ausgesprochener Systemwille.

Herausarbeiten von Gesetzmäßigkeiten und deren Verbindung zu einem System

Es geht also beim Straffen zunächst darum, in der Vielfalt der Beobachtungsergebnisse darin wirksame Gesetzmäßigkeiten aufzuspüren und sie schließlich untereinander zu verbinden zu einem System. Mit beiden Formen des so verstandenen Straffens liegt Pater Kentenich eher quer zu herrschenden Trends zeitgenössischer Denkbewegungen. Der „Abschied von der Metaphysik" ist bereits zur zeittypischen Denkhaltung geworden – als Pendelreaktion gegen eine Metaphysik ohne genügende Fundamentierung in einer Naturbeobachtung, aber ebenso gegen das idealistische Auftürmen großer Denksysteme einer nicht vernehmenden, sondern setzenden Vernunft. Dazu kommt schließlich die resignative Haltung einer Zeitepoche angesichts des unheilbar zerbrochenen einheitlichen Weltbildes, mit der immer stärker werdenden Überzeugung der technischen Weltbewältigung – ohne jeden Rückhalt in sinnstiftenden weltanschaulichen Grundüberzeugungen. Das gilt selbst bis in christliche und innerkatholische Bereiche hinein, wo der existentielle Denktypus und sein literarischer Ausdruck des Essays oder schließlich die Berufung auf einen „Pluralismus" vorherrschen. Selbstverständlich ist das typisierend, vergröbernd gesagt. Aber eine anti-metaphysische und im kirchlichen Bereich anti-dogmatische Grundhaltung dürfte wohl als zeittypische Grundfigur unbestritten in weiten Kreisen die vorherrschende sein.

Natürlich kann es hier nicht um eine Auseinandersetzung mit dieser umfassenden Problematik gehen. Zur Erfassung der Denkform Pater Kentenichs und zur Beurteilung seiner geistigen Grundauffassungen seien aber einige Überlegungen auf dem Hintergrund dieser Zeitcharakteristik angestellt.

Die erste Feststellung muss heißen: Nach dem bisher Gesagten handelt es sich bei der Herausarbeitung von Gesetzmäßigkeiten und „letzten metaphysischen Prinzipien" in den einzelnen Seins- und Lebensbereichen bei Pater Kentenich nie um Ableitung von irgendwelchen vorher angenommenen Erstprinzipien, also nicht um „Metaphysik" im Sinn vorkritischer Systeme. Seine Denkbewegung ist primär *induktiv* und weniger deduktiv. Er spricht deshalb davon, dass es die Ergebnisse des vorausgehenden Prozesses von Beobachten und Vergleichen „zu einen und auf letzte metaphysische Prinzipien zurückzustraffen" gilt. Wer diesen inneren Zusammenhang zwischen dem „umfassenden Ermittlungsverfahren" des Beobachtens und Vergleichens mit dem erst danach folgenden Straffen auf metaphysische Gesetzmäßigkeiten beachtet und zu werten weiß, dem kann eine geistige Annäherung an Pater Kentenich als Gründerpersönlichkeit und eine wertschätzende Beurteilung seines Werkes gelingen.

Eine erstaunliche Parallele – und ihre Grenzen

Sieht und begreift man die provozierenden Ausdrücke „Metaphysik" und „metaphysisches Prinzip" in ihrem tatsächlichen lebensmäßigen Kontext, lässt sich eine frappierende Nähe zu einem anderen Großen des 20. Jahrhunderts feststellen: zu Siegmund Freud (1856-1939). Bei aller terminologischen und erst recht weltanschaulichen Unterschiedlichkeit ist vom Erkenntnisvorgang und von der Formulierung seiner Resultate her eine

Gemeinsamkeit zu erkennen. Auch er formulierte seine wie „metaphysische Prinzipien" oder „psychoanalytische Dogmen" klingenden Auffassungen als Ergebnisse einer mit endloser Geduld in den „Tiefenschächten" der menschlichen Seele geleisteten Beobachtungs- und Forschungsarbeit. Mir ist keine Parallele im zeitgenössischen Geistesleben - vor allem im christlichen oder katholischen Raum - bekannt, die in Vorgang und Ergebnis Pater Kentenich strukturell so ähnlich wäre.

Dabei tritt natürlich im entscheidenden Punkt die Unähnlichkeit umso deutlicher zu Tage, die Pater Kentenich und Freud zu radikal entgegengesetzten Vertretern zunächst gleichgerichteter Interessen werden lässt. Diese betrifft das weltanschauliche Element, das in der Deutung und Systematisierung ihrer Beobachtungs- und Forschungsergebnisse mit einfließt. Es ist bei Freud längst konstatiert worden, dass – im Sinne der modernen Denkformenforschung – das vorwiegend naturwissenschaftliche, mechanistische Weltbild sein wohl weithin unbewusst einfließender, weltanschaulich vorgegebener Horizont war. Offensichtlich stehen wir jedoch an dessen epochalem Ende. So schreibt der Psychoanalytiker Albert Görres (1918-1996): „In der Theorie Freuds sind die mit der analytischen Methode gesammelten Erfahrungen aus bestimmten philosophischen Voraussetzungen gedeutet, die selbst nicht mehr empirisch gefunden wurden... Die Psychoanalyse ist also nicht nur eine theoretische Deutung von Erfahrungen mit Hilfe gesicherter Erkenntnisse, sondern auch ein System zum Teil willkürlicher weltanschaulicher Setzungen. Die Autorität des Physiologen Brücke – ‚die größte, die je auf mich gewirkt hat' – hatte ein für allemal den Schüler in den Bann eines Denkens nach der Analogie physikalischer Modelle gezogen... Freuds Werk verbirgt unter einer nüchternen Oberfläche einen prophetisch-messianischen Zug, es ist der letzte große Versuch am Ende der Neuzeit, dem Menschen in einer säkularisierten Heilslehre neue Götter zu verkünden: Eros und Thanatos." (Albert Görres, Methode und Erfahrungen der Psychoanalyse, München 1965)

Bei Pater Kentenich ist es die mitgebrachte Weltanschauung des gläubigen, katholisch geprägten Weltbildes, das in seiner Veranlagung und persönlichen Überzeugung verankert ist. Es ist eines meiner zentralen Anliegen, aufzuzeigen, dass dieses Weltbild einerseits mit ungebrochener Kontinuität in der lebendigen Überlieferung des katholischen Lebensstromes steht. Andererseits entwickelt es sich aber – ausgehend von den im Inneren Pater Kentenichs angelegten „Ur-Intuitionen", wie der vom „neuen Menschen" – auf dem Weg des jahre- und jahrzehntelangen Erforschens des modernen Seelenlebens ständig weiter. Dabei kommt Pater Kentenich zu Ergebnissen, die den radikalen Wandlungen im Selbst- und Weltverständnis des Menschen heute und auf seinem Weg ins Morgen entsprechen. Aus dieser in ihm lebendigen Haltung und Überzeugung wird auch der bei ihm vorhandene „prophetische Zug" verständlich.

Im Spannungsfeld von geschichtlichem Wandel und gottgewollter Seinsordnung

Erwähnt werden muss schließlich noch eine Problemzone, in die Pater Kentenich sich mit seinem Versuch des Straffens auf naturgegebene Gesetzmäßigkeiten bewusst hineinwagt. Der existentialistische und vor allem evolutionäre Grundzug in der Denkgeschichte des 20. Jahrhunderts bringt mit dem „Abschied von der Metaphysik" überhaupt die Tendenz mit sich, nichts Bleibendes, kein „Wesen" einer Sache mehr zuzulassen.

Die Entdeckung der Geschichtlichkeit des Menschen und der Welt hat alles statische „Sein" eines „metaphysischen Wesens" der Dinge mit sich gerissen. Dazu kommt durch Verhaltensforschung und Ethnologie die

Erkenntnis, dass bestimmte Auffassungen tatsächlich weitgehend historisch und kulturell bedingt sind - wie etwa vom „Wesen" des Menschen und seiner geschlechtlichen Ausprägung im gesellschaftlichen Rollenspiel. Jahrhunderte hindurch ist dies im Abendland als „Metaphysik" und „gottgewollte Schöpfungsordnung" angesehen worden. In diesem Kontext ist Pater Kentenichs Ansatz zu verstehen. Er stellt sich voll hinein in den Strom der Auffassung von der Wandlungsfähigkeit der menschlichen Natur – psychologisch wie sozial – und sucht ihre tatsächliche Veränderung in dieser epochalen Übergangsituation zu erfassen. Dabei hält er mit gleicher Entschiedenheit an der Überzeugung von einem Bleibenden in allem Wandel fest. Er sieht sogar in dieser revolutionären Krisenzeit eine ausgesprochene Sendung darin, die Konzeption von einer „Seinsordnung" zu bewahren. Nur wer diese scheinbar einander ausschließenden, gegensätzlichen Pole der Denkformen und ihrer konkreten Inhalte gleichzeitig beachtet - ein „metaphysisches" und ein zukunftsweisendes, „prophetisches" Element, wie er selbst zu sagen pflegte -, kann Pater Kentenichs Standort und Sendungsüberzeugung greifen und begreifen.

Anwenden

Das führt schließlich zum letzten Methodenschritt: dem *Anwenden.* War bereits beim Straffen der Systemwille spürbar, so wird er auf dieser Stufe zum entscheidenden Merkmal. Man würde das Gemeinte verfehlen, wollte man das Anwenden nur im konkreten Einzelnen sehen, etwa einer gewonnenen Einsicht im pädagogisch-ethischen Streben auf das *eigene* Leben. Das ist bei Pater Kentenich zwar immer mitgemeint, aber im Letzten geht es ihm um die Entwicklung eines Systems, eines Gesamtwurfes – die „schöpferische Synthese" der durch Beobachten, Straffen und Vergleichen gewonnenen Erkenntnisse.

Schöpferische Synthese

Schon sehr früh äußert sich diese immanente Ausrichtung auf ein zusammenfassendes „System". So schreibt er 1917 an seinen Provinzial:

„Mit Vorbedacht spreche ich von einem hiesigen System. Füge hinzu, dass dieses System danach strebt, allen billigen Forderungen einer zeitgemäßen Psychologie und Pädagogik und dem Geiste unseres Ehrwürdigen Stifters gerecht zu werden." Ebenfalls von 1917 stammt ein Brief an Professor Rademacher, der sich schon sehr früh mit Schönstatt und den von ihm ausgehenden Impulsen beschäftigte: „Nicht nur das Ziel für die Selbstheiligung, sondern auch das für unser Apostolat ist sehr hoch – nicht zu hoch – gesteckt. Es entspricht haarscharf den Anforderungen, die Professor Mausbach in Düsseldorf dafür aufstellte. Es stellt ein ganzes, streng geordnetes System von neuen Kräften dar, deren Wirksamkeit das Schriftchen (die Zeitschrift „Mater ter admirabilis", die für Professor Rademacher Studienunterlage gewesen war) beweist" (5.2.1917). Dieser Systemwille ist über alle Jahre und Jahrzehnte hindurch lebendig geblieben und hat die Forschungsergebnisse seines lebenslangen Beobachtens mit der Bereicherung des Vergleichens nach dem Vorgang des Straffens in eine, wie er gern sagte, „schöpferische Synthese", in ein pädagogisches, aszetisches, spirituelles und apostolisch-strategisches System zusammengefügt.

So schreibt er 1951 über die „reiche Ideengeschichte" seiner Gründung:

„Wie ein roter Faden zieht sich durch sie eine deutliche Linie. Was in der Zeit lebendig ist, was die Vergangenheit an Geistesgut anbietet, wird dankbar angenommen, schöpferisch verarbeitet, metaphysisch durchdrungen und zu einem System zusammengefügt. Das ist die Art, wie sich auf geistigem Gebiet das Gesetz der geöffneten Tür ausgewirkt hat." (Schlüssel 213)

In einem bekennenden Selbstzeugnis zeichnet Pater Kentenich zusammenfassend seine Denkstruktur als Keim seines Lebenswerkes: „Paulus kannte auf der Höhe seines Lebens nur eine einzige große Leidenschaft: Gott und die Seelen. Alles andere trat für ihn – wie aus seinen Briefen ersichtlich ist – spürbar in den Hintergrund. So will sein Lebensprogramm verstanden werden: ‚Omnibus omnia' (‚Allen alles') oder: ‚omnia instaurare in Christo' (‚Alles in Christus erneuern'). Etwas von dieser Leidenschaft ist auch mir geschenkt worden...

Der Psychologe in mir sog mit seinem außergewöhnlich starken und vielseitig verzweigten Einfühlungsvermögen sorgfältigst und getreulichst alle Regungen und Wünsche im Gegenüber – die bewusst gewordenen und die unbewusst gebliebenen, die guten und die schlechten – in sich auf; mochte es sich dabei um die individuelle oder um die Gemeinschaftsseele handeln. So entstand fast über Nacht hüben und drüben eine wundersam öffnende und geöffnete seelische Nähe, die als vorzügliche Vorbedingung für gegenseitige Lebensübertragung angesprochen werden darf. Für den entgegengesetzten Pol der seelischen Ferne sorgte der Philosoph in mir in Gestalt des Metaphysikers mit seiner – von Gott geschenkten – hochgradigen und unzerreißbaren religiösen Verwurzelung und Verankerung im Jenseitigen, im Absoluten, im Ewigen, im Unendlichen, im dreifaltigen Gott." (Apologia 1960, 98f)

Pater Kentenich fährt fort: „Die so erzeugte, dauernd wirksame polare Spannung zwischen seelischer Nähe und seelischer Ferne erwies sich allezeit als ein überaus segensreiches pädagogisches Prinzip. Nähe und Ferne fanden eine Einigung in einer zuchtvoll warmen, alles überwindenden Gottes- und Nächstenliebe. Nahm der Philosoph in mir die Zeitideen in letzter Verankerung reinrassig in sich auf, um sie zu klären und sie zu verarbeiten, so ordnete der Metaphysiker beides: Regungen und Ideen; er straffte beide zurück auf letzte Prinzipien, die von Ewigkeit her im Verbum Divinum mitgedacht und im Heiligen Geist mitgeliebt worden sind, und deshalb nicht nur als inkarnierte Gottesgedanken, sondern auch als inkarnierte Gotteswünsche anzusprechen sind, die zu ethisch-religiösen Imperativen werden, die der Pädagoge in mir zu einem geschlossenen System einer dreidimensionalen Frömmigkeit und einem umfassenden modernen pädagogischen System schöpferisch zusammengefügt hat. Da alle geistigen Strömungen der Zeit sich an den Mauern Schönstatts brachen, leisteten sie samt und sonders wertvollste Beiträge zum Aus- und Aufbau einer modernen Schönstätter Spiritualität." (Apologia 1960, 99)

Ohne Zweifel stehen wir hier vor der eigentlichen originellen Leistung Pater Kentenichs. „Originalität" liegt ja nicht nur im Erstmaligen und Originären, das ein Denker beisteuert, sondern ebenso in der Art, wie er Altes und Neues, aus der Tradition Überkommenes, in der Zeit Lebendiges und in die Zukunft Weisendes zu einem in sich stimmigen, kohärenten Ganzen zusammenfügt.

Es kommt nun alles darauf an, dieses Ganze näher zu bestimmen, das Pater Kentenich im Straffen und Anwenden zu einer schöpferischen Synthese zusammengebunden hat. Anders ausgedrückt: Auf was läuft der Gesamtvorgang von beobachten – vergleichen – straffen und anwenden letztlich hinaus?

Zentrale Lebensaufgabe: Erziehung und Apostolat

„Schönstatt ist eine ausgesprochene Erzieher- und Apostolatsbewegung. Es pflegt sich in diesem Sinne als Verbindungsoffizier zwischen Wissenschaft und Leben aufzufassen und zu geben. Das heißt, es orientiert sich zwar gewissenhaft und sorgfältig an allen einschlägigen Wissenschaften, es mag in seinen einzelnen Gliedern und Gliederungen wissenschaftliche Forschungen mit wissenschaftlicher Akribie betreiben – seine überzeitliche und zeitbedingte, seine zentrale und das ganze Werk einigende Lebensaufgabe besteht aber in Erziehung und Apostolat." (Glossen 1962, 89)

„Überall tritt diese schöpferische Synthese sehr deutlich in Erscheinung. So erklärt sich, dass Schönstatt sich bewusst darauf beruft, sein Erziehungssystem sei eine möglichst vollkommene Verbindung zwischen Wissenschaft und Leben oder eine zeitgerechte und sinngemäß angewandte Theologie und Philosophie, eine gleichgeartete Psychologie und Soziologie und Biologie. Allüberall werden von diesem Standpunkte aus die Ergebnisse der modernsten Forschungen zu Rate gezogen, schöpferisch miteinander verbunden und auf die praktische Erziehung angewandt." (What is my Philosophy of Education? 43)

Hier liegt die wesentliche Einsicht in Gestalt und Zielgebung des „Systems" seiner originellen Weltsicht. Aus den angeführten Zitaten wird deutlich, dass die Ebene, auf der sich die inhaltlichen Schwerpunkte dieses Systems kristallisieren, nicht zunächst die der Philosophie oder Theologie ist, sondern die einer „praktischen Wissenschaft" – der Pädagogik. Zum Erfassen und Einordnen des Originellen, das Pater Kentenich anbietet, ist diese „Ortung" seines Beitrags unerlässlich, will man nicht von vornherein den eigentlichen Zugang verfehlen. Zum Unterschied von großen theologischen Entwürfen, wie sie in unserer Zeit etwa von Karl Rahner und

Hans Urs von Balthasar vorgelegt werden, ist Pater Kentenichs Entwurf im spezifisch Erzieherischen angesiedelt. So spricht er in einem vielgebrauchten, bereits zitierten Bildwort vom „Verbindungsoffizier zwischen Wissenschaft und Leben", von seiner Erziehungslehre als „angewandter Dogmatik, Philosophie und Psychologie." Sein primäres Interesse geht also unmittelbar ständig auf Lebensformung, auf „Erziehung" in einem umfassenden Sinn, d. h. der ständigen Persönlichkeitsentfaltung und -entwicklung. Auch wenn der Begriff „Erziehung" in der modernen Pädagogik umstritten und in seiner Berechtigung angefragt ist – man spricht gar vom „Ende der Erziehung" (vgl. Hermann Giesecke, Stuttgart 1996) –, wird er in unserem Kontext weiterverwendet und zwar in dem beschriebenen weiten Sinne. Wer die Art und das pädagogische Wirken Pater Kentenichs auf sich wirken lässt, wird unschwer erkennen, dass „Erziehung" für ihn eben nicht impliziert: Ich ziehe jemanden dahin, wo ich ihn haben will. Es meint im Gegenteil eine empathische und die originelle Persönlichkeit fördernde Begleitung an ihn gebundener Menschen.

Die Weite, aber auch die angestrebte Zentrierung seines Beitrags mag man daran sehen, dass er „die gesicherten wissenschaftlichen Resultate", die „Ergebnisse der modernsten Forschungen" aus allen anthropologischen Wissenschaften zu Rate ziehen will – aber eben „auf die praktische Erziehung angewandt". In dieser organischen Einseitigkeit und methodischen Konsequenz dürfte sein Werk nicht viele Parallelen haben. Hier werden wir stehenbleiben, um Inhalt und Tragweite dieser Erkenntnis abzuschreiten.

Primär pädagogische Zielsetzung

Eine erste Reflexion wendet sich der Eigenart dieser pädagogischen Zielsetzung seines Werkes zu. Natürlich wird jede christliche Theologie von ihrem innersten Wesen her eine immanente Ausrichtung auf Lebensformung haben. Wenn man die großen inspirativen Persönlichkeiten unserer heutigen Theologie betrachtet, die bereits namhaft gemacht wurden – Rahner und von Balthasar –, wird gerade in ihrem Werk und aus dessen Wirkungsgeschichte deutlich, dass das Uranliegen christlicher Theologie in ihnen verkörpert ist: In der gläubigen Denkhaltung wie in der Durchführung der theologischen Arbeit und erst recht in den davon ausgehenden unüberschaubar reichen Anregungen wird der unlösbare Bezug zwischen Wissenschaft und Leben unmittelbar greifbar. Beide haben auch auf die spirituelle Erneuerung aus genuin theologischer Kraft eingewirkt. Aber niemand wird daran zweifeln, dass der Kern und Zielpunkt ihres theologischen Schaffens eben im Theologischen zu sehen ist. Bei Pater Kentenich ist das anders. Seine Originalität liegt im einsammelnden Zentrieren aller aus Theologie und Humanwissenschaften gewonnenen anthropologischen Einsichten auf pädagogisch-spirituelles Anwenden. Wie bei echten Theologen der Praxisbezug ihres wissenschaftlichen Arbeitens integrierend – und durchaus intendiert – eingeschlossen ist, so ist umgekehrt bei Pater Kentenich die wissenschaftliche Fundierung seiner pädagogischen Ausrichtung notwendig eingeschlossen.

Es ist offensichtlich, dass er in dieser primär auf die pädagogisch-spirituelle Lebensformung gerichteten Anstrengung ein zeitgeschichtliches Postulat ersten Ranges gesehen hat. Aus allem bisher Gesagten geht mit Deutlichkeit hervor, dass die umfassende Krise unserer Zeit eine anthropologisch-pädagogische ist. Der epochale Umbruch unserer Übergangszeit bringt aber mit radikaler Dringlichkeit die Notwendigkeit mit sich, nicht nur neue und zeitgemäßere pädagogisch-pastorale Methoden zu entwickeln, sondern die Fundamente einer neuen Weltsicht zu legen und durch ein umfassendes erzieherisches Bemühen existentiell im Leben der Menschen zu verwurzeln. Um einen bekannten Ausdruck von Jaspers abzuwandeln: Was heute nottut, ist eine aus den Urquellen der biblischen Offenbarung gewonnene und der Sensibilität des modernen Menschen entsprechende „Existenzerhellung" und die pädagogisch-praktizierbare Form einer „Existenzbewältigung" unter den Bedingungen unserer gewandelten Zeit. An einer solchen Zielsetzung muss der Entwurf Pater Kentenichs gemessen werden.

Aus seiner Zeitdiagnose, dass die christliche Botschaft offenbar in weiten Kreisen nicht mehr den Halt eines Sinn stiftenden Grundes vermitteln kann, ist sein Bemühen erklärbar, in einer neuen Synthese christlicher Spiritualität „Existenzerhellung" zur „Existenzbewältigung" anzubieten. Und wegen der uns unausweichlich aufgegebenen pluralistischen Gesellschaftsordnung und dem damit gegebenen Ausfall tragender Milieus will er in einer neuen Form christlich ausgerichteter Pädagogik mithelfen bei der praktischen Lebensformung. Inhaltlich bringt er unter diesen beiden Gesichtspunkten – Spiritualität und Pädagogik – originäre Beiträge in das System seiner originellen Weltschau mit ein – wie sich in den Kapiteln dieses Buches zeigt. Ansonsten ist er aus Vergangenheit und Gegenwart unzählig vielen dankbar verpflichtet, von denen er empfangen hat. Seine eigentliche Originalität liegt dann in der „schöpferischen Synthese" von allem. Mit einem glücklichen Ausdruck hat Lothar Penners diese Synthese „eine Pädagogik des Katholischen" genannt.

Schaffung eines Systems

Eine zweite Reflexion bezieht sich auf das heute suspekte Bestreben, ein „System" zu schaffen. Aus dem Zeitempfinden heraus steht man solchen umfassenden Versuchen eher skeptisch gegenüber. Ein stark ins Irrationale hinabreichender Grund für solche Skepsis mag in der Erkenntnis unserer historischen Situation als Spätphase der Neuzeit liegen, die dem ungeheuerlich Auseinanderstrebenden unserer Wissensexplosion und dem verlorenen, Einheit stiftenden Sinngrund gegenüber nicht mehr an die Bändigungsmacht eines „Systems" zu glauben vermag. Die Zeit der „Systeme" scheint endgültig vorbei. Ein zweiter, deutlicher fassbarer Grund zur Skepsis liegt in der Erfahrung begründet, dass Systeme sich oft genug als beengendes Korsett der vielgestaltigen Realität erwiesen haben.

So schreibt zum Beispiel Klaus Hemmerle (1929-1994) in „Charakterisierung der Strukturontologie" von Heinrich Rombach (1923-2004): „Während im System alles unter ein Prinzip untergeordnet und in ein von ihm konzipiertes Ganzes sozusagen von außen eingegliedert wird, ist Struktur eben jener Vorgang, der alles sein lässt, was es ist, durch seine Momente aber hindurchschreitend das Ganze genetisch in seinen – nicht ableitbaren, sondern nur im Vor- und Mitgehen durch die Einzelheiten zu gewinnenden – Zusammenhang bindet." Der Theologe Manfred Lochbrunner kennzeichnet in seiner „Darstellung und Deutung der Theologie Hans Urs von Balthasars" dessen Denkgestalt: „Ein Stachel gegen jedwedes System durchzieht das ganze Werk Balthasars. Dieser Stachel gibt dem überaus geordneten und gegliederten Werk, das ästhetischen Sinn für Proportionen zeigt, einen unsystematischen, ja einen antisystematischen Grundzug. Obwohl Balthasars Geist einen deutlichen Ordnungswillen und eine außergewöhnliche Gestaltungskraft besitzt, entbehrt sein Werk jeder beabsichtigten Fachsystematik." (Analogia Caritatis, S. 54)

Es ließen sich leicht ähnlich gerichtete Äußerungen von vielen anderen Seiten anfügen. Was ist dazu vom Standpunkt Pater Kentenichs zu sagen?

Ein Ablauschen der Gesetze vom Leben

Jede Terminologie ist zunächst immer auch ein Stück Festlegung. Aus allem Vorausgehenden dürfte jedoch deutlich geworden sein, dass die ehrfürchtig hörende und aufnehmende Vernunft im Beobachten und Vergleichen Pater Kentenichs „alles sein lässt, was es ist" und behutsam „im Vor- und Mitgehen durch die Einzelheiten" versucht, „das Ganze in seinen Zusammenhang" zu binden. Er sagt selbst: „Ein System ist immer nur ein Ablauschen der Gesetze vom Leben, die aber reflexiv erfasst sein müssen, damit wir sie weitergeben können." (1935/36) Es ist ja überaus bezeichnend, dass Pater Kentenich selbst sein System zwar in immer neuen Anläufen, je nach dem gegebenen sachlichen oder – noch häufiger – zeitgeschichtlichen Kontext, zu charakterisieren und aufzuschlüsseln versucht (vgl. das am Beginn des Kapitels bereits Gesagte), es aber nie unternommen hat, *abschließend* das Ganze darzustellen. Eine Art bequemen „Handbuchs" seines Systems ist unvorstellbar. In Wirklichkeit teilt er durchaus zentrale Anliegen der un- und antisystematischen Tendenz der zeitgenössischen Philosophie und Theologie, behält aber unbefangen den Ausdruck „System" bei, indem er ihm einen eigenen Gehalt und eine eigene Form gibt. Dass von deduktiven Gedankengebäuden keine Rede sein kann bei ihm, wurde schon deutlich.

Ein „offenes System"

Was noch nicht klar genug ans Licht gehoben werden konnte, sei hier herausgestellt: Sein System ist von seiner innersten Anlage und Intention her *offen.* Nach Art eines lebendigen Organismus lässt es einem endlosen Spiel von Entwicklung und je neuer Anpassung, von stets wechselnder perspektivischer Zusammenschau und neuer Bereicherung Raum. Darin gerade sollte es seinen Zukunftsdienst leisten: In einer Zeit des vom Einzelnen nicht mehr zu bewältigenden Wissensstoffes und eines von daher begründeten Pluralismus, in einer Zeit andererseits, in der die Einsicht in die Wandelbarkeit und grundsätzliche historische Befindlichkeit des Menschen in der Welt zum festen Erkenntnisbesitz geworden ist, sollte sein „offenes System" der Beliebigkeit eines totalen Pluralismus und damit der Entfremdung und Weltverlorenheit des Menschen entgegensteuern, ohne in die Starre eines „geschlossenen Systems" zu verfallen. Dabei spielt das durchgängige Bemühen eine wichtige Rolle, zu aller Wesenseinsicht immer auch den genetischen und evolutionären Gesichtspunkt mit einzubringen.

Das „Abschließende" und „Statische" früherer Systeme war ja hauptsächlich durch das einseitige Beharren auf dem überzeitlichen „Wesen" der Dinge bedingt. Indem Pater Kentenich konstitutiv den Werdegesichtspunkt mit einbezieht, entsteht bei aller Festigkeit der Grundpfeiler seiner Weltsicht eine Dynamik, die wenigstens grundsätzlich immer nach vorn und – im urtümlich religiösen Sinn – nach oben, zum Gott des Lebens und der Geschichte hin offen bleibt.

Das ist bei näherem Zusehen auch in der eigentlich praktischen, auf das Leben angewandten Zielsetzung seines aszetisch-pädagogischen Systems begründet. Schon im Aufspüren der Grundpfeiler seiner Weltschau hat er stets Verwirklichung in gelebter Existenz vor Augen. Beim schrittweisen Entfalten seines Wurfes war diese Leben formende Kraft im beobachtenden Begleiten seiner Gefolgschaft das bestätigende oder verwehrende Kriterium. Diesen sich über Jahrzehnte hinziehenden Prozess langsamer Ausgestaltung seines erzieherischen Systems im gelebten Leben einer geistlichen Familie darf man nicht aus dem Blick verlieren, will man es genuin erfassen und bewerten.

Besonderheiten in Werk und Sprache

Nach der Entfaltung der verschiedenen Aspekte und Facetten von Person und Gründung Pater Kentenichs werden nun einige Besonderheiten beleuchtet, die den Zugang zu ihm und seinem Werk häufig erschweren.

Eine unüberschaubare Fülle aus fünf Jahrzehnten

Eine große Herausforderung für das Erfassen des vorliegenden gesprochenen und geschriebenen Werkes Pater Kentenichs aus mehr als fünf Jahrzehnten rastlosen Schaffens ist wohl dessen fast unüberschaubare Fülle. Im Lauf der Jahrzehnte erscheinen wechselnde Charakterisierungen, die weithin unvermittelt nebeneinander stehen und ihr Eigenrecht und Eigengewicht behalten. So gibt es, neben zahllosen Einzelthemen in vielfältiger Wiederholung, zwar viele systematisierende Strukturierungsgesichtspunkte, bislang jedoch keine Gesamtdarstellung seiner Lehre, keinen vollständigen Überblick über sein Lebenswerk. Was sich dabei als praktisches, erstes Hindernis sehr schnell jedem Beobachter und noch so gutwilligen Forscher in den Weg stellt, ist die verwirrende Art, in der das Material sich darbietet, in dem Pater Kentenich sein Werk oder seine geistige Welt erklärt. Neben einer Unsumme von Vorträgen, Tagungen und Exerzitienkursen in mehr oder weniger guten Mitschriften existieren eine ebenfalls große Zahl von schriftlichen Stellungnahmen: angefangen von Briefen an einen breitgefächerten Adressatenkreis, über kleinere oder größere Abhandlungen, teils thematisch straff, teils in scheinbar verfließender Themenvielfalt, bis hin zu Dokumenten mit geschichtlich fassbarer Wirkung. Insgesamt ein monumentales, methodisch fast nicht zu bewältigendes Werk. Weder die vielfältigen literarischen Formen seiner Darstellungen und Stellungnahmen, noch die bisher gedruckt vorliegenden einzelnen Kostproben machen das Eindringen und Verstehen leicht. Nach seinem Tod im Jahr 1968 hat verstärkt eine Phase der Aufarbeitung begonnen, die Erschließung, Durchschau und beginnenden Dialog intendiert. Alle vorliegenden Versuche zeigen, jeder auf seine Art, wie schwierig und umfangreich die Arbeit ist.

Charakteristische Merkmale des schriftlichen Nachlasses

Beim Durchsehen des Gesamtmaterials des schriftlichen Nachlasses Pater Kentenichs ergeben sich einige Charakteristika, deren Aufdeckung für eine weitere Annäherung hilfreich scheint. Da ist zunächst einmal das auf den ersten Blick *ununterscheidbare Miteinander und Ineinander von vielen traditionell-geläufigen Elementen katholischer Positionen* im philosophischen, theologischen und – im weitesten Sinn – spirituellen Bereich auf der einen und *dem Aufblitzen neuer, moderner und insgesamt originärer Einsichten* auf der anderen Seite. Je nach dem vorliegenden Material oder dem Standpunkt des Beobachters mag ein solches Konglomerat von alt und neu, von traditionell oder zukunftsweisend, von wiederholendem Weitersagen und anregendem Eigenerforschen stärker anziehend oder abstoßend wirken.

In Verbindung mit einem zweiten Charakteristikum wirkt es auf jeden Fall provozierend: mit dem unübersehbaren Anspruch, gerade in diesem Zusammen von traditionsverhaftet und zukunftweisend eine ausgesprochene Sendung für unsere Gegenwart und speziell für die Zukunft zu haben. Die anspruchsvolle „*Sendungssprache*" Pater Kentenichs in der Selbstcharakterisierung von Person und Werk war von jeher ein besonderer Stein des Anstoßes. Natürlich erwartet Pater Kentenich nicht eine kritiklose Zustimmung; andererseits wäre ein simples Zurückweisen vielleicht auch zu oberflächlich – es könnte ja ein brauchbarer Hinweis dahinter stecken, in welche Richtung sein Werk gelesen werden soll. Eingelöst werden muss und kann ein solcher Sendungsanspruch nur durch die geschichtliche Evidenz seiner Nachhaltigkeit und Fruchtbarkeit in und für die Kirche auf ihrem Weg in die Zukunft.

Dazu kommt schließlich noch ein drittes Charakteristikum, das sehr schnell ins Auge fällt, wenn man ernsthaft beginnt, sich mit der geistigen Welt Pater Kentenichs zu beschäftigen. Es gibt bei ihm über alle Phasen seiner Entwicklung hin *typische und immer wiederkehrende Ausdrücke zur Kennzeichnung und intentionalen Ausrichtung seines Werkes, generalisierende Formeln*, die in ihrer wechselnden konkreten Formgebung doch eine klar erkennbare einheitliche Zielrichtung besitzen. So spricht er von der „leitenden Idee" seines ganzen Werkes: das Bild vom „Neuen Menschen in der neuen Gemeinschaft", wie wir bereits im ersten Kapitel gesehen haben. Schon seit 1917 benutzt er das Wort von einem „pädagogischen System", das er später ausweitet zu der Charakterisierung seines geistigen Werkes als einer „schöpferischen Synthese". Unter anderem Gesichtspunkt sagt er, dass ihm in seiner gesamten Tätigkeit von Anfang an und in stets wachsendem Maße eine „Zukunftsvision des Katholizismus" vor Augen geschwebt habe; wieder anders spricht er im Blick auf das unter seinen Händen wachsende Werk von einem „universellen Neuaufbruch der Kirche", von einer „Antizipation der Zukunftskirche" in einem „säkularen Gestaltwandel von Kultur und Kirche", in den wir alle schicksalhaft hineingezogen sind.

Um diese Art des Vorgehens Pater Kentenichs zu verstehen, ist es unerlässlich, noch einmal den Blick auf die Entwicklung seiner Persönlichkeit zu richten. Wie wir gesehen haben, gibt es in seiner Werdegeschichte einen ersten Abschnitt, den man vielleicht als *„rationales Einholen seiner vorgegebenen Anlage"* bezeichnen könnte. Über den Vorgang wissen wir nichts Näheres als das, was er selbst uns darüber mitgeteilt hat. Dies beschränkt sich im Wesentlichen auf das offenbar alle körperlichen und geistigen Kräfte in Anspruch nehmende Faktum einer Krise. Im Zeitraum um seine Priesterweihe (1910), jedenfalls mit seinem Amtsantritt als Spiritual im Studienheim der Pallottiner (1912), muss dieser Prozess der Selbsteinholung oder Klärung im Kern abgeschlossen gewesen sein. Bestätigt wird dies durch die Aussage eines Mithäftlings aus Dachau, der Pater Kentenich als Schreiber für seine vielen Briefe und Abhandlungen diente. Bei einem Satz in einer dieser Studien, der die außergewöhnliche Gradlinigkeit und Konstanz der geistigen Entwicklung Schönstatts von Anfang an bis in die Vierzigerjahre hinein trotz stürmischer Wandlung der Zeitverhältnisse hervorhob, fragte der Schreiber, wie das denn möglich gewesen sei, dass er, Pater Kentenich, schon so früh als junger Priester so sicher habe auftreten können? Darauf habe Pater Kentenich geantwortet: „Du darfst nicht vergessen: Damals war ich schon fertig". Natürlich heißt dieses „fertig" nicht, dass später kein Wachstum mehr erfolgt wäre. Aber offenbar meint es – rückwärts gewendet –, dass die schlechthin alles entscheidende Selbstwerdung im Sinne einer konstitutiven Selbsteinholung zu Beginn seiner priesterlichen Tätigkeit abgeschlossen gewesen sein muss. Nun konnte der Prozess der Selbstübersetzung, der Umsetzung in schöpferisch-gestaltendes Tun beginnen. Dies geschah in einem lebenslangen Wachstumsprozess.

Die Sprachform

Auch die *Sprache* Pater Kentenichs stellt den Hörer oder Leser vor einige Herausforderungen. Es ist eine Erfahrungstatsache, dass seine spezifische

Art, sich auszudrücken, in zunehmendem Maß als Barriere für ein tieferes Eindringen in das Verständnis seiner Anliegen empfunden wird. Bei näherem Hinsehen lassen sich hier ebenfalls drei charakteristische Merkmale feststellen.

So fällt zum einen ihre *pädagogische Ausrichtung* auf. Damit ist nicht etwas Vordergründiges gemeint, wie ein „pädagogischer Zeigefinger", der in jedem Moment sichtbar würde. Zwar gibt es in Predigten oder Exerzitienvorträgen auch das unmittelbare und auffordernde Ansprechen, das sich dann ebenso direkt in einer appellativen Sprache niederschlägt. Doch darüber hinaus finden sich auf einer tiefer liegenden Ebene Elemente, die den ursprünglichen Zusammenhang von pädagogischer Intention und sprachlichem Ausdruck aufscheinen lassen. So zum Beispiel, wenn Pater Kentenich zum Darlegen bestimmter Sachverhalte übergeht, etwa philosophischer oder theologischer Wahrheiten, die der nachvollziehenden Einsicht erschlossen werden sollen. Gerade in solchen Passagen wird deutlich, dass selbst dies im Dienst einer sie umgreifenden pädagogischen Absicht steht. Typisch dafür ist die bei ihm häufig wiederkehrende Sequenz von „Wert", „Wesen" und „Werden": Zuerst erschließt er stets den Lebenswert einer Wahrheit oder einer von Gott gestifteten Ordnung des Seins, um von daher zur Erkenntnis ihres inneren Wesens vorzustoßen und schließlich zur pädagogischen Anwendung zu kommen. Im ganzen Werk Pater Kentenichs wird nicht nur im sachlichen Gehalt, sondern bis in die Sprachgestalt hinein der pädagogische Eros spürbar – liebevolle Hinwendung, die letztlich nicht darlegen, sondern überzeugen möchte.

Auf ganz ähnliche Weise zeigt sich dies bei der Beschreibung von geschichtlichen Situationen und herrschenden Strömungen. Das kann unter Umständen sehr ausführlich geschehen, kann für den Leser, wie früher für den Hörer, packend werden. Und doch wird im Vergleich zu ähnlichen Darlegungen derartiger Zeitentwicklungen bei Pater Kentenich sehr schnell deutlich: Hier spricht einer, der „mitnehmen" will, dem es nicht auf die historische Darstellung an sich ankommt, sondern auf das persönliche Betroffenmachen als Einladung zu antwortendem Handeln, zu einem nächsten Schritt in die Zukunft.

Die ganze Ausdrucksweise Pater Kentenichs spiegelt sehr stark und direkt diese innerste Absicht. Er spricht eigentlich immer im Ton der Einladung. Wenn dabei auch ein großer Reichtum an Erkenntnissen, Zusammenhängen und Einsichten vermittelt wird – die Sprache und der darin aufklingende Tonfall ist die Stimme des leidenschaftlichen Erziehers. Bei aller Fundierung in Philosophie und Theologie wird gerade an der Sprachgestalt diese alles prägende und durchdringende Intention Pater Kentenichs fassbar. Für heutiges Lebensgefühl ist eine solche direkte und ständig spürbare pädagogische Ansprache eher ein verfremdendes Hindernis. Erleichtert wird das Verständnis vielleicht durch den Blick auf das darin zum Ausdruck kommende, unverstellte und ehrliche seelsorgliche Wollen.

Als zweites Charakteristikum ist *die eigengeprägte, oft eigenwillig anmutende Terminologie Pater Kentenichs* zu nennen. Diese besondere Ausdrucksform stellt für viele ein weiteres Hindernis im Umgang mit seiner Spiritualität dar. Doch wie bei nahezu jeder „Schule" im philosophischen, theologischen oder spirituellen Bereich ist in der Schönstatt-Bewegung mit den neuen Begriffen auch ein neues Lebensgefühl, eine neue Erfahrung verbunden. Um dies an einem konkreten Ausdruck aufzuzeigen, sei exemplarisch der schönstatt-spezifische Terminus „Liebesbündnis" herausgegriffen.

Von Beginn seines pädagogisch-priesterlichen Wirkens an ist es Pater Kentenich ein Anliegen, den Menschen mit dem von der barmherzigen Liebe bestimmten Gottesbild auch eine entsprechende Gotteserfahrung zu vermitteln. Unter mannigfachen Ausdrücken sucht diese Erfahrung ihre sprachliche Form, bis sie schließlich in dem Wort „Liebesbündnis" einen kongenialen Ausdruck findet. Dabei führt der Nationalsozialismus mit seiner geistigen Herausforderung und physischen Bedrohung in der Schönstatt-Bewegung zur Reaktion einer lebensmäßigen Vertiefung gläubiger und vertrauender Hingabe an den Bundesgott. Kirchliche Amtstellen jedoch greifen um dieselbe Zeit genau diesen Punkt an, weil sie die absolute Souveränität und Freiheit Gottes darin bedroht sehen. Sie deuten das „Bündnis" als „Rechtsbund" – als ob die Menschen von sich aus Gott in irgendeiner Weise zu etwas verpflichten könnten. Innerhalb Schönstatts trägt dieses Missverständnis dazu bei, die Bedeutung des Bündnisses zu klären und noch stärker als zuvor den reinen Gnadencharakter der Beziehung zu Gott und der Gottesmutter zu betonen. So kristallisiert sich irgendwann in diesem lang dauernden Lebensprozess dann als angemessener Ausdruck für die neue Erfahrung heraus: „Liebesbündnis", als rein gnadenhafte und nicht als rechtliche Form.

Dieser Lebensvorgang spiegelt sich wider in der lebendigen Tradition des Gottesvolkes des Alten und Neuen Bundes, das sich im heilsgeschichtlichen Gottesbund in Gnaden als Gottes auserwähltes Volk angenommen wusste. In der Kraft des gelebten „Liebesbündnisses" kann die neue religiöse Familie der Schönstatt-Bewegung als Glied der Kirche auch schwierige Zeiten ihrer geschichtlichen Existenz meistern. Der gewachsene Ausdruck „Liebesbündnis" schließt also eine reiche Fülle und eine lebendige Verwurzelung in konkreter Erfahrung in sich. An diesem Beispiel wird deutlich, dass die Terminologie Pater Kentenichs nicht Konstruktion und „krauses Eigengewächs" darstellt, sondern aus

Erfahrungen und Lebensvorgängen herausgewachsen ist und geistliche Erfahrungen der Geschichte Israels wie der Kirche aktualisiert.

Um der aus solchen geschichtlichen Prozessen gewordenen Identität seiner Familie willen hält Pater Kentenich an den damit verbundenen typischen Ausdrücken bewusst fest. Gerade in einer revolutionären Zeit mit ihren nivellierenden Massen-Tendenzen scheint ihm das auch im sprachlichen Bereich notwendig, wenn nicht die gewachsene Originalität in Gefahr kommen soll. „Das soll nicht heißen, man dürfte sie (d. h. solche Ausdrücke) nicht in Predigt und Erziehung dem Zeitgefühl sprachlich anpassen. Im Hinterkopf aber müssen sie in ihrer Formulierung bleiben, wie sie geworden sind, sonst besteht die Gefahr, dass mit der Form auch der Inhalt auf die Dauer verändert wird." (Glossen 1962, 98) Wie jede neue „Schule" innerhalb der Religionen muss auch die Schönstatt-Bewegung durch ein Stadium der Fremdheit hindurchgehen, bevor sie sich verständlich gemacht hat und ihre neue Erfahrung von breiteren Kreisen geteilt wird. Die Spiritualitätsgeschichte der Kirche bietet dazu viele Anschauungsbeispiele.

Dazu kommt ein weiteres Moment. Eine solche, aus geschichtlichen Erfahrungen gewachsene Weltdeutung und ihre Ausdrucksform wird in aller Regel zunächst in kleinen Kreisen experimentiert. Die religiöse Familie Pater Kentenichs war, sozialpsychologisch betrachtet, ein solches Experimentierfeld. Fast notwendig wird ein solcher Vorgang mit seinem sprachlichen Ausdruck zunächst als eben für diese spezielle Gruppe gültig empfunden. Es braucht eine gewisse Zeit sowie Unterscheidungsvermögen und Anpassungsfähigkeit, bis die Allgemeingültigkeit origineller neuer Erfahrungen vermittelt werden kann. Für Mitglieder – Nachwachsende zumal – wie für solche, die sich mit dem Werk Pater Kentenichs beschäftigen wollen, gilt, dass „entbunden" werden muss, was an lebensmäßiger Erfahrung in den typischen Ausdrucksformen „eingebunden" wurde. Es geht also darum, Sprach-Formeln aufzubrechen, zu verstehen und je neu mit Leben zu füllen.

Wenn sich, um eine Parallele zu zitieren, auch alle Karmelklöster als die unmittelbaren Träger der theresianischen Spiritualität fühlen, fällt ihnen doch ebenso die Aufgabe zu, die karmelitische Lebensform als einen möglichen Weg der Christusnachfolge für alle Christen verständlich zu machen. Diese Einladung fordert zu jeder Zeit eine neue Hinführung zu den Urzeugen dieser Lebensform in der Kirche und zu einem Verständnis ihrer Einsichten und Absichten. Die Sprache Pater Kentenichs scheint von seiner Gefolgschaft solche Übersetzungsarbeit geradezu zu „erzwingen". Jede Generation ist hier neu gefordert.

Das dritte Merkmal schließlich ist die *Anpassung seiner Sprache an die herrschende Mentalität*. Es gibt bei Pater Kentenich neben der eigengeprägten Terminologie und einer gewissen Beharrungstendenz auf gewachsene typische Ausdrücke durchaus auch das Phänomen der Anpassung an neue Sprachformen gewandelter Mentalitäten. Bei seiner starken Lebens- und Zeitnähe kann es gar nicht anders sein. Im Kontakt mit dem konkret sich entwickelnden Leben nimmt er zusammen mit aktuellen Fragestellungen auch die Ausdrucksweise solcher zeitbedingten Strömungen auf. Hier wird die Sprachbarriere für das Verstehen Pater Kentenichs noch deutlicher, im Vorgang der Begegnung noch hindernder und zwar solange, bis man das strukturelle Moment daran durchschaut hat: In aller Regel bietet sich das „organische Weltbild" Pater Kentenichs jeweils im Sprachkleid und der typischen Akzentuierung der entsprechenden Zeitsituation an. Wer diese, weit über das Terminologische hinausreichende, dem konkreten, zeitbedingten Fragehorizont angepasste Form seiner Verkündigung auf die darin zum Ausdruck kommenden überzeitlichen Aussagen nicht durchschaut, wird oft wenig mit ihr anfangen können. Die Sprache scheint veraltet, die Motivation spricht nicht mehr recht an. Nur zu leicht ist man geneigt, von der äußeren Gestalt auf den inneren Gehalt zu schließen. Praktische Anschauungsbeispiele sind die großen Tagungen etwa der Dreißigerjahre, die den Existentialismus auf der einen, den Nationalsozialismus auf der anderen Seite als Gegenüber haben – im Vergleich zu den Tagungen und großen Abhandlungen der Nachkriegszeit mit den damals stark restaurativen Tendenzen und den doch unter der Decke schwelenden existentiellen Bedrohungen – oder dann mit den Vortragsreihen nach seiner Rückkehr aus dem Exil in dem aufschäumenden Wellengang der nachkonziliaren Situation. Die Grundpfeiler seines Systems und damit die Grundanliegen seiner Pädagogik sind immer gleich geblieben – aber welche Verschiedenheit in Ausdruck und Akzentuierung!

An diesem Phänomen kann man konkret ablesen, was über sein „offenes System" gesagt wurde: Es ist von innen heraus so stark auf lebensmäßige und Leben prägende Anwendung angelegt, dass es sich – auch sprachlich – immer neu übersetzen muss. Das ist nicht nur ein äußerlich bleibender terminologischer Vorgang, sondern zwingt in der Aufnahme wesentlicher zeittypischer Fragestellungen auch zu Umformungen der prinzipiell überzeitlichen Einsichten und Anliegen. Und das, um die Herausforderung der je neuen „Zeitenstimmen" als „Gottesstimmen" aus dem Inneren des auf Anwendung hin konzipierten Systems beantworten zu können.

In gewissem Sinne bewirken die Charakteristika der Sprache Pater Kentenichs oft eine Art „Verfremdung" der darin zum Ausdruck kommenden Anliegen. Sowohl das pädagogische Engagement des Mitnehmen-Wollens wie die geschichtlich gewachsene Eigengestalt der Terminologie und die zeittypische Ausdrucksweise werden im Abstand von der lebenden Person leicht zu Hindernissen für ein nachvollziehendes Eindringen in die eigentlichen Einsichten und ihre Bedeutung. Die Kapitel dieses Buches sind ein Versuch, aufschließend zu den zentralen Anliegen Pater Kentenichs und seiner organischen Sicht der Welt hinzuführen.

„Brauche keine JA-Sager..."

Während meines ersten Besuches in Milwaukee fiel mir auf, wie ich persönlich innerlich auf das reagierte, was Pater Kentenich mir sagen und erklären wollte. Ohne dass ich nach außen auf das Gehörte reagierte, spürte ich in mir eine abwartende, um nicht zu sagen skeptische Haltung. Nachdem mir das aufgefallen war, beobachtete ich diesen Vorgang und mir wurde ziemlich bald klar: Ich überprüfte die ganze Zeit, ob ich bejahen und annehmen konnte, was er mir sagte. Diese Art zu reagieren als solche war mir von meinem Studium her bekannt: Alles was die Professoren sagten, wurde von mir ebenso überprüft, mit der Frage, ob ich dem zustimmen konnte. Als mir aber jetzt bewusst wurde, was da in mir ablief, war ich doch erschrocken: Da bin ich Student nach Amerika gereist, um den Gründer Schönstatts kennenzulernen – und was mache ich? Ich versuche kritisch zu überprüfen, ob ich seine Worte annehmen kann...

Nachdem mir das deutlich geworden war, versuchte ich zunächst, diese kritische Voreinstellung zu unterdrücken. Aber das ging nicht – zu tief war diese Haltung in mir verwurzelt. Ich *wollte* ja glauben, was dieser Mann mir vermittelte. Das war ein innerer Kampf – ich stellte mir vor, wie er wohl reagieren würde, wenn ich ihm meine Reaktion schilderte... Nach ein bis zwei Tagen war ich soweit, ich wollte auf jeden Fall ehrlich sein. Mit einigem Herzklopfen „beichtete" ich mein Verhalten. Er hörte mir völlig ruhig zu. Und dann kam seine Reaktion. „Ich *danke* Ihnen. Wissen Sie – Schönstatt braucht Menschen, die von innen heraus ehrlich sind und den

Mut haben, dazu zu stehen. *Ja*-Sager können wir nicht gebrauchen. Bei den Weihnachtskrippen stehen oft so kleine Figuren, die immer nicken, wenn man eine Münze einwirft. Doch Schönstatt braucht Menschen, die aus innerer Einsicht und mit Ehrlichkeit unsere Welt bejahen, nachdem sie alles überprüft haben. Ich habe früher bei unseren Schwestern nur solche zur Oberin gemacht, die wenigstens einmal den Mut hatten, mir zu widersprechen." Dieser kleine Vorfall wurde für mich eine Lektion, die ich nie vergessen habe.

II. „Dass neue Menschen werden“ – Das pädagogische Konzept

Prophetischer Menschenbildner

Zeit- und Zukunftsdeutung

Nicht nur in persönlichen Begegnungen, sondern auch bei großen Tagungen oder Exerzitien habe ich den Gründer Schönstatts oft erlebt. Besonders beeindruckend war für mich dabei, mit welcher Klarheit er zu Beginn stets die aktuelle Zeitsituation analysierte. Bei den Zuhörern entstand eine Atmosphäre von gespanntem Interesse und kritischer Erwartung, wie er mit diesen Beobachtungen umgehen und welche Schlüsse er daraus ziehen würde. Er hatte in der Tat eine ausgesprochene Sensibilität dafür, hinter und unter der betäubenden Vielfalt der Tagesereignisse historische Trends, Zeitströmungen als Zeitanliegen wahrzunehmen und herauszuarbeiten. Zeitlebens hat er davon gesprochen, dass eine der Haupterkenntnisquellen für den Christen die „Zeitenstimmen" als „Gottesstimmen" sind: „Vox temporis – vox Dei" war für ihn mehr als ein frommes Zitat, es war eine Art Leitmotiv, ja Programm seines Tuns. Die großen Kurse für Priester in den Dreißigerjahren, zu denen mehrere Tausende Jahr für Jahr zu ihm kamen, waren dafür bekannt und berühmt, dass sie solche Zeitdeutung aus dem Glauben zur Grundlage hatten. Im Blick auf unser Anliegen, die Grundzüge der Sendung Pater Kentenichs herauszuarbeiten, ist es wichtig festzuhalten: Von Anfang an hatte er – noch vor der Differenzierung einzelner Zeitströmungen – eine grundlegende und umfassende Gesamtdeutung unserer Epoche als einer umwälzenden Zeitenwende von ungeheuren Ausmaßen vor Augen.

„Wo gehobelt wird, gibt es Splitter und Späne. Das gilt auch, wo die Revolution den Hobel ansetzt, doppelt und dreifach, wenn sie totalitär und universell ist und zum Unterschied von ihren älteren Schwestern sich nicht an der Vergangenheit orientiert, um frühere ‚goldene Zeiten', um ein ‚verlorenes Paradies' zurückzuerobern, sondern wenn sie den Blick unverwandt auf eine unbekannte Zukunft gerichtet hält und von einem Idealzustand träumt, der noch nie dagewesen ist und den niemand kennt, der aber mit absoluter Sicherheit den Himmel hier auf Erden verspricht... Das ist die Eigenart der heutigen Weltrevolution. Ihre Wellen schlagen herüber und hinein in alle Lebensbezirke, in alle Gegenden bis ins entlegenste Dorf, bis ins gesichertste Kloster. Wütende Sturmeswetter rütteln und schütteln an allen Lebensgebilden, an allen Bräuchen, mögen sie noch so alt sein, und an allen Gesetzen, wie sie auch immer heißen. Was nicht niet- und nagelfest ist, wird weggefegt. Deshalb soviel Unruhe in allen Ländern, soviel Unsicherheit in der menschlichen Gesellschaft, soviel Ungeborgenheit im menschlichen Herzen; deshalb soviel Forschen, Suchen und Tasten auch in allen religiösen Gemeinschaften. Es ist, als ob ein Maurermeister an jeden Stein klopfte, um zu prüfen, ob er auch am rechten Platze sitzt, ob er echt und widerstandsfähig, ob er brauchbar ist für den Umbau, den die neue Zeit verlangt. Aus immanenten Triebkräften heraus – nicht bloß aus äußerem Zwang – geht es um einen Gestaltwandel von Kirche und Gesellschaft. Das vermehrt die Unsicherheit. Es genügt nicht, sich in ein geschütztes Haus zurückzuziehen und das Ende des Sturmgewitters abzuwarten, in der stillen Hoffnung, nachher wohlbehalten alles wiederzufinden wie vorher." (Epistola 1949, 146f)

Kollektivismus

Sehr dezidiert nennt Pater Kentenich in der differenzierteren Analyse dabei als erste Zeitsignatur und Zeitgefahr stets den *Kollektivismus*. Zu dessen Entstehung und Ausbreitung führten sowohl äußere wie vor allem innere Faktoren der Entwicklung: das sprunghafte Bevölkerungswachstum als Folge naturwissenschaftlich-technischer Erfindungen, hier vor allem auf dem Gebiet der Medizin; die deutlich erkennbare Entwicklung einer westlich geprägten Weltzivilisation in einem historisch noch nie dagewesenen Maßstab (heute: Globalisierung), der steigende Lebensstandard in den technisch entwickelteren Ländern, das Um-sich-Greifen der Bürokratie, der Zerfall gewachsener Sozialisationsformen (Großfamilie, Dorfgemeinschaft u. ä.). All diese schon oft beschriebenen Phänomene und Entwicklungen führen schicksalhaft zu einer erhöhten Anfälligkeit für Massenmentalität. Pater Kentenich zitiert selbst immer wieder die Bücher von Le Bon, Ortega y Gasset, Hendrik de Man, Paul Reiwald, verweist auch auf Heideggers Beschreibung des „man", um den „Massenmenschen" als drohende Gefahr und Herausforderung für jede Pädagogik zu kennzeichnen. Dabei finden wir, wie oft bei ihm, in seinen Zustands- und Entwicklungsbeschreibungen zugespitzte Typisierungen, die – ausgehend von erkennbaren Trends – zur Charakterisierung ihrer vermutlichen Endgestalt führen.

Bereits 1912/13 formuliert er mit den Schülern des Seminars in Schönstatt diese in der Zeit liegende Entwicklung auf den Massenmenschen hin in einer einprägsamen Weise: „Der Massenmensch ist einer, der das tut, *was* die anderen tun und weil die anderen es tun". Das war für ihn der Ansatz für seine auf Persönlichkeitsbildung zielende Pädagogik freier Selbstentscheidung. Die von ihm konstatierte ungeheure Sogkraft der Massentendenzen ließ ihn den „kollektivistischen Menschen" als *die* Zeitgefahr signalisieren. Schon sehr früh war er der Meinung, die später Teilhard de Chardin in seinem bekannten Bild ausdrückte, dass es sich bei der Problemlage unserer Zeit nicht um ein „Gewitter", sondern um eine „Klimaveränderung" handle. Für Pater Kentenich war das der Anlass, die kollektivistische Zeitgefahr als Herausforderung an Erziehung und Seelsorge für die kommenden Jahrhunderte zu betrachten und nach entsprechenden Antworten zu suchen.

Sehnsucht nach Freiheit

Wie differenziert er die geistig-seelische Lage des modernen Menschen beurteilt und aufgreift, wird an dem zweiten geistesgeschichtlichen Strang deutlich, den er bewusst als Ansatz zur Entwicklung seiner Pädagogik beachtet: dem Streben nach *Freiheit*. Es ist der Versuch, auf dem Hintergrund der neuzeitlichen Emanzipationsgeschichte in der Unterscheidung zwischen negativ bestimmtem Zeitgeist und positiv gedeutetem, gottgewolltem Geist der Zeit das Positive im Freiheitsdrang bejahend aufzugreifen, es aber einzubinden in eine christlich verantwortete Gesamtgestalt des Zueinander von Individuum und Gemeinschaft. Dem entsprechen sein stark ausgeprägter Ansatz beim Einzelnen und der Grundzug seiner Pädagogik zu Achtung und Förderung der freien Selbstentscheidung und der sozialen Mitverantwortung.

Pluralistische Gesellschaftsordnung

Es ist bezeichnend für den Gründer Schönstatts, dass er nicht bei diesen allgemeinen Charakterisierungen bleibt, wie man sie oft in Zeitdiagnosen finden kann. Auf dem gezeichneten Hintergrund erscheint in seiner Deutung eine pädagogische Konturierung: Er hebt die Faktoren hervor, die im epochalen Wandel *pädagogisch* gesehen entscheidend sind. Das ist für ihn – zusammenfassend gesprochen – alles, was mit der Funktion des Milieus, der herrschenden Atmosphäre für jede Form von Erziehung zu tun hat. Seine Ausdrucksweise zur Beschreibung dieses grundlegenden Faktors wandelt sich, entsprechend der sich fortlaufend klärenden allgemeinen Bewusstseinslage, die Grundeinsicht aber bleibt. Anfänglich unterscheidet er zwischen der „Atmosphäre des mittelalterlichen" und der des „modernen Menschen". Später greift er das Wort von der „weltweiten

Diasporasituation" zur Beschreibung der pädagogischen Grundbefindlichkeit des heutigen Menschen auf, bis er schließlich in den letzten Jahren seines Lebens die definitive Formulierung für die Zustandsbeschreibung der Ausgangslage heutiger Erziehung als „pluralistische Gesellschaftsordnung" gefunden hat.

Die entscheidende Einsicht für ihn ist dabei, pädagogisch gesehen, die tragende Rolle einer homogenen Atmosphäre für das Wachsen des Personkerns beim Einzelnen. Wenn der „geheime Miterzieher" eines homogenen Milieus als gleichgerichteter, unterstützender Faktor zur Personbildung ausfällt, muss Erziehung sich umstellen, wenn sie den real existierenden Menschen erreichen und sinnvoll unterstützen will. „Homogen" nennt er eine Atmosphäre, die von gemeinsam akzentuierten Wertvorstellungen bestimmt ist. Nach seiner Einsicht sind die Existenz und der Einfluss eines solchen Milieus für den nicht-intentionalen Wachstumsvorgang der Persönlichkeit schlechthin notwendig. Auf eine lange Strecke hin braucht der kindliche und jugendliche Mensch den tragenden Halt einer solchen gleichgerichteten Atmosphäre, bevor er Konflikte mit andersgearteten Wertvorstellungen als Herausforderung zur persönlichen Entscheidung bestehen kann.

Wie Pater Kentenich den mit solchen Andeutungen skizzierten epochalen Wandel unter pädagogischen Gesichtspunkten deutet, kann aus Äußerungen wie den folgenden hervorgehen: („Ich möchte erneut hinweisen) auf die radikale, und allseitige, die katastrophale Erschütterung der christlichen Gesellschaftsordnung bis in die Wurzel... Nur wer die umstürzende Wurzellosigkeit der heutigen Zeit versteht und ernst nimmt, ist genügend wach für Eigenart und Verknüpfbarkeit von Lebensfäden, die man unter normalen Verhältnissen kaum beachtet hat ... Sie waren da, waren miteinander verbunden und bildeten ein wohlgeordnetes Ganzes. Darum kamen sie den meisten nicht oder wenigstens nicht reflexiv zu Bewusstsein. Es ist hier ähnlich wie bei einem Prachtbau, einem Monumentalwerk aus ältesten Zeiten, dessen innere Strukturgesetze dem heutigen Architekten nicht mehr ganz zugänglich sind. Bricht der Bau aus irgendwelchen Gründen zusammen, so werden erst Linienführungen und Zusammenhänge sichtbar und fassbar, die vorher nicht oder nicht deutlich und sicher genug gesehen und erkannt werden konnten, die aber nunmehr beim Neuaufbau sorgfältigst beachtet werden können und wollen. Dieser Prachtbau ist die christliche Gesellschaftsordnung, die zertrümmert vor unseren Füßen liegt." (Studie 1954, 232)

Zu den „tragenden Pfeilern", den „Linienführungen und Zusammenhängen", die erst jetzt in einer zerfallenden Welt ganz sichtbar werden, gehören für Pater Kentenich also die Gesetzmäßigkeiten eines von einheitlichen Wertvorstellungen geprägten Milieus für das personale Reifen. In einer pluralistischen Gesellschaftsordnung müssen diese Gesetzmäßigkeiten auf andere Weise aufgegriffen und wirksam gemacht werden, als das in vergangenen Zeiten notwendig war. Deshalb verlegt Pater Kentenich den Ansatz seiner pädagogischen Bemühungen in die *Person.* Was nicht mehr wie von selbst, „funktional", wie er diesen Vorgang nennt, vom Eingebundensein des Einzelnen in eine homogene Atmosphäre her wirksam wird, muss durch verstärkte intentionale Hinwendung auf die Entwicklung der Eigenpersönlichkeit angestrebt werden. In der Ausfaltung dieses Ansatzes wird sich dann aber zeigen, dass – unter völlig veränderten Bedingungen und deswegen in veränderter Gestalt – doch auch bleibend eine Notwendigkeit für eine unterstützende, gleichgerichtete Atmosphäre besteht. Die Frage nach dem Wie einer möglichen pädagogischen Verwirklichung unter den Bedingungen einer pluralistischen Gesellschaftsordnung hat Pater Kentenich zeitlebens intensiv beschäftigt – und ist bis heute eine bleibende Herausforderung.

Erzieher in einer Zeitenwende

Individuum und Gemeinschaft

Die fortlaufende geistige und seelische Entwicklung weltweit hat Pater Kentenich in seiner ursprünglichen Zeitdiagnose ständig bestätigt: Der Trend zu „Entfremdung und Identitätsverlust" (Eugen Biser) scheint unaufhaltsam und führt zu immer größer werdenden Problemen für jede Art von Erziehung und sozialer Fürsorge. Für Pater Kentenich steht, wie bereits angedeutet, die unlösbare Verschränktheit zwischen Personwerdung und Hineingebundensein in Gemeinschaft und Gesellschaft deutlich vor Augen. Schon die Gesamtproblematik der pluralistischen Gesellschaftsordnung weist daraufhin: Individualismus und Vermassung sind Zwillinge aus der gleichen Wurzel. Wie zur Identitätsfindung die Bindung an Du und Wir gehört, so gehört umgekehrt zum Phänomen der Massengesellschaft die Erfahrung von Einsamkeit und Bindungslosigkeit. So werden für Pater Kentenich die beiden Brennpunkte seines pädagogischen Neuentwurfs sichtbar: Hilfe zur Ich-Findung und Ich-Verwirklichung durch eine „Idealpädagogik" und Hilfe zur Du-Findung und Wir-Findung durch eine „Bindungspädagogik".

„Erst Mensch – dann Christ – dann ganzer Mensch"

Aber es wird auch eine dritte Dimension in dem allem sichtbar, die Pater Kentenich stets vor Augen gestanden hat. Was wir bereits von der zersetzenden Kraft eines „mechanistischen Denkens" gesagt haben, was zur „desintegrativen Signatur unserer Zeit" gehört, reicht weit hinaus über den nur humanen Bereich. Es wirkt auflösend hinein in die Dimension des

Religiösen. Was für die Versuche zu Identitätsbildung und zum Knüpfen von Bindungen gilt – dass sie ankämpfen müssen gegen Zersetzungs- und Zerfallserscheinungen, die wie eine geheime, noch nicht ganz erkannte Zeitkrankheit wirken – gilt im gleichen Maß für die Gottesbindung des Menschen. Von der Bindungsflüchtigkeit und Bindungslosigkeit des modernen Menschen ist eben nicht nur seine eigene Identitätsfindung und -bewahrung wie auch jede Form menschlicher Sozialisation bedroht, sondern ebenso die personale Bindung an Gott und ihre Tragfähigkeit.

Hier wird eine Dimension der pädagogischen Bemühungen Pater Kentenichs sichtbar, die für sein ganzes System von Bedeutung ist. Religiöse Erziehung in Aszese und Pastoral konnte in der Vergangenheit im Wesentlichen auf eine intakte menschliche Natur bauen. Gerade diese Voraussetzung ist heute nicht mehr einfach gegeben. Deswegen muss religiöse Erziehung heute tiefer ansetzen. Eine „organische Aszese" und ganzheitliche Pädagogik im Sinne Pater Kentenichs umgreift auch natürlich-psychologische Vorgänge, nimmt alles Natürliche mit in ihre Heilssorge hinein. Die Sensibilität des modernen Menschen für das „Menschsein" und eine „humane Welt", seine Aversion gegen religiöses Menschentum, das nicht auch „natürlich", „menschlich", „normal" ist, das – mit einem Wort gesagt – nicht *human* genug ist, war für Pater Kentenich ein echter Ausdruck tief gefühlter Notwendigkeiten einer zeitgemäßen Pädagogik.

Deshalb gibt es für ihn zwar durchaus „Erziehung" nach den Gesetzmäßigkeiten der Psychologie, aber andererseits auch „Aszese und Pastoral" nach religiösen, mit der Realität der Gnade rechnenden Gesetzmäßigkeiten. Sein System als Ganzes hält aber die Zusammengehörigkeit und gegenseitige Verwiesenheit beider Seinsbereiche fest. Noch mehr: Gerade im Dienst der Ermöglichung eigentlich christlicher, gnadenhafter Menschwerdung setzt seine Pädagogik im natürlichen Bereich an, sucht eine

Gesundung und Reifung des natürlichen Menschen zu erreichen, um so eine tragfähige Grundlage und Brücke zum Christ-Werden zu ermöglichen. Sein Leitwort lautet dabei: „Erst Mensch – dann Christ – dann ganzer Mensch." Er sagte oft: „Der übernatürlichste Mensch muss der natürlichste sein." So wird verständlich, dass neben Idealpädagogik und Bindungspädagogik auch eine im Natürlichen verankerte, aber ins Übernatürliche hineinführende Bündnispädagogik tritt. Das ist sein Wurf einer zeitgemäßen Pädagogik – einer Pädagogik für das Leben unter den Bedingungen einer pluralistischen Gesellschaftsordnung.

Wandel im Menschenbild

Für das pädagogisch-pastorale Profil Pater Kentenichs wird seine Interpretation der Zeit insofern wichtig, als er darin als eigentlichen Kern einen Wandel des Menschen konstatiert. Diese Fähigkeit, aus dem Geist der Zeit eine solche tiefgreifende Veränderung des Selbst- und Weltverständnisses des Menschen zu erspüren, vergleicht er wiederholt mit dem Witterungssinn der Tiere, die kommende Naturkatastrophen im voraus wahrnehmen. Das führt bei ihm dazu, dass er schon sehr früh mit eigenartiger Hellsichtigkeit erkennt: Die Wandlung, in die der heutige Mensch durch die Zeitenwende unserer Epoche hineingeführt wird, ist nicht ein Generationswechsel wie andere, sondern wird den Menschen in seiner Eigenart auf Jahrhunderte hin prägen. Aus dieser Erkenntnis ergibt sich für ihn die zwingende Konsequenz: Wenn ein Wandel im Menschenbild der Kern der gegenwärtigen Zeitenwende ist, dann kommt im Interesse der Zukunftsgestaltung alles darauf an, dass jegliche Erziehung sich auf diesen veränderten Menschen einstellt. Und dies ist ein Mensch, für den der Wert der Freiheit an oberster Stelle steht, der von einer ausgesprochenen Sensibilität für Freiheit geprägt ist.

Als Mann der Kirche sieht Pater Kentenich seine Lebensaufgabe gerade darin: Aus den tiefen Quellen des Christentums schöpfend, am Werden des „neuen Menschen" mitzuarbeiten, der nach den Plänen Gottes aus dem Umbruch unserer säkularen Übergangszeit geboren werden soll. Die tiefste Sehnsucht unserer Epoche ist diese Neuwerdung des Menschen und der menschlichen Gesellschaft. Die entscheidende Auseinandersetzung besteht darum im Ringen unterschiedlicher Kräfte um die Formung eines neuen Menschentyps, der diesen in der Zeit liegenden Sehnsüchten entspricht. Es ist der „neue Mensch" einer „neuesten Zeit", die Pater Kentenich sich von den bisherigen Epochen der uns bekannten Menschheitsgeschichte noch namenlos abheben sieht. Hinter allen wirtschaftlichen, sozialen und politischen Auseinandersetzungen erkennt er letztlich den Kampf zwischen göttlich bestimmten Kräften und widergöttlichen Mächten, die sich in verschiedenen gesellschaftlichen und religiösen Gruppierungen „inkarniert" haben. Das macht im Kern unsere Zeit zu einer apokalyptischen Zeit. In einigen, fast willkürlich aus einer sehr großen Zahl von Texten ausgewählten *Zitaten* kommt er selbst zu Wort:

„Jede große Zeitepoche trägt ihr eigenes Menschenbild an der Stirne. Dieses Bild lebt in der Seele der zukunftsfrohen Jugend, es leuchtet uns entgegen auf den Fahnen aller Revolutionen. Das Menschenbild, das einer Zeit vorschwebt, bestimmt jeweils ihre Geschichte. Es ist das große Triebrad, das alle zeitgenössischen Strömungen in Bewegung und in Atem hält. Wie das Menschenbild, so das Geschichtsbild! Das gilt für alle Zeiten, will aber besonders für Gegenwart und nächste Zukunft beachtet werden. Die unerhörten Umsturzbewegungen, die wir miterleben, haben ihren tiefsten Grund im Umsturz, in der vollsten Umwertung des bisherigen Menschenbildes." (MWF 158f)

Pater Kentenich bleibt nicht bei solchen Geschichtsdeutungen stehen. Was ihn innerlich zutiefst bewegt, ist die Frage: Was kann ich, was muss ich tun, um in einer solchen Zeitenwende wirksam einzugreifen? Er will aktiv handeln, will sich Gott zur Verfügung stellen für die Veränderung der Zustände. Bezeichnend für ihn ist, dass er nicht an äußeren Veränderungen ansetzt, Strukturreform ist nicht sein unmittelbares Ziel. Was ihn umtreibt ist die Frage nach dem Menschen: Wie soll der veränderte Mensch am „anderen Ufer der neuesten Zeit" nach Gottes Plänen aussehen – und welche Konsequenzen hat eine Antwort auf diese Frage für die gesamte Erziehung? Diesem Ziel gilt seine Lebensarbeit.

Eine neue Blütezeit

„Wie aber mag die konkrete Auswirkung der göttlichen Idee morgen und übermorgen aussehen? Wir haben früher bereits darauf durch Hinweise auf unsere Zukunftsvision eine Antwort gegeben. Zunächst müssen wir gestehen, auf die Frage nach dem Morgen lässt sich nur die Antwort geben:

Allem Anschein nach benützt Gott Bolschewismus und Freimaurertum, um den Zusammenbruch aller bisherigen Ordnungen erst vollenden zu lassen." (Studie 1954, 163) Die Charakterisierung der treibenden Kräfte, die auf einen Zusammenbruch hinarbeiten, ist von seinen Erfahrungen in Europa und in Südamerika geprägt: „Bolschewismus" ist sein Stichwort für die destruktiven Kräfte hauptsächlich in Europa – „Freimaurertum" der Sammelbegriff für ähnliche Kräfte in Südamerika.

„Eine ausschließlich diesseitsorientierte, irrational und emotional eingestellte Zeit kann nur auf dem Wege des praktischen Lebens von ihren Irrtümern und Fehlgriffen überzeugt und zur Umkehr angeregt werden. Erst, wenn sie mit ihren Auffassungen überall im Raum anstößt und nirgendwo einen gangbaren Weg aus dem Labyrinth und Chaos findet, dürfte sie fähig und reif sein, sich auf den göttlichen Plan zurückzubesinnen und ihn zum Lebens- und Fahrplan zu machen. So erschütternd und erschaudernd eine solche Erkenntnis auch sein mag – die Logik der Geschichte zwingt dazu. Es bleibt nichts anderes übrig, als ihr ruhig ins Antlitz zu schauen und uns auf Hartes und Schweres gefasst zu machen. Vogel-Strauß-Politik führt nicht zum Ziel. So halten wir denn fest: Das Heute und das Morgen will nur als Übergang aufgefasst werden. Vorläufige Endstation der Weltgeschichte ist das Übermorgen. Dorthin eilen unsere Blicke mit großer Sehnsucht. Das Übermorgen umfängt unser Herz mit großer Wärme. Hat der Zusammenbruch seinen höchsten Grad erreicht, haben sich alle Kräfte samt und sonders leergelaufen, so dürfte die Erkenntnis durchbrechen, dass nur das Christentum fähig ist, die Welt vor dem Abgrund zu retten, dass es allein die Pläne Gottes, seine Uridee vom Menschen richtig deuten und verwirklichen kann. Dann erst ist eine Rückbewegung größeren Stils zu erwarten, dann erst beginnt die neue Blütezeit des Christentums, die Don Bosco prophezeit hat. In der Übergangszeit schauen wir voll Hoffnung auf das Idealbild, das sich übermorgen langsam zu verwirklichen anfängt. Wir leben aus dem Glauben, den das Buch der Weisheit in die Worte kleidet: ‚Deus sanabiles fecit nationes orbis terrarum.' (‚Gott hat die Völker des Erdkreises heilbar geschaffen', d.h. dem Sinn nach: Auch wenn sie geirrt haben – sie können gerettet werden.) Gleichzeitig bemühen wir uns um seine Verwirklichung. Es ist das Ideal des neuen Menschen in der neuen Gemeinschaft, wie es uns seit 1912 vor Augen schwebt, dem seither unsere ganze Liebe und Tatkraft gehört." (Studie 1954, 163f)

Gerade in diesen Zitaten ist die „prophetische Sprache" Pater Kentenichs besonders stark ausgeprägt. Man spürt seine innere Überzeugung, die wohl jeden Leser, auch noch im Abstand von Jahrzehnten, herausfordert. (Die meisten Texte dieser Art stammen aus der Zeit seiner Weltreisen Ende der Vierzigerjahre.) Wer kann schon so ohne weiteres solche Voraussagen an sich heranlassen, geschweige denn mitvollziehen: Zusammenbruch aller Ordnungen – die irregeleitete Zeit muss erst vollständig scheitern, dann kann sie eine Umkehr vollziehen...

Aber ebenso herausfordernd sind die Aussagen über die Zukunftserwartungen: Nur das Christentum kann die Welt vor dem Abgrund retten – es kommt eine neue Blüte des Christentums... Gott hat den Völkern die Gabe geschenkt, „heilbar" zu sein. Man kann nur mit einer gewissen Offenheit konstatieren, dass hier ein Mann wachen Geistes und gläubigen Herzens zu einer solchen Überzeugung gekommen ist. Wenn er tatsächlich Werkzeug von Gottes Geist war, wird dieser Heilige Geist selbst dafür sorgen, dass seine Inspirationen weiterwirken.

Eine geheime Sympathie Schönstatts mit der Zeit

„Wir haben seit 1912, das heißt von Anfang an, ein solches Ideal vor Augen gehabt. Es hat uns mit seiner Leucht- und Wärmekraft nie verlassen. Alles, was bisher bei uns geworden, ist ihm zu verdanken. Damals lag es ja noch latent im Schoße der Zeit, und es war nicht jedermanns Sache, seine geheimen Triebkräfte zu erspüren, wagemutig aufzugreifen und zielstrebig zu deuten. Heute hat sich die Situation geklärt. Heute ringt der Katholizismus in seiner Gesamtheit mit größerer Klarheit um dasselbe Ideal: um den neuen Menschen in der neuen Gemeinschaft, um den Werktagsheiligen, um den modernen christlichen Humanisten... Wegen der Gleichheit der Ideale verbindet eine geheime Sympathie Schönstatt mit der Zeit, erklärt seine Aktualität und Stoßkraft und bürgt für seine künftige Fruchtbarkeit.

Wir haben die Zeit immer nicht nur als Zusammenbruch aufgefasst, sondern auch als Aufbruch, nicht nur als Katastrophe und Ende, sondern auch als Übergang zu einer neuen Welt mit geheimen Wachstumsgesetzen, als Aufgang zu einem hellen Morgenrot, zu einer neuen Zeit, zu neuen Siegen der Braut Christi, seiner Kirche. Alles Gären und Brodeln deuteten wir als Gestaltwandel des Gottesreiches hier auf Erden. (....) Große neue Ziele verlangen entsprechende Mittel. Neue Lebensformen verlangen neue Lebensformungen, neue Lebensziele einen neuen Lebenswillen. Von dieser Erkenntnis getragen, haben wir von Anfang an nichts anderes sein wollen als eine ausgesprochene Erzieher- und Apostolatsbewegung hin zu dem einen großen Ziele, haben versucht, eine Erziehungsweise zu finden, die fähig ist, neue Menschen in einer neuen Gemeinschaft für die neue Zeit zu schaffen. Nach derselben Richtung geht heute das Bestreben der Gesamtkirche: hier schüchtern, dort stärker vorwärtsdrängend, hier anerkannt, dort bekämpft... Ob wir mit unserer Aszese und Pädagogik die Erwartungen erfüllen, die manche Kreise auf sie setzen, wird die Zukunft zeigen. Wirksamer als das verlässliche Wort und abgerundete Systeme sind Menschen und Gemeinschaften, die danach geformt sind..." (Epistola 1949, 86f, 89f)

Pater Kentenich muss am eigenen Leib leidvoll erfahren, dass starke innerkirchliche Kräfte die Zeichen der Zeit nicht verstehen. Sie sind nicht vorbereitet auf diese tiefste Herausforderung: Erziehung und Seelsorge umzustellen, einzustellen auf die Erfordernisse des heraufziehenden neuen Menschentyps für ein ganz neues Zeitalter. In solchen Übergangszeiten ist die starke Beharrungstendenz der Kirche – wie aller Religionen – ein Hemmnis. Pädagogische Pfadfinder und Pioniere müssen damit rechnen, dass sie nicht nur nicht verstanden, sondern im Namen vergangener Anschauungen und Formgebungen bekämpft und unterdrückt werden.

Was er von einem anderen Großen, von Vinzenz Pallotti, schreibt, gilt wohl in gleicher Weise auch von ihm selbst: „Häufig treten große Persönlichkeiten im Rahmen großer Geschichtsepochen auf. Beide scheinen einander zu bedingen. Auch darin zeigt sich wiederum Gottes Weisheit und Güte. Auf größere Bedürfnisse gibt er eine gleichgeartete Antwort. In Zeiten der Wende fassen die großen Pfadfinder der Menschheit die schöpferischen Kräfte der Vergangenheit in Person und Werk zusammen. Sie überwinden die Gegenwart mit ihren Nöten und Krisen und nehmen die Zukunft in origineller Weise vorweg. Sie sind das Abendrot der Vergangenheit, die Blüte der Gegenwart und das Morgenrot der Zukunft... Da sie ihrer Zeit weit voraus sind, werden sie vielfach zu Lebzeiten nicht verstanden. Sie müssen mit Verkennung und Verachtung rechnen. Verständnis und Gerechtigkeit, Rechtfertigung und Anerkennung dürfen sie meist erst nach ihrem Tode erwarten..." (OB 1949, 36f)

Natürlich sieht er sich und seine Lebensaufgabe nicht isoliert, er fühlt sich -gemeinsam mit allen zukunftsgerichteten Kräften – hineingenommen in die große Herausforderung, die in einer solchen Übergangszeit an alle geistige Führung ergeht: „Damit ist die Aufgabe katholischer Führungskunst in aufgewühlter Durchgangszeit gezeichnet: Sie muss aus Kenntnis und Schätzung kirchlicher Vergangenheit sowie aus Einfühlung in die Struktur der kommenden Weltordnung alle bestehenden Lebensformen auf ihre wesentlichen Grundprinzipien prüfen; sie muss bereit und fähig sein, das bloß Zeitbedingte fallen und aus den letzten Prinzipien der Natur- und Gnadenordnung neue Formen schöpferisch werden und wachsen zu lassen, wie Gott sie durch und für die Zeit verlangt." (Epistola 1949, 146f)

Bei ihm nun ist es so, dass man die „Geschichte einer Sendung" nicht von der „Geschichte einer Seele" ablösen kann. Alle, die ihn kannten, haben ihn als geborenen Erzieher erlebt. Persönlich muss ich bekennen, dass das mein Grunderlebnis von Pater Kentenich gewesen ist. In der Begegnung mit ihm habe ich die elementare Kraft einer Zeit- und Zukunftsdeutung erfahren, die schlechthin überzeugend war. Im Erleben seiner Gestalt, in langen und eindringlichen Gesprächen und Diskussionen, später auch in unserer Zusammenarbeit wurde mir deutlich, wie nahtlos bei ihm alles ineinander überging: seine persönliche Begabung für das Erzieherische, seine Deutung der Zeitsituation in einer Art prophetischer Intuition des gottgewollten Wandels des Menschenbildes, seine providentielle Führungsgeschichte, die ihn zum Gründer einer ausgesprochenen Erzieher- und Erziehungsbewegung werden ließ, und schließlich sein pädagogisches Engagement in dem Bemühen, das geschaute Bild des „neuen Menschen in der neuen Gemeinschaft" in der Erziehung der ihm von Gott anvertrauten Menschen Gestalt werden zu lassen.

Begleiten pädagogischer Prozesse

Entscheidendes Charakteristikum der Sendung Pater Kentenichs in Absetzung von anderen einflussreichen Gestalten seiner Zeit ist die Tatsache, dass seine gesamte Tätigkeit ein Begleiten pädagogischer Prozesse ist. Das beginnt mit der Gründung Schönstatts in einer kleinen Gruppe junger Männer und setzt sich über all die Jahre und Jahrzehnte fort, in stetig sich weitendem Radius und im Wachstum zu allen Höhen und Tiefen des christlichen Menschseins. Für Pater Kentenich bedeutet das einen fortlaufenden Übersetzungsprozess vom innerlich geschauten Bild in eine äußere Form. Dieser vollzieht sich im pädagogischen Vorgang mit konkreten Menschen in konkreten historischen Situationen. Die erste und wichtigste Form der Selbstverwirklichung bei der ihm von Gott übertragenen Sendung ist zeitlebens nicht das gesprochene oder geschriebene Wort, sondern das pädagogische Tun – so viel er später auch sprechen und schreiben wird. Fast alles, was wir von ihm an Vorträgen, Tagungsmitschriften, Exerzitienkursen, aber auch an Briefen, Abhandlungen und Ähnlichem haben, dient nicht der Reflexion und Ausarbeitung einer Systematik an sich – sondern dem Anstoßen, Begleiten und reflexiven Durchdringen immer neuer pädagogischer Wachstumsvorgänge.

Darin liegt – im Vergleich zu anderen großen Zeitgenossen – das unterscheidend Originelle, aber eben auch das Handicap Pater Kentenichs. Man erfasst leichter Werk und Wirkungsgeschichte zum Beispiel eines Theologen, der sich durch sein schriftstellerisches Tun ausweist und Einfluss verschafft. Demgegenüber steht ein Mann, der sich in einen erzieherischen Prozess übersetzt und einbringt, der sich mit seinem gesprochenen und geschriebenen Wort diesem pädagogischen Tun unterordnet, fast notwendig stärker im Schatten, im Hintergrund. Erst im Maße sich dieses erzieherische Tun in einer zwar langsameren, aber durch seine Jünger und seine geistliche Familie dann doch an vielen Stellen fassbaren Einwirkungsgeschichte als fruchtbar erweist, tritt die Gestalt eines solchen „Menschenbildners" in ihren Umrissen hervor. So war es in besonderem Maß etwa bei Benedikt in der Wirkungsgeschichte seiner Regel durch seine Klöster als Pflanzstätten abendländischer Kultur und zeitgenössisch-kirchlichen Lebens – und ist es bis heute.

So dürften sich denn überhaupt zum Vergleich weniger „universitäre" Theologen als vielmehr die großen Gründergestalten der Kirchengeschichte anbieten. Von ihnen sind – über ihre „Regel" oder „Konstitutionen", mehr noch durch die von ihnen geformten Gefährten und

Gemeinschaften, am meisten aber durch die Kraft ihrer pädagogischen Zielvorstellungen – kaum zu überschauende Wirkungen zur Prägung des jeweiligen zeitgeschichtlich bestimmten Gesichtes der Kirche ausgegangen. Pater Kentenich vergleicht gelegentlich die ihm von Gott geschenkte Sendung mit der früherer Ordensgründer und meint, dass unter *einem* Gesichtspunkt seine Aufgabe schwieriger sei: Weil wir in einer Zeit und Welt leben, die durch einen totalen Auflösungsprozess aller überkommenen Werte und Bindungen gekennzeichnet ist.

Für Pater Kentenich ist die Krise, in die uns die epochale Übergangszeit stellt, so tiefgreifend, der Traditionsbruch und damit gegebene Auflösungsprozess so allseitig und radikal, dass eine neue „Methode" der Pädagogik nicht ausreicht, um schöpferisch am Werden des „neuen Menschen" mithelfen zu können. Andererseits ist es auch nicht getan, wenn nur im Bereich der Frömmigkeit anpassende Veränderungen vorgenommen werden. Nach ihm geht es um nichts weniger als um eine menschliche und christliche, natürliche und gnadenhafte „Neugeburt" – als tiefster Sinnerfüllung der Krise unserer Zeit.

Von daher ist seine pädagogische Zielstellung als „christlicher Humanismus" zu verstehen und sein Beitrag als zeit-notwendige Synthese von Pädagogik, Spiritualität und Pastoral. Diese Synthese ist nach den üblichen Schemata nicht recht einzuordnen. Ein Neutestamentler hat die Wirksamkeit Jesu bei der Schulung seines Jüngerkreises studiert und im Blick auf unsere Zeit festgestellt: „Das Grundproblem scheint mir heute darin zu liegen, dass zu fragen ist, wo in der heutigen Welt solche Lernprozesse vorwiegend stattfinden können... Denn die von Jesus angezielten Lernprozesse einer kritisch reflektierenden Menschwerdung in Richtung auf ‚Reich Gottes' haben in den herrschenden Systemen von Schule und Kirche keinen rechten Platz." (Josef Blank)

Es fällt gar nicht so leicht, von solchen Zusammenhängen her die Frage zu beantworten, in welchem Sinn Pater Kentenich „Philosoph" oder „Theologe", „Psychologe" oder „Pädagoge" ist. Nach dem vorherrschenden heutigen universitären und hoch spezialisierten Verständnis von „Wissenschaft" trifft wohl keines von all dem auf ihn zu. Aber sicher scheint mir, dass er eines verkörpert – aus Leidenschaft und Berufung -, das es im heutigen Wissenschaftsbetrieb gar nicht gibt, und doch zur Überwindung der tiefsten Krise unserer Zeit notwendig geben muss: Er ist *prophetischer Menschenbildner.*

Die Entstehung des pädagogischen Wurfs

Von der Ur-Intuition zum pädagogischen System

Dem pädagogischen Konzept Pater Kentenichs zugrunde liegt sein oft gehörtes Bekenntnis, dass er seit frühen Jahren ein Bild des „Neuen Menschen" wie eine angeborene Idee in sich trage. Dieses Bild begann sich von Beginn seiner Erziehertätigkeit an zu konkretisieren und auch reflexiv auszuformulieren. Langsam fortschreitend entwickelte sich so sein pädagogisches System: *Idealpädagogik – Bindungspädagogik – Bündnispädagogik*. Dabei geht es um einen eigenartigen, aber für Pater Kentenich schlechthin charakteristischen Prozess der Entfaltung von in ihm angelegten Ur-Intuitionen durch Lebensbeobachtung und Erprobung, durch Übersetzung und Anwendung seiner inneren Anlagen und Antriebe. In diesem Prozess gibt es sozusagen „Zwischenergebnisse", wenn er nach einer Zeitspanne Rückschau hält über die Lebensvorgänge in ihm und um ihn. So stellt er selbst es zum Beispiel folgendermaßen dar:

„Wie originell die Welt war, die langsam in mir geworden und die sich angestaut hatte, kam mir 1919 erstmalig zum Bewusstsein. Damals hielt ich den ersten Einführungskurs in Schönstatt für eine Handvoll Akademiker, vorzüglich für Theologen. Was ich ohne spezielle Vorbereitung – gleichsam wie aus dem Handgelenk hingeworfen – damals vortrug, wurde so außergewöhnlich neu in Form und Inhalt, in Tief- und Weitsicht, in Gegenwartsnähe und Zukunftsschau empfunden, dass es mir tatsächlich zum ersten Mal klar wurde, wie neu und ungewohnt die Welt war, die in mir lebte und wirkte. Mit meiner ständig wachsenden Gefolgschaft baute ich mit der Zeit vielfältig eigene, fliegende geistige Inseln, auf die wir uns inmitten einer andersdenkenden Welt zurückzogen, um im Gegensatz zu unserer Umgebung das Leben zu leben, wie es in der Kirche am anderen Ufer einmal gang und gäbe sein würde." (Apologia 1960, 128)

In diesem Zitat wird besonders deutlich und anschaulich, dass er in seinem erzieherischen Tun mit den Menschen und Gruppen seiner Bewegung sich den Raum schuf, in dem Lern- und Lebensprozesse stattfinden können. Sein originelles Anschauungsbild sind die „vielfältig eigenen, fliegenden geistigen Inseln" als schöpferischer Rückzugsort. So ist die originelle Eigenwelt der Schönstattbewegung entstanden.

Geschichtliche Entwicklung

Im Zuge ihrer Ausbreitung tritt die Schönstatt-Bewegung zunächst mit ihrer *Idealpädagogik* an die interessierte Öffentlichkeit. Als Pater Kentenich 1912 eine erzieherische Aufgabe bekommt, kann sich die bereits in ihm lebende Vorstellung von Pädagogik konkret entfalten. Noch hat er die reflexive Ausformulierung nicht gefunden, doch im erzieherischen Tun vollzieht sich der „Geburtsprozess". Bei den Jungen im Studienheim der Pallottiner setzt Pater Kentenich darauf, sie im klaren und bewussten Gegensatz zur herrschenden Vorstellung und Methode für große Ziele und hohe Ideale zu gewinnen und das erzieherische Streben entsprechend von innen her zu motivieren.

Begonnen hat er dabei mit seinem „Programm der Selbsterziehung als Imperativ der Zeit, der Religion und der Jugend", das zwar durchaus eine religiöse Ausrichtung hat, aber – in Anpassung an das Entwicklungsstadium der Jungen – stark ethisch bestimmt ist. Langsam ist im Weiterwachsen das Religiöse stärker in den Vordergrund gerückt worden, ganz stark und – von den Wachstumsgesetzen des organischen Reifens her gesehen – in einem Sprung dann in der „Gründungsurkunde": Den „denkbar höchsten Grad standesgemäßer Vollkommenheit und Heiligkeit" wollen sie anzielen. Aber das alles als „Ideal", als verlockendes Ziel, auf das hin alle Sehnsucht und alle Strebekraft der Seele geweckt und in Bewegung gesetzt werden soll. Das ist gut biblisch und ur-christlich: nicht als Pflicht, als preußisches „Muss", sondern als Begeisterung, als Hingerissensein vom lockenden Ideal.

In einem Seelenführergespräch, wohl 1917, fällt dabei erstmalig der Ausdruck *„Persönliches Ideal"* für die individuelle Form solchen gemeinsamen Idealstrebens. Erst 1924/25, als durch viele Kurse in einer immer breiter werdenden interessierten öffentlichen Meinung die Pädagogik und Aszese des „Persönlichen Ideals" als typischer Neuansatz der Schönstattspiritualität bekannt geworden ist, wird Pater Kentenich aufmerksam gemacht auf eine Parallele zu der Terminologie Eduard Sprangers (1882-1963). Für den bekannten Philosophen, Pädagogen und Psychologen, der die pädagogische Diskussion in der ersten Hälfte des 20. Jahrhunderts nachhaltig geprägt hat, gilt die innere Formung des Menschen ebenfalls als Ziel der Bildung; er verwendet den Begriff „Persönliches Ideal", um damit typologisch gefasste „Lebensformen" zu bezeichnen.

Relativ schnell wird dieser neue pädagogische Weg Schönstatts bekannt und diskutiert. Pater Kentenich und seine Mitarbeiter werden zu Vorträgen und Tagungen eingeladen, zum Beispiel von der Zentrale der katholischen Jugend in Altenberg und Düsseldorf; ihr Leiter Prälat Ludwig Wolker (1887-1955) kommt mehrere Male nach Schönstatt, um diesen neuen Lebensaufbruch zu studieren. In den verbreiteten Zeitschriften entsteht eine lebhafte Diskussion – um einige Namen zu nennen: Alois Wurm (1874-1968), Schriftleiter einer einflussreichen katholischen Zeitschrift („Die Seele"); Pater Johannes Lindworsky (1875-1939), Jesuit und Psychologe, durch mehrere vielgelesene und -diskutierte Bücher („Psychologie der Aszese",

„Willensschule") einer der Wegbereiter psychologischer Einflüsse im Bereich katholischer Spiritualität; Friedrich Schneider (1881-1974), Professor für Pädagogik und Psychologie in Bonn und Köln („Katholische Familienerziehung", „Die Praxis der Selbsterziehung"). Von diesem damals bekannten und einflussreichen katholischen Pädagogen, der sich selbst intensiv mit Pater Kentenich auseinandergesetzt und ihn mehrmals in Schönstatt besucht hat, stammt auch eine erste Würdigung der schönstättischen Idealpädagogik. 1937 schreibt er im „Hochland", der angesehenen katholischen Zeitschrift, die auf hohem Niveau das „Aushängeschild" des deutschen Katholizismus in gebildeten Kreisen ist: „Die in ihr (der Schönstatt-Bewegung) vertretene und auch schon mannigfach bewährte Theorie und Praxis des Persönlichen Ideals erscheint dem prüfenden Blick als die aus katholischer Welt- und Lebensanschauung unternommene schöpferische Synthese dessen, was über diesen Problemkreis gedacht und in der pädagogischen Wirklichkeit erprobt wurde. Dabei will ich durchaus nicht sagen, dass der Vater dieser Bewegung durch kritisches Studium der gesamten Literatur, die sich mit der Problematik der transzendentalen und immanenten Idee des Menschen und ihren pädagogischen Folgerungen beschäftigt, zu der heutigen Erziehungslehre Schönstatts gelangt sei. Mehr als ein Umstand spricht dafür, dass sie vielmehr in erster Linie das gnadenhafte Geschenk psychologischer und pädagogischer Begabung ist". (1937/38, S. 472)

So wird Schönstatt In den folgenden Jahren mit seiner Idealpädagogik in weiten Kreisen bekannt. Es entsteht eine öffentliche Diskussion und auch wissenschaftliche Auseinandersetzung, in der sich bekannte Theologen und Religionspädagogen – wie z. B. Hans Eduard Hengstenberg, Josef Goldbrunner, Theoderich Kampmann, Urs von Balthasar – mit den von Schönstatt ausgehenden Anstößen beschäftigen. Leider bricht die Diskussion dann ab, da sich Ausrichtung und

Denkweise der Philosophie grundlegend ändert: Die Wertphilosophie und eine entsprechende religiöse pädagogisch-pastorale Orientierung verschwinden praktisch aus dem Gesichtskreis. Doch die neuen Fragestellungen können von Schönstatt aus nicht mehr aufgegriffen werden, denn dieses ist inzwischen in einen Existenzkampf um Sein oder Nichtsein innerhalb der Kirche hineingezogen worden, der alle Kräfte beansprucht.

Von den Anfängen der Bindungspädagogik zur Bündnispädagogik

Gegenüber der Idealpädagogik stehen die Anfänge der Bindungspädagogik über lange Zeit in der Wahrnehmung viel stärker im Hintergrund. Das gilt jedoch nicht für ihre funktionale Anwendung. Ohne viel Reflexion ist die Erziehungsmethode Pater Kentenichs von Anfang an dadurch gekennzeichnet, dass er nach allen Seiten hin Bindungen knüpft und sie in einer kontinuierlichen Pflege langsam ausreifen lässt. Vorrangig sind dabei für ihn vor allem die *personalen Bindungen* in ihrer Vielfalt – sowohl in der natürlichen Familie zu den Eltern und Geschwistern wie auch zu den Gruppenmitgliedern in der allmählich wachsenden religiösen Familie des „Apostolischen Bundes" – wie die Schönstatt-Bewegung damals genannt wird. Dazu kommen aber auch die kindliche Bindung an Erzieher oder Priester und umgekehrt die väterliche/mütterliche Bindung als Priester, Lehrer und Lehrerin den Schülern gegenüber.

Eine große Rolle spielt von Anfang an in Schönstatt die Pflege *lokaler Bindungen* – zunächst an den Ort Schönstatt mit dem Zentrum seines Gnadenheiligtums der Gottesmutter, aber bald umfassend als Heimat überhaupt. Und das alles sowohl auf natürlicher wie auf übernatürlicher

Ebene: Bindungspädagogik geht unmerklich und wie selbstverständlich in *Bündnispädagogik* über, ohne dass diese Ausdrücke so schon existiert hätten. So ist mehr als 20 Jahre lang „Schönstatt-Pädagogik" inhaltlich gleichbedeutend mit „Idealpädagogik".

Zwei Faktoren führen dazu, dass schließlich das Funktionale auch zum reflexiv Formulierten ausreift, dass sich „Idealpädagogik" hin zu „Ideal-, Bindungs- und Bündnispädagogik" als typischem Konzept der Schönstatt-pädagogik weiterentwickelt. Der erste Faktor liegt im internen Bereich selbst. Wie bereits hervorgehoben, gehört zum schöpferischen Vorgang des „Beobachtens" und „Vergleichens" bei Pater Kentenich auch das Wahrnehmen und Begleiten der Reaktionen seiner Gefolgschaft auf die pädagogischen Zielvorstellungen Schönstatts. Dabei stellt er in wachsendem Maße die pädagogische Fruchtbarkeit und Bedeutsamkeit eben jener mehr funktional wirkenden pädagogischen Faktoren fest, die er immer mehr als „Bindungen" oder „Bindungsorganismus" zusammenfassend in den Blick nimmt. Soziologisch gesehen kommt dazu als zweiter Faktor die Beobachtung eines Vorgangs von allgemeinster Verbreitung und Bedeutung, den er wachsend als *Bindungsflüchtigkeit des modernen Menschen und als Zerfall eines naturgemäßen Bindungsorganismus* zu erfassen und zu werten lernt. So verläuft der Binnenvorgang des Wachstums eines Bindungsorganismus im Inneren der Schönstatt-Bewegung parallel zu Auflösungstendenzen von Bindungen auf der gesellschaftlichen Ebene.

Aufgrund dieser doppelten Entwicklung rückt Pater Kentenich nun die Bindungspädagogik – als charakterisierendes Kennzeichen der typisch schönstättischen Pädagogik – gleichberechtigt neben die Idealpädagogik und betont dabei, um auf die inneren Zusammenhänge des natürlich-übernatürlichen Wechselspiels zwischen Natur und Gnade aufmerksam zu machen, noch einmal speziell die *Bündnispädagogik*. Als konkrete Umsetzung der Bündnisspiritualität ist sie ein weiteres Spezifikum im pädagogischen Konzept Pater Kentenichs. Ausgehend vom Liebesbündnis mit der Gottesmutter – dem Herzstück schönstättischer Spiritualität – richtet sie den Blick auf die gesamte Heilsgeschichte als Bündnisgeschichte und auf das *Bündnis* als Urform der Beziehung zwischen Gott und Mensch. Es geht bei der Bündnispädagogik also um diese besondere Form der Bindung und deren pädagogische Wirksamkeit bei der konkreten Gestaltung und Vertiefung von Beziehungen auf allen Ebenen.

Für Pater Kentenich stellen die drei Jahre im Konzentrationslager Dachau – mit der Extremsituation tausender auf engstem Raum unter ständiger Entbehrung und Lebensgefahr zusammengepferchter Menschen – und die dabei gemachten Beobachtungen eine wichtige Erfahrung in diesem Ausgestaltungsprozess dar. Er fasst das Ergebnis dieses schrecklich erhellenden Beobachtungs- und Vergleichs-Prozesses immer als eine Bestätigung seiner jahrzehntelangen Beobachtungsfahrten in das moderne Seelenleben auf und sieht darin eine Sinndeutung seines Dachauaufenthaltes. Bei seiner Einlieferung ins KZ ist er immerhin über 56 Jahre alt und schaut auf ungefähr 30 Jahre pädagogisch-seelsorglichen Wirkens zurück. Durch diese Erfahrungen und die immer fortschreitende geistig-seelische Entwicklung des Menschen in unserer Zeit rückt für ihn die Bindungspädagogik in ihrer zeitgemäßen – meint: „die Probleme der Zeit überwindenden" – Bedeutung an die erste Stelle. Das wird noch verstärkt durch die Erkenntnis, dass die *Krankheit* der zunehmenden Bindungslosigkeit von den „Ärzten", d. h. den Erziehern im kirchlichen wie außerkirchlichen Raum, offensichtlich kaum diagnostiziert ist, deshalb auch nicht entsprechend bekämpft werden kann.

Ein weiteres Mal weitet sich sein Gesichtskreis und damit das Feld seines Beobachtens und Vergleichens auf seinen großen Weltreisen von 1947 – 1951. Seine erneute Einsicht in die geheime Zeitkrankheit des Zerfalls der Bindungen und des dahinterstehenden „mechanistischen und separatistischen Denkens" verstärkt den Verantwortungsdruck, der auf ihm lastet. Dieser führt Pater Kentenich zu dem „verzweifelten" Schritt, die bischöfliche Visitation der Marienschwestern im Februar 1949 als Anlass zu nutzen, eine sehr freimütige Stellungnahme zu verfassen. In der „epistula perlonga" vom 31. Mai 1949 bezieht er kritisch Position zu der vor allem im deutschen Katholizismus herrschenden Mentalität, unter Einschluss führender, auch hierarchischer Kreise. Nach seiner Meinung haben die Verantwortlichen für die kirchliche Pastoral die Zeichen der Zeit nicht genügend erkannt und betreiben Seelsorge an einem Menschen, der so schon nicht mehr existiert. Den Krankheitskeim des mechanistischen Denkens und seine Auswirkungen in Gestalt wachsender Bindungslosigkeit haben sie noch nicht entdeckt, sie sind deshalb zu einseitig an der Vergangenheit und zu wenig an der Zukunft orientiert. Sein Schreiben führt zur Anklage mangelnden Gehorsamsgeistes der kirchlichen Autorität gegenüber und in der Folge zu seiner Absetzung und Verbannung – für 14 Jahre. Nach Einschätzung Pater Kentenichs selbst ist das die tragische Folge seines verzweifelten Rufens, um auf psychologische Vorgänge von unabsehbaren Folgen aufmerksam zu machen – „Prophetensendung schließt immer auch Prophetenlos in sich."

In diesem raschen Überblick über geschichtliche Vorgänge im Wachsen und in der Wirkungsgeschichte der Schönstatt-Pädagogik soll deutlich gemacht werden, dass hinter der Trias von „Ideal-, Bindungs- und Bündnispädagogik" die reiche Erfahrung gewachsenen Lebens steht. Dieser pädagogische Wurf ist nun noch näher zu zeichnen.

Idealpädagogik – „Bei deinem Namen rufe ich dich!“

Die Idealpädagogik ist also *der* Neuansatz der Schönstattpädagogik mit dem Ziel des freien, festen, von innen her motivierten, des „Neuen Menschen". Für Pater Kentenich ist es der innere Kern seines pädagogischen Konzeptes, durch den er alles Große und Gute, das im Menschen angelegt ist, zur Entfaltung bringen möchte. Dabei setzt er der Erziehung zu bloßer Pflichterfüllung die Möglichkeit der freien Entscheidung entgegen. Das angestrebte Ziel mag das Gleiche sein, der Weg ist ein völlig anderer, wenn der Mensch statt „Ich muss" von ganzem Herzen „*Ich will*" sagen kann. Angestrebte Werte oder Haltungen sind dann so darzustellen, dass sie dem Menschen leuchtend vor Augen stehen und er eigene Einsicht in deren Bedeutung gewinnt. So macht er sich schließlich freiwillig auf den Weg, in entsprechender Weise zu leben.

Diesen Neuansatz in der Pädagogik kann man zu recht als *Paradigmenwandel* bezeichnen. Ihm liegt die Überzeugung zugrunde, dass Gott in jeden Menschen als sein Abbild etwas Großes gelegt hat, einen „Funken seiner Selbst". Er basiert also auf einem Menschenbild, das die Fähigkeit zum Guten in jedem Menschen voraussetzt. Idealpädagogik baut auf die in der menschlichen Seele angelegte Sehnsucht, sich zu entfalten und aus freien Kräften nach Großem zu streben. Sie will also etwas in Bewegung setzen im Menschen und appelliert an seine Fähigkeit, sich für Werte und Ziele, für Ideale christlichen Lebens – wie Jesus selbst sie uns vor Augen stellt – zu begeistern. Sie gipfelt in dem freien Entschluss, sich bewusst für diese Werte zu entscheiden und einzusetzen. Der so geprägte Mensch tut dann nicht, was alle tun, weil „man" es so macht, sondern ist in der Lage, eigenständige Entscheidungen zu treffen und dafür einzustehen. Die so verstandene Idealpädagogik fördert deshalb wesentlich die Persönlichkeitsbildung und hat damit – wie auch ein Blick in einschlägige Veröffentlichungen heutiger Pädagogik und Psychologie zeigt – nichts von ihrer

Aktualität und Bedeutung eingebüßt. Im Folgenden werden verschiedene grundlegende Aspekte der Idealpädagogik aufgezeigt.

Idealpädagogik als Haltungspädagogik

Für Pater Kentenich ist die erstellte Zeitdiagnose der Hintergrund für all seine pädagogischen Einsichten: Es vollzieht sich ein radikaler Kultur-Umbruch, dessen Kern im Verlust eines einheitlichen tragenden Milieus besteht.

„Darin liegt eine große Tragik, dass wir vielfach Seelsorge betreiben, als hätten wir eine gemeinsame Mentalität, als wäre der Kulturumbruch noch nicht da. Wenn ich sage, wir haben einen Kulturumbruch zu verzeichnen, dann will ich damit erklären: Was wir im Mittelalter hatten, diese spezifisch katholische Mentalität in der Öffentlichkeit und im privaten Leben, ist heute nicht mehr vorhanden. Wollen Sie sich bitte einmal vorstellen: Da ist eine Familie, in der eine ausgeprägt katholische Mentalität wirksam ist. Was mussten Vater und Mutter tun, dass auch wir durch und durch christlich und katholisch werden? Sie müssen sorgen, dass wir die Atmosphäre in uns aufnehmen, die in der Familie herrscht, dann werden wir mit der Zeit sicher auch echt katholische Menschen. Pädagogisch gesprochen sagen wir: Hier wirkt das christliche Lebensideal als Funktion. Was heißt das? Hier funktioniert der Organismus: Ich komme in den Organismus hinein und werde sofort von demselben durchflutet als funktioneller Teil des Organismus. In einer derartigen Familie kann die Mutter ruhig sagen: ‚Kinder, heute ist Fasttag' oder: ‚Jetzt ist Pfingstzeit' , das schadet nichts, dann wirkt das, weil die Grundhaltung spezifisch katholisch ist. Nehmen Sie aber einen anderen Fall. Setzen Sie bitte einmal voraus: Da ist eine Familie, wie wir sie heute zu Legionen haben, einigermaßen christlich, katholisch. Aber im Allgemeinen durchweht doch auch der Zeitgeist diese Familie. Wie kann ich nun dafür sorgen, dass die einzelnen Glieder dieser Familie eine christliche, katholische Mentalität bekommen? Die Antwort: Da muss das christliche Ideal als Aufgabe wirken. Dann muss ich das, was ich sonst christliches Lebensideal nenne, immer und immer wieder herausstellen und hinstellen vor das geistige Auge der einzelnen Glieder der Familie und danach streben, es zu erreichen. So wird das, was als Ideal, als Aufgabe vor uns steht, mit der Zeit auch einmal Funktion werden." (Ethos 1931, 190ff)

Darin stecken zwei pädagogische Grundeinsichten, die seine Idealpädagogik geprägt haben: Erstens – menschliches Leben und Streben geschieht nicht von Fall zu Fall, sondern fließt heraus aus einer seelischen Grundhaltung. Gerade das aber ist im heutigen Kulturumbruch und seinen psychologischen Auswirkungen aufs höchste gefährdet: Was sich als Identitätsbildung mit gewachsener seelischer Grundhaltung in einem soziologisch einigermaßen homogenen Milieu *funktional* einstellt, ist in unserer pluralistischen Gesellschaftsordnung nicht mehr gesichert. Eine zeitgerechte Pädagogik muss also wesentlich die Frage anpacken, wie unter unseren vorgegebenen Bedingungen solche seelische Haltungen wachsen und sich durchhalten können.

Die zweite Grundeinsicht heißt: Auch wenn das intentionale pädagogische Bemühen wesentlich stärker auf die Personwerdung und Persönlichkeitsbildung konzentriert werden muss als unter früher geltenden Bedingungen, ist doch in einem gewissen Maß eine homogene Atmosphäre wenigstens zeitweise notwendig, in die der Einzelne eintauchen kann. Und das wesentlich deswegen, weil er sonst kaum ein Leben lang in der Herausforderung einer pluralistischen Umwelt seine Identität wahren und durchtragen kann. Auf beide pädagogische Herausforderungen will die

Idealpädagogik antworten, wie Pater Kentenich sie verstanden und entwickelt hat. Deshalb formuliert er lapidar: "Die mentalitätsbildenden Gesetze müssen heute reflexiv klarer gesehen werden." (PT 1950, 160)

Das Persönliche Ideal

Der wohl originellste Ansatz der Idealpädagogik Pater Kentenichs ist das *Persönliche* Ideal. Er basiert auf der Überzeugung, dass jeder Mensch eine ganz einmalige Schöpfung Gottes mit einer originellen Persönlichkeit, Aufgabe und Berufung ist. Dies gilt es zu entdecken – den göttlichen Funken in unserer Seele. Es geht dabei also nicht um ein *von außen kommendes* Ideal, dem ich möglichst genau zu entsprechen versuche, sondern um mein urpersönliches inneres Selbst, das alle Kräfte in mir mobilisieren kann. Anschaulich wird der Vorgang, wenn ich das biblische Ur-Wort auf mich persönlich anwende: „Bei Deinem Namen habe ich Dich gerufen: Du bist Mein!" (Jes. 43,1) Das Persönliche Ideal ist nichts anderes als der Versuch, im Hineinhören in die eigene Tiefe und im Heraushören aus den Fügungen und Führungen der göttlichen Vorsehung in meinem Leben, diesen „Namen" immer deutlicher wahrzunehmen, zu erkennen und ihm einen Ausdruck zu verleihen.

Beim Entdecken des Persönlichen Ideals geht es um „ein *Wachwerden.* Und meistens ist das auch so: Unser persönliches Ideal schlummert tief im Innern, im Unterbewussten. (...) Das sind alles Dinge, die irrational in mir lebendig sind. (...) Mein persönliches Ideal, das soll ein Kern*erlebnis* sein, keine Kern*erkenntnis.* Es muss eben das Irrationale, was in mir steckt, auch was religiös verankert ist, zum Ausdruck kommen. (...) Das ist das Kernstück, weshalb ein persönliches Ideal überaus wertvoll ist. Das ist etwas, was keimhaft in mir steckt und zum Bewusstsein erhoben wird, bis es nachher als Funktion wieder wirkt. Es muss doch irgendetwas sein, (...) was eine Antwort gibt auf meine Urbedürfnisse, (...) etwas in mir getroffen hat, sonst hätte ich das ja gar nicht. (Vorträge 1963, 6, 198 f)

Theorie und Praxis des Persönlichen Ideals zielen darauf, dass aus dem Erahnen und Erkennen dessen, was Gott im jeweiligen Menschen grundgelegt hat, *eine seelische Grundhaltung* entsteht. Früher hat man dies in der bekannten Formel der scholastischen Philosophie ausgedrückt: „Habitus fit per repetitionem actuum." „Eine Grundhaltung entsteht durch die Wiederholung einzelner Akte." Diese Aussage trifft jedoch nur dann zu, wenn die einzelnen Handlungen von innen her motiviert sind, wenn sie mit einem inneren Wert verbunden, „wertgesättigt" sind. Andernfalls bleiben sie nur mechanische Routine, ohne dass die Seele eine geschlossene, einheitliche Grundhaltung entwickelt. Genau um diesen inneren Prozess geht es aber. Und als pädagogischen Weg zu diesem Ziel sieht Pater Kentenich das Persönliche Ideal. Er übernimmt dabei die Ausdrucksweise der Wertphilosophie: In jeder Seele existiert eine ganz bestimmte *Wertempfänglichkeit*, die sozusagen instinktiv reagiert, wenn sie auf bestimmte Werte trifft. So entsteht langsam eine individuell geprägte Mentalität.

Pater Kentenich sagt: „Diese Geistesgestimmtheit, dieses Persönliche Ideal, ist eben das, was im menschlichen Leben alle einzelnen Handlungen strafft auf einen Zentralgedanken und eine Zentralhaltung. Das ist im menschlichen Leben das, was den Menschen zu einem ganzen Menschen, zu einem großen Menschen, zu einem Menschen von Format macht. Das finden Sie bei jedem großen Menschen, bei allen großen Heiligen." (Ethos

1931, 210) Weil diese Gesetzmäßigkeit einfach in der menschlichen Natur angelegt ist, hat es das immer gegeben: „Die Theorie als solche ist neu, die Tatsache aber ist so alt, als es Menschen gegeben hat, die ernst gerungen haben... Eine spezifische Mentalität finden sie bei allen Heiligen, auch beim Heiland." (Ethos 1931, 209)

Nun hängt natürlich alles von der pädagogischen Handhabbarkeit dieser Lehre vom Persönlichen Ideal ab. Dafür hat Pater Kentenich eine eigene Terminologie geschaffen, die zwar deutlich von der Wertphilosophie beeinflusst ist, aber in der terminologischen Bestimmung die von ihm in der Beobachtung des Seelenlebens und seiner Entwicklung entdeckten Gesetzmäßigkeiten fassen und beschreiben will. So definiert er:

Gottgewollter Grundzug und Grundstimmung

„Das Persönliche Ideal ist der gottgewollte Grundzug und die gottgewollte Grundstimmung der begnadeten Seele, die, getreulich festgehalten, in organisch-gnadenvoller Entwicklung sich ausreifen zur vollendeten Freiheit der Kinder Gottes." (APL 1928, 136) Die beiden „technischen" Ausdrücke sind also: „Grundzug" und „Grundstimmung". Beide versuchen den Lebensvorgang der individuell geprägten Wertempfänglichkeit der Seele zu fassen. Dabei ist mit „Grundzug" das „aktuelle Gezogensein" durch bestimmte Werte gemeint, die jetzt meine persönliche Interessenperspektive stark gefangen nehmen, motivieren und inspirieren. „Grundstimmung" ist dagegen die schon erreichte Wertsättigung meiner Seele, die nicht nur vorübergehend, sondern bleibend (habituell) bestimmte Werte aufgrund ihrer geprägten Wertempfänglichkeit verinnerlicht hat. „Grundzug ist ein aufgrund der in der Seele gegebenen Anlage entstehender Zug der Seele, Grundstimmung der in der Seele zur vollen Herrschaft gelangte Grundzug.

Das Primäre ist also der aktuelle Grundzug, die Grundstimmung das Entwickelte." (1926,7)

Zum Unterschied von peripheren und oberflächlichen Vorgängen dreht es sich in beiden Fällen immer darum, dass die Wertempfänglichkeit die Seele in ihrem „Grund" berührt und dadurch aktualisiert wird, sonst hat ein solcher Vorgang nichts mit dem Persönlichen Ideal zu tun. Gerade für die pädagogische Handhabung ist es – bei Selbst- und Fremderziehung – entscheidend, zu spüren, ob in durchhaltender Dauer und Intensität der Tiefengrund der Seele in Bewegung geraten ist – dann kann man im „getreulichen Festhalten" dem anfänglichen Grundzug zur Ausreifung verhelfen und dadurch den Personkern stärken und entwickeln. Wenn es dabei in beiden Fällen, dem aktualen Gezogensein wie dem habitualen Ausruhen im Wertbesitz, um etwas Gottgewolltes geht, ist damit zunächst das meiner Natur Entsprechende gemeint: „Gott hat die Natur geschaffen und hat der Seele durch die ihr gegebenen Anlagen seinen Willen gleichsam eingeschaffen. Er hat das, was er mit mir vorhat, grundgelegt in meiner Seele. Wenn ich also aus den Grundanlagen meiner Seele und ihrer Richtung mein Ziel erkenne, ist dieses erkannte Ziel keine willkürliche subjektive Konstruktion, sondern objektiv, weil Gottes Wille." (1926,9)

„Gottgewollt" hält sodann auch die ständig notwendige Korrektur fest, die gegen das Abgleiten in das nicht meiner Individualität Entsprechende oder das ethisch nicht zu Rechtfertigende immer wieder aktiviert werden muss. Ein Grundzug in der Seele, wenn er sich einmal entwickelt hat und das seelische Erleben prägt, will „getreulich festgehalten" werden. Darin liegt ein wichtiges Element der pädagogischen Brauchbarkeit. Wenn man einmal gelernt hat, mit diesen elementaren Lebensvorgängen des menschlichen Seelenlebens umzugehen, bei sich selbst wie in der erzieherischen Verantwortung für andere, etwa in der geistlichen Begleitung, wird man an dieser Stelle versuchen, durch das pädagogische Bemühen den aktuellen Grundzug zu unterstützen. Das kann durch häufigeres Besinnen auf diesen Wertkomplex geschehen, durch betendes Aufgreifen und Auskosten in der Meditation, aber auch durch einen gleichgerichteten Vorsatz, der die Übersetzung in das gelebte Leben sichern hilft. Durch solches pädagogische Streben kommt eine auf das Wachsen der personalen Identität gerichtete Dynamik in das seelische Leben: „Es gilt, den in der Seele auftauchenden Grundzug festzuhalten, dass er zur Grundstimmung auswachsen kann, und die Grundstimmung festzuhalten, damit sich aus ihr unter dem Einfluss der Gnade neue Grundzüge und -richtungen entwickeln können." (1926,9)

Das mit „Grundzug und Grundstimmung" Gemeinte ist also im Kern ein Werterlebnis. Wenn wirklich der Tiefengrund der Seele bewegt werden soll, kann es nicht bei Ideen und objektiv noch so wichtigen Zielvorstellungen bleiben. Objektive Werte müssen die subjektive Wertempfänglichkeit aktivieren. Deshalb hat Pater Kentenich oft einen Ausdruck von Otto Willmann (1839-1920) zitiert, dem er in pädagogischen Belangen recht nahe stand: „Erziehung ist eine geistige Güterbewegung" – „Wertbewegung" sagt Pater Kentenich dazu. Das Persönliche Ideal ist, psychologisch gesehen, das „religiöse Kernerlebnis" oder der „Zentralwertkomplex" dieser Person. Zur Veranschaulichung dieser Auffassung seien einige Sätze aus dem Exerzitienkurs über den „Heroischen Menschen" zitiert, in dem P. Kentenich 1936/37 ignatianische Exerzitien für Priester gehalten hat:

„Ignatianische Exerzitien wollen helfen, dass jede katholische Wahrheit zum Lieben klingt und zum Lieben gebracht wird. Der Punkt also, den ich herausgreife: ‚Ordne Dein religiöses Wissen dem Wachstum der Liebe unter!' ... Zunächst gilt der Satz: ‚Das Lieben setzt das Wissen voraus.' Er gilt für alle Stufen des geistlichen Lebens... Aber – das Lieben geht über das

Wissen hinaus. Damit haben wir ein Stück ignatianischer Lehre und ein Stück Lebenserfahrung des Hl. Ignatius vor uns. In der zweiten Vorbemerkung steht der Satz: ‚Nicht das Viel-Wissen sättigt die Seele, sondern das innere Kosten und Verkosten der göttlichen Dinge' ... Die Betrachtung hat dann für mich den Sinn, eine Wahrheit, die mich besonders anregt, zum Kosten und Auskosten zu bringen. ... Auf die Lehre vom Persönlichen Ideal fällt von hier aus ein ganz neues Licht. Ignatius arbeitet darauf hin, dem Einzelnen zu helfen, dass er sein Persönliches Ideal sucht, findet, verkörpert. Das persönliche Ideal ist eine persönlich oder erfahrungsgemäß erlebte Wahrheit... Oder eine weiter ausgebaute Definition: Das Persönliche Ideal ist eine durch originelle natürliche und übernatürliche Wertempfänglichkeit von Gott bestimmte originelle persönliche, innere Ergriffenheit von einer Wahrheit... Sie merken, es handelt sich durchaus nicht um Subjektivismus. Gott spricht durch Worte, er spricht auch durch Taten. Er drückt seine einzelnen Wünsche, seinen Willen auch aus durch originelle Anlage und Wertempfänglichkeit des einzelnen Menschen. Wenn er mir eine so geartete und nicht eine andere Wertempfänglichkeit gegeben hat, dann hat er damit selber auch die Werte vorausbestimmt, die in mir zur stärkeren Entfaltung gebracht werden können und sollen. Gott hat also mit der Wertempfänglichkeit mein Persönliches Ideal bestimmt. ...

Das Persönliche Ideal ist dann eine originelle Art der persönlichen inneren Lebensgemeinschaft mit Gott. Es handelt sich um eine innere Ergriffenheit, weil es sich beim Persönlichen Ideal um eine Idee dreht, die von innen her die Seele ergriffen hat, von Innen heraus wächst, während sie von außen genährt und gepflegt wird... In irgendeiner Weise muss es eine Wahrheit enthalten, die zur Liebe geworden ist. ... Ich muss lebendig daheim sein in Gottes lebendiger Wahrheits- und Wertwelt. Selber im Herzen Gottes zu Hause, kann ich sorgen, dass andere eine ähnliche persönliche

Heimat finden. ... Die Formulierung meines Persönlichen Ideals muss kurz sein. Nicht jedes neue religiöse Erlebnis muss ich in eine Form kleiden. Was an neuen Erlebnissen kommt, muss sich dem Erlebniskern assoziieren... Es gab eine Zeit, wo das Persönliche Ideal nicht reflexiv vor Augen zu stehen brauchte, weil eine gesunde religiöse Atmosphäre vorhanden war. Heute aber, wo diese fehlt, ist reflexive Klarheit und Erfassung nötig. Wenn wir heute unsere Jugend ins Leben hinauswerfen zu einem Zeitpunkt, wo der innere Lebenskern noch nicht genügend ausgereift ist und sie hat noch keine reflexive Erkenntnis des Persönlichen Ideals, dann geht sie in der Umwelt leicht unter. Darum: Mein Persönliches Ideal muss klar sein, wertgesättigt, ein Ausdruck meines persönlichen Werterlebnisses, meines Zentralerlebnisses, ein Keim, der angesetzt hat und langsam von innen heraus zu wachsen und zu reifen beginnt." (HM 1936/37, 43, 45f, 48, 52-56, bearb.)

Für Pater Kentenich ist demzufolge nur ein Weg zur Erkenntnis des persönlichen Ideals gangbar, der auf die innere Grundausrichtung der Seele achtet. Weder rein objektive, von außen herangetragene „Ideale", noch rein willensmäßig angestrebte Ziele sind das „Persönliche Ideal" eines Einzelnen. Er hat – wohl aus Gründen der pädagogischen Handhabbarkeit – immer an der überkommenen Charaktertypologie der vier Temperamente und der beiden Hauptleidenschaften – der iraszible und der konkupisziblen – festgehalten. Tatsächlich gibt die Erkenntnis der vorherrschenden, stärker auf Leistung und Anerkennung oder mehr auf Hingabe und Dienst ausgerichteten Grundleidenschaft echte Hilfen zur Erkenntnis des Persönlichen Ideals. Fast am wichtigsten aber war für Pater Kentenich der Weg über die Frage nach den Lieblingsneigungen der Seele, die ganz spontan aus den Tiefengründen aufsteigen, wenn wir einmal nicht „im Geschirr des Willens" stehen. Lieblingsbeschäftigungen, Lieblingsstoßgebete oder -lieder, Lieblingsheilige oder ein persönliches Motto – all dies sind wertvolle Hinweise. In solchen Formen konkretisieren sich am leichtesten Grundrichtungen des Herzens, irrationale Antriebskräfte, die es pädagogisch aufzufangen und zu pflegen gilt, damit der Persönlichkeitskern sich gesund bilden und entfalten kann.

Vor allem für junge Menschen ist erfahrungsgemäß die vorübergehende Konzentration auf echte Selbsterkenntnis bereichernd und befreiend. Für Pater Kentenich bestand der letzte Sinn der Pubertät in der Selbstfindung, im Entdecken des Persönlichen Ideals: Von der „Ich-Verwirrung über die Ich-Entdeckung zur Ich-Eroberung" geht eine innere Linie, die dann freilich ein Leben lang durchgehalten werden will. Die vollkommene Ich-Verwirklichung oder Ich-Erfüllung wird auf Erden nie möglich sein.

Das Gemeinschaftsideal

Das Anliegen der Schaffung einer seelischen Grundhaltung bleibt nicht auf den Einzelnen konzentriert, es erfährt eine Ausweitung auf die Gemeinschaft. Laut Pater Kentenich ist es unerlässlich für eine realitätsgerechte und zeitgemäße Pädagogik, diesen Prozess der Identitätsfindung und -bildung in lebensmäßige Zusammenhänge zu stellen. So entwickelt er neben dem Persönlichen Ideal auch das „Gemeinschaftsideal". In seinem Konzept ist zunächst die Tatsache berücksichtigt, dass niemand als Vereinzelter gesund leben kann – „homo animal sociale", „der Mensch ist ein soziales Wesen". Darüber hinaus wird durch ein gemeinsames Ideal die pädagogische Möglichkeit geschaffen, in einer pluralistischen Umwelt trotz bleibender Freiheit des Einzelnen doch Erziehungsräume mit gemeinsamer Mentalität entstehen zu lassen. Familie, Gemeinde, Gruppe, Arbeitsgemeinschaften, religiöse Gemeinschaften oder Bewegungen stellen derartige Erziehungsräume dar, in denen entsprechendes erzieherisches Bemühen eine solche verbindende Mentalität schaffen kann. Darin findet der Einzelne dann die Unterstützung, die offensichtlich für ein gesundes Wachsen personaler Eigenständigkeit vonnöten ist.

Bemerkenswert ist an dieser Stelle die Entwicklung der vergangenen Jahrzehnte: Wirtschaft und Gesellschaft entdeckten in zunehmendem-Maße die mentalitätsbildende Kraft einer gemeinsamen Überzeugung und Zielformulierung und setzten dies auch praktisch um. Heute gibt es kaum noch eine Einrichtung oder ein Unternehmen, das nicht ein *Leitbild* – eine „corporate identity" – formuliert hat, an dem sich das Verhalten der Mitarbeiter und die tägliche Arbeit ausrichten. Im Rahmen des Qualitätsmanagements ist damit ein Standard gesetzt, an dem sich auch die tatsächliche Leistung messen lässt. So gilt im übertragenen Sinne auch hier und wird in einem weiteren Kreis wirksam, was schon von der Bedeutung der mentalitätsbildenden Gesetze gesagt wurde. Die beiden entscheidenden Fragen sind in jedem Fall: Was sind die zentralen Gedanken und Anliegen? Und wie können diese zu maßgeblichen Werten werden? Je nach der Art, Dichte und Dauer gemeinschaftlicher Bindungen werden sie sich verschieden auswirken. Eine Firma hat andere Interessen als eine Pfarrgemeinde; in einer großen Gruppe ist es ein komplexerer Vorgang, alle berechtigten Ansprüche ihrer verschiedenen Mitglieder zu erfassen und einzubinden, eine kleinere Gruppe oder eine religiöse Gemeinschaft aus freiem Zusammenschluss wird da ein dichteres Netz knüpfen können. Aber die psychologischen Gesetzmäßigkeiten zur Bildung und zum ständigen Weiterwachsen einer gemeinsamen Mentalität sind die gleichen, ihre Handhabung muss sich der jeweiligen pädagogischen Situation anpassen.

Pater Kentenich formuliert so: Es geht um die Schaffung *eines herrschenden Gedankenkomplexes* und die Sorge dafür, dass dieser Gedankenkomplex zum *herrschenden Wertkomplex* wird.

Durch ein bloßes Aneinanderreihen objektiver Wahrheiten, eine Fülle von Informationen oder das Springen von einem „wichtigen Punkt" zum anderen wird nie eine gemeinsame Mentalität geschaffen. Hier gilt, was Karl Rahner vom „Zugang zur Heilsbotschaft" und von den „einheitsgebenden Grundmotiven christlicher Botschaft" gesagt hat: „Die Bedeutung der Frage wird noch deutlicher, wenn man darauf reflektiert, dass die christliche Botschaft, um wirklich gehört zu werden, als ein wirklich Ganzes unter einer einheitlichen Perspektive verkündet werden muss, die die Vielfalt christlicher Aussagen wirklich zu einem verstehbaren Ganzen zusammenschließt... Nun dürfte es aber nicht so sein, dass man dem einzelnen Christen in möglichst objektiver Gleichmäßigkeit das ganze christliche Glaubens- und Lebenssystem ... vorträgt und es dann dem Zufall des Lebens überlässt, was davon ‚hängenbleibt'." (HPTh 11/1,144)

Wenn wir hier zunächst einmal von der inhaltlichen Bestimmung einer solchen Gesamtperspektive für ein zeitgemäßes organisches Weltbild absehen, sind doch bereits die mehr formalen Gesetzmäßigkeiten einer solchen Pädagogik und Pastoral wichtig. Eine Reihe von Gedanken wird innerhalb einer bestimmten Gruppe zum herrschenden Gedankenkomplex durch „häufige wertgesättigte Wiederholung". Natürlich liegt der Schlüssel zur pädagogischen Fruchtbarkeit eines stets wiederholten Hinweises auf Zusammenhang und Perspektive in dem, was Pater Kentenich „wertgesättigte" Wiederholung nennt. Der Gedankenkomplex wird dabei von je neuen Ansatzpunkten her aufgerollt, die der aktuellen Situation der Gemeinschaft und der jeweiligen Interessenperspektive der Einzelnen entsprechen. Damit verbunden ist die immer neue Einladung, solche Einsichten in das Tun des eigenen Lebens zu übersetzen, denn nur so erweisen sie ihre Kraft.

Ein weiteres mentalitätsbildendes Gesetz kommt ins Spiel, dem insgesamt wohl das größere pädagogische Gewicht zufällt: die *Verknüpfung der Gedanken mit Werten*. Pater Kentenich formuliert: „Der vorherrschende Gedankenkomplex muss mehr und mehr zum herrschenden Wertkomplex dieser Gemeinschaft werden." Auch dafür gibt es psychologische Gesetzmäßigkeiten, die beachtet werden wollen. Die erste heißt: sofortige Herausarbeitung des Lebenswertes. Die zentrale Frage lautet: Welche Bedeutung hat dies für mein Leben? „Was bringt mir das?" – fragen nicht nur Jugendliche, bevor sie sich für eine bestimmte Tat, ein Engagement entscheiden. In einem Zeitalter der Wissensexplosion und des Primates der reinen Information darf man nicht beim Herausstellen der Wahrheit bleiben, wenn echte Erziehung und Seelsorge geschehen soll. Alles Aufschließen gedanklicher Einsichten – so unersetzlich wichtig es in sich ist – muss doch weitergeführt werden zu einem Aufschließen des darin steckenden Wertes für das eigene Leben. Hier kommt es entscheidend darauf an, dass in Pädagogik und Verkündigung die Assoziationsgesetze wirksam werden, die ständig zwischen Wort, Wahrheit und Wert vermitteln. Dabei werden alle Teilwerte nach und nach dem Zentralwert der Grundperspektive eingegliedert und alle entgegenstehenden Scheinwerte allmählich entwertet. Ein solcher Vorgang ist, je nach Größe und Verschiedenartigkeit der Gemeinschaft mehr oder minder langwierig, es ist nie nur ein Einbahn-Geschehen von „oben herunter", sondern ein gemeinsamer Lernprozess des Hineinwachsens in eine geprägte Wertwelt.

Für Pater Kentenich besteht in diesem Vorgang der Mentalitätsbildung aufgrund gemeinsamer, gewachsener Wertüberzeugungen und

Werterlebnisse das Geheimnis des Überlebens und der Anziehungskraft bestimmter Gruppen in einer pluralistischen Welt. „Chinesische Mauern" kann es heute nicht mehr geben. Rückzug in das Ghetto einer „heilen Welt" wäre Verrat am christlichen Weltauftrag. Missionarische Haltung ohne entsprechende Sicherung ist laut Pater Kentenich ein Stück weit naiv: „Solange Welt und Umwelt noch christlich ist, wird das Individuum getragen von der christlichen Atmosphäre. Darin liegt die große Bedeutung einer gesunden liturgischen Bewegung. Das Individuum ist dann umgeben von reinigender, stärkender und emporbildender Luft, der es sich in schlichter Hingabe unbesorgt aussetzen und ausliefern kann. Es bleibt innerhalb bergender Mauern, die Schutz gewähren gegen einstürmenden Welt- und Teufelsgeist. Was geschieht aber, wenn die Luft verpestet, die Atmosphäre vergiftet ist und ein gottfeindliches Massenmenschentum das Individuum herausreißt aus dem schützenden Gehege seiner christlichen Umgebung und liturgischen Atmosphäre und es fast mit unwiderstehlicher Gewalt in seinen zwingenden Strudel hineintreibt? Wer sich da nicht durch starke Entfaltung eines naturgesetzlich bedingten und durch Massenandrang kollektivistischer Strömungen neu belichteten und als notwendig erwiesenen Bindungsorganismus innerlich unzerreißbar gebunden hat an letzte Ideen und Ideale, kann unmöglich widerstehen, viel weniger für Gott und Kirche werbend in die Schranken treten. Bürgerlich aufgewachsene, bürgerlich verhaftete und bürgerlich denkende und fühlende Kreise können sich recht schwer in die kommende, zum großen Teil bereits hereingebrochene neue Situation hineintasten. Deshalb ist es ihnen auch unmöglich, für Erziehung und Seelsorge die gegebenen Folgerungen für sich und ihre Gefolgschaft zu ziehen." (OB 1948, 19)

Pädagogik der Hochherzigkeit

Idealpädagogik im Sinne Pater Kentenichs kennt noch eine weitere Dimension, die er Hochgemutheits- oder Magnanimitaspädagogik nennt. Es geht dabei um die Aktivierung und möglichst hochgradige Pflege des in der Natur liegenden Potentials an „Idealismus". Wir können hier nicht näher auf die anthropologischen Grundlagen einer solchen „Ideal"-Pädagogik eingehen. Pater Kentenich knüpft bewusst an einer Einsicht in das Wesen des Menschen an, die der abendländischen Philosophie über Jahrhunderte hin selbstverständlich war: Im Unterschied zu allen anderen sich in der Welt befindenden Geschöpfen ist der Mensch ein „Werdewesen", das sich nicht nur „gegeben", sondern „aufgegeben" ist. Er selbst trägt Verantwortung für seine Entwicklung, für seine Lebensgestaltung, sein Denken und Handeln. Der Mensch ist das „nicht festgestellte Tier", wie Nietzsche formuliert. In unserer Gegenwart ist diese innerste Problematik des Menschseins als immer bleibendes Postulat des Mensch-Werdens so stark wie vielleicht noch nie bewusst aufgebrochen. Danach gehört es zur Grundverfassung des Menschen, dass er sich nicht nur „übernehmen und zur Vollwirklichkeit seiner selbst erheben, sondern auch im Abfall von seinem Werdeziel an mindere Realisierungsweisen ‚vergeben' kann" (Eugen Biser, Menschsein in Anfechtung und Widerspruch, 1988, 100). Auf diesem skizzierten Hintergrund wird eher einleuchten, dass es für jeden Einzelmenschen kraft seines Menschseins darauf ankommt, das in ihm grundgelegte „Ideal" seiner selbst in einem lebenslangen Wachstums- und Strebeprozess einzuholen. Nie „ist" der Einzelne schon, was er zutiefst sein könnte und nach dem ihm eingeschriebenen Gesetz sein sollte. Diese Grundspannung unseres je individuellen Menschseins aufzunehmen und auszutragen, ist Sinn und Ausrichtung der Idealpädagogik als Magnanimitaspädagogik.

Dabei wird eine heute häufig verdrängte Einsicht in das innerste Wesen des Menschseins pädagogisch kraftvoll rehabilitiert, die man so ausdrücken könnte: Nur wer an sein ideales Sein-Können glaubt (und sich daraufhin vertrauensvoll auf den Weg macht), wächst darauf zu. Gerade weil das Verfehlen-Können und Unterbieten-Können seines eigentlichen Selbst durch die geistige Situation der Zeit zu einer solchen Gefahr geworden ist, scheint eine auf das Ideal ausgerichtete Pädagogik zeitgemäß: Wer schon im Ansatz seiner strebenden Ausrichtung scheinbar „realistisch" bleiben will und ein „unerreichbares Ideal" ablehnt, wird sein eigentliches Selbst nie erreichen. Es gehört offenbar zur Konstitution menschlichen Seins, dass seine Freiheit sich auf hohe Ziele richten will und in einem Prozess ständig neuer Inspiration und Motivation seine Sehnsucht nach dem vollen und reinen Selbstsein aktivieren möchte. Urs von Balthasar beschreibt diesen zutiefst menschlichen Vorgang einmal so: „Er weiß oder ahnt, was er sein könnte, welch herrliche Möglichkeiten in ihm lägen. Aber um sie zu entfalten, braucht es einen, der an sie glaubt, nein, der sie sieht, in ihrer Verborgenheit bereits daseiend, objektiv, aber sichtbar nur jenem, der ihre Verwirklichung für möglich hält, jenem also, der glaubt und der liebt. Manch einer wartet nur auf den Liebenden, um der zu werden, der er schon immer sein könnte." (Wahrheit 121f) Diese Liebe ist zunächst einmal die liebende Annahme seines in ihm angelegten idealen Selbst durch jeden Einzelnen – ist aber im pädagogischen Geschehen sehr oft die liebende Bejahung eines Erziehers und letztlich das Sich-angenommen-Wissen durch das göttliche Du im liebenden Dialog zwischen Schöpfer und Geschöpf.

Der hier gemeinte Idealismus ist besonders wach und stark in der Jugendzeit. Aus der Reifenot mit ihrer starken Einsamkeit entsteht die

Sehnsucht nach dem Großen und Schönen: „Ein furchtbares Einsamkeitsgefühl – und das weckt die Sehnsucht, die gewaltige Schöpferin des Menschen. Was schließt diese Sehnsucht rein psychologisch in sich? Ein Negatives – die starke Unzufriedenheit mit sich selber. Positiv – das Emporfliegen in die höchsten Höhen des Idealismus und Radikalismus... Wo die Sehnsucht wächst, wachsen der Seele Flügel, und sie möchte das Höchste erreichen. Dann bekommt sie aber auch die Kraft, die größten Opfer zu bringen." (Ethos 1931, 305f)

Es ist wichtig zu sehen, dass für Pater Kentenich dieser entwicklungsbedingte Vorgang der Jugendzeit nur ein spezifisch gefärbter Ausdruck gesunden Menschseins überhaupt ist. Was die Reifenot für dieses Durchgangsstadium darstellt, ist bleibend die Werdenot des sich immer neu aufgegebenen Menschen. Die Sehnsucht des jugendlichen Menschen ist eine Form der sich durchhaltenden Sehnsucht des immer unruhigen, suchenden Menschen nach der letzten Vollendung. In der maßvollen Pflege dieser Unzufriedenheit mit sich selbst, mit dem „schon" Erreichten, und dem Zulassen einer ständigen Sehnsucht nach dem „noch nicht" des mir von Gott Zugedachten entspringt das, was Pater Kentenich die Magnanimitas als lebendige Strebekraft nennt und immer neu entbinden möchte.

Mitten im abstumpfenden Druck des Konzentrationslagers Dachau setzt er sich mit dem Problem auseinander, wie wir den jugendlichen Idealismus bei aller Wandlung der äußeren Verhältnisse durch einen realistischen Wachstumsprozess in seinem Kern hindurchretten können. Er zitiert Albert Schweitzer: „Zu gern gefallen sich die Erwachsenen in dem traurigen Amt, die Jugend darauf vorzubereiten, dass sie einmal das meiste von dem, was ihr jetzt das Herz und den Sinn erhebt, als Illusion ansehen wird. Die tiefere Lebenserfahrung aber redet anders zu der Unerfahrenheit. Sie beschwört die Jugend, die Gedanken, die sie begeistern durch das ganze Leben hindurch festzuhalten. Im Jugendidealismus erschaut der Mensch die Wahrheit. In ihm besitzt er seinen Reichtum, den er gegen nichts eintauschen soll. Wir alle müssen darauf vorbereitet sein, dass das Leben uns den Glauben an das Gute und Wahre und die Begeisterung dafür nehmen will. Aber wir brauchen sie ihm nicht preiszugeben. Dass die Ideale, wenn sie sich mit der Wirklichkeit auseinandersetzen, gewöhnlich von den Tatsachen erdrückt werden, bedeutet nicht, dass sie von vornherein vor den Tatsachen zu kapitulieren haben, sondern nur, dass unsere Ideale nicht stark genug sind." (Schweitzer, Aus meiner Kindheit und Jugendzeit, 61; zitiert in MWF 116) Pater Kentenich fügt hinzu: „Wenn die Ideale unser persönliches Leben noch nicht genug geformt haben, so sind wir weit davon entfernt, Abstriche zu machen, sie abbröckeln zu lassen und dem Leben anzugleichen. Wir klagen nicht sie an, als wären sie noch zu wenig trag- und formfähig gewesen, sondern uns, weil wir sie noch zu wenig in uns eindringen ließen: Das objektive Familienideal ist noch nicht vollkommen unser persönliches Ideal geworden. Wir wenden dem Ideal nicht den Rücken zu, verfärben und verfälschen es nicht, sondern lassen es jeden Tag von neuem mit seiner Leucht- und Wärmekraft in unsere Seele hineinstrahlen... Das ist das Geheimnis unserer ewigen Jugend, unserer Bildsamkeit und unseres Geöffnet-Seins für alles Edle, Große, Gute und Schöne und unserer frohen Aufbauarbeit in einer Zeit, die überall Trümmer und Scherben zurücklässt." (MWF 117)

In seiner Zeitgemäßheit lässt sich der Ansatz der Idealpädagogik speziell beim Streben nach Magnanimitas aber erst erfassen, wenn in den Blick rückt, dass Pater Kentenich damit das Autonomiestreben des modernen Menschen aufgreift. Auf seine Weise bindet er es schöpferisch in das Ganze des Strebens nach Menschsein und Christsein ein. Die starke Tendenz zu Selbstentscheidung und Selbstverwirklichung stößt sich ja hauptsächlich an allem, was Gesetz und Norm heißt, was von außen, von oben kommt und die Entfaltung des eigenen Ich scheinbar behindert. Idealpädagogik und Weckung der positiven Kräfte der menschlichen Natur appellieren demgegenüber ganz ausgesprochen an die freie Entscheidung des Einzelnen. Es geht nicht um ein „Müssen", sondern immer um ein „Dürfen", das sich dann aber nach den hohen Zielen des idealen Seinkönnens ausrichtet und so, wenn dies gelingt, aus eigenem Antrieb über die Grenze des für alle geltenden Gesetzes freiwillig hinausgeht. Damit will Pater Kentenich *das* Element der neuzeitlichen Freiheitsgeschichte aufgreifen, das er als gottgewollte Zeitenstimme bewertet und das konsequenterweise eine Umakzentuierung der ganzen Pädagogik bewirkt.

Wer von solchen Einsichten ausgehend die Geistesgeschichte und Spiritualitätsgeschichte neu zu lesen beginnt, wird überrascht feststellen, dass gerade mit dieser so verstandenen Magnanimitaspädagogik Pater Kentenich an urchristliche und biblische Ansätze anknüpft. Jesus hat zweifellos gegenüber einer Gesetzespädagogik gerade an die Begeisterungsfähigkeit seiner Zuhörer appelliert und ihre Bereitschaft wecken wollen, nach himmelhohen Zielen zu streben. Die Bergpredigt ist reinste Idealpädagogik und will alle schlummernden Kräfte eines hochherzigen Strebens wachrufen. Ein so nüchterner Mann wie Ignatius hat diesen Grundzug christlichen Strebens auf seine Weise aufgegriffen, wenn er eine Theologie des „Magis", wie Hugo Rahner es nannte, und daraus eine Pädagogik des „je mehr" („más" – in seiner spröden Sprache) entwickelt hat.

Reflexionen zur Idealpädagogik

Persönlichkeitsbildung und Wertevermittlung

Trifft der idealpädagogische Ansatz angesichts der Mentalität des 21. Jahrhunderts einen Nerv unserer Zeit – ein Kernanliegen? Ist er noch von Bedeutung in der Epoche der Postmoderne, die von der Versuchung bedroht ist, alles ins Belieben des Einzelnen zu stellen: „Nichts ist wahr, alles ist erlaubt" – wie schon Nietzsche formuliert und Zarathustra sprechen lässt.

Lässt sich die „Generation *facebook*" noch für große Ziele oder allgemeingültige Wertvorstellungen begeistern? Die pluralistische Gesellschaft des vergangenen Jahrhunderts hat sich ausgeweitet und umfasst nun durch das Internet die ganze Welt – Globalisierung nicht nur der Wirtschaft, sondern auch der Werte. Aus dem großen Angebot kann jeder sich seinen ganz persönlichen Wertecocktail mischen...

Auf der anderen Seite beschäftigen sich Psychologen und Soziologen intensiv mit Fragen der Persönlichkeitsbildung, der Selbsterkenntnis, der Entdeckung und Entfaltung der eigenen Fähigkeiten, der Stärkung des eigenen Profils. Der Markt an Büchern und Seminaren zu diesen Themen ist unüberschaubar. Echte Persönlichkeiten sind gesucht und geschätzt und werden in Gesellschaft, Politik und Kirche oft schmerzlich vermisst. Der personale Ansatz Pater Kentenichs, der gerade die Heranbildung von „festen und freien Charakteren" im Blick hat, der an die positiven Kräfte im Einzelnen glaubt und an diese appelliert, um den Menschen von innen her in Bewegung zu bringen, ist also von höchster Aktualität. Und nur von Persönlichkeit zu Persönlichkeit lassen sich Werte glaubhaft vermitteln und im Innern verankern.

Einwände

Wie jeder systematisierende Versuch hat auch die Idealpädagogik eine immanente Problematik, auf die im Dialog der Meinungen und Strömungen gewöhnlich die Einwände ihr Augenmerk richten. Dabei gibt es einige charakteristische Kritiken, die immer wieder vorgebracht werden. So rechnet die Idealpädagogik zum einen mit der subjektiven Wertempfänglichkeit im Menschen, anerkennt jedoch auch *die objektiven Werte und Idealvorstellungen* des christlichen Glaubens, die als leuchtendes Ziel vor Augen stehen und für die der einzelne sich aus eigener Überzeugung entscheiden soll. Diese Art der Erziehung wird von vielen grundsätzlich abgelehnt, da mit ihr ein Druck aufgrund von Überforderung verbunden sei, der letztlich unfrei mache, den man abwerfen müsse, um frei zu werden.

Dann kommt in der Auseinandersetzung auch immer wieder der Einwand zur Sprache, dass Ideale etwas selbst Erdachtes, subjektiv Konstruiertes, dem Einzelnen Fremdes wären. Manche Autoren sprechen sogar sehr grundsätzlich gegen jedes von außen kommende Leitbild und sehen darin etwas Autoritäres, willkürlich Gesetztes, das im Widerspruch zur Idee eines mündigen Menschen stehe. Der Forderungsdruck von Idealen und Leitbildern mache auf Dauer seelisch krank.

In einem Rundfunkgespräch: „Erziehung – wozu?" kritisiert Theodor W. Adorno (1903-1969) eine Leitbildpädagogik in unserem schwierigen historischen Augenblick, in dem alles in Unsicherheit geraten ist, was mit Erziehung zu tun hat: „Ich möchte dabei nur auf ein spezifisches Moment eingehen, das der Heteronomie im Begriff des Leitbildes, das Autoritäre, von außen willkürlich Gesetzte... Sie stehen im Widerspruch zur Idee eines autonomen, mündigen Menschen... Ich möchte es riskieren zu sagen, was ich mir unter Erziehung überhaupt vorstelle. Eben nicht sogenannte

Menschenformung, weil man kein Recht hat, von außen her Menschen zu formen... Wer innerhalb der Demokratie Erziehungsideale verficht, die gegen Mündigkeit, also gegen die selbständige, bewusste Entscheidung jedes einzelnen Menschen, gerichtet sind, der ist antidemokratisch." (Erziehung zur Mündigkeit - Vorträge und Gespräche mit Hellmut Becker 1959-1969)

Der Psychoanalytiker Wolfgang Schmidbauer zieht in seinem Buch: „Alles oder nichts. Über die Destruktivität von Idealen" (1980) die Summe seiner Erfahrungen als Therapeut, wenn er an konkreten Beispielen aufzeigt, wie Menschen unter dem Erwartungs- und Forderungsdruck von Idealen und Leitbildern seelisch krank werden. Er zitiert Jean Anouilh, der in einem seiner Theaterstücke Napoleon einem jungen, zu allem Heroischen bereiten Bewunderer sagen lässt: „Erzählen Sie Ihren Kindern nicht zu viel von Idealen, das ist kein Gepäck fürs Leben."

Diese Einwände sind ernst zu nehmen. Eine Antwort darauf lässt sich aus dem organischen Zusammenhang der gesamten Schönstattpädagogik geben. Dass die aufgezeigte Gefahr als solche immer besteht und deshalb in der konkreten Anwendung der Idealpädagogik als Warntafel mit der Botschaft: „So nicht!" aufgerichtet bleiben sollte, ist evident. Der Gründer selbst hat diese gesehen und davor gewarnt: „Auch unsere Idealerziehung kann sehr falsch sein, sehr gefährlich sein. Wenn wir das Wort ‚Ideal' und ‚Idealerziehung' nicht richtig greifen, dann können wir uns etwas anknobeln, können unsere ganze Natur hineinreißen in einen Ideengang, der künstlich geformt ist und der uns absolut daran hindert, das eigene Ich von innen heraus zur Entfaltung zu bringen." (Ansprache 17.7.1966, 25)

Hier wird deutlich, dass der Ansatz unserer Idealpädagogik gar nicht zunächst bei objektiven Leitbildern liegt, die man als Ideale eines Zeitalters für Erziehung und Bildung aufgerichtet hat, wie sie als ‚ritterlich', ‚gentlemanlike', ‚ladylike', oder auch als ‚bürgerlich' frühere Zeiten bestimmten. Der springende Punkt schönstättischer Idealpädagogik hingegen ist, dass sie den Einzelnen zuerst und zunächst einlädt, sich selbst in seiner individuellen Gestalt anzunehmen, die ihm vom Schöpfer geschenkt und zur Entfaltung aufgegeben ist – um dann, in Treue zu sich selbst, jede Herausforderung durch die konkrete Situation in freier Selbstentscheidung zu beantworten. Das Erziehungsziel des *mündigen Menschen* hat sie mit der emanzipatorischen, „kritischen" Pädagogik gemein. Allerdings ist das gläubig-realistische Nachtasten der Schöpfungsordnung ein Ernstnehmen der jeder subjektiven Beliebigkeit entzogenen Heteronomie. Der Mensch ist und bleibt Geschöpf und somit bestimmten Gegebenheiten unterworfen -, die nur durch das frei bejahte Annehmen den Charakter der Fremdbestimmung verliert. In dieser freien Bejahung und freien Entscheidung in allen Situationen des Lebens liegt für Pater Kentenich das Mündigwerden des Menschen. Insofern ist Idealpädagogik und Freiheitspädagogik für ihn untrennbar miteinander verbunden.

Ein anderer Einwand beruft sich auf die Schwierigkeit, sein „Persönliches Ideal" eindeutig und mit Sicherheit zu erkennen und leitet daraus die Gefahr ab, durch ein falsches Ideal überformt zu werden. Pater Kentenich wäre jedoch der Erste, der das nie ganz zu Erhellende unserer menschlichen, individuellen Existenz und ihres Werdegesetzes betonte. Er spricht in diesem Bereich stets vom Hell-Dunkel unseres Erkennens, indem er die Unergründbarkeit Gottes auf den Geheimnischarakter des Geschöpflichen ausweitet. Auf die Frage, ob wir ein genügend klares Bild unseres Persönlichen Ideals aus den Realvoraussetzungen unserer individuellen Natur und Geschichte gewinnen können, um dieses zum Ansatzpunkt einer Pädagogik zu machen, ist Pater Kentenichs Antwort ein klares „Ja". Dabei rechnet er mit der fortlaufenden Vertiefung und Ausreifung der anfänglichen Erkenntnis des Persönlichen Ideals durch die individuelle Entwicklungsgeschichte, die für ihn im Glauben immer auch Führungsgeschichte dieses Menschen von Gott her ist. Allerdings hat er gerade in diesem Kontext immer betont, dass das nicht Einholbare und nicht zu Erhellende in diesem Hell-Dunkel irdischer Erkenntnismöglichkeiten zum Schicksal menschlicher Existenz gehört, das wir nur demütig-realistisch annehmen können. Das Wagnis des Lebens besteht gerade darin, sich auf ein nur anfänglich und schemenhaft erkennbares Lebensziel mit allen Spannungen und Dunkelheiten einzulassen und hinzubewegen. Diese Herausforderung kann durch keine Aszese und Pädagogik aufgehoben werden. Doch trotz aller bleibenden Unvollständigkeit und Unsicherheit der Erkenntnis hat die langjährige und vielfältige pädagogische Erfahrung die Brauchbarkeit und Lebenshilfe der Idealpädagogik bestätigt.

Umgang mit der Spannung zwischen Ideal und Wirklichkeit

Eine weitere Reflexion betrifft Erfahrungen mit der Idealpädagogik und ihrer konkreten Umsetzung, mit denen ich vor allem in den Jahren meiner Arbeit mit Familien in Berührung kam. Es geht um die Spannung zwischen „Ideal-Erwartung" und menschlicher Realität - eine Herausforderung, die sich jedem, der sich auf den Weg zu Idealen macht, wie auch Eltern, Erziehern und Seelsorgern immer wieder neu stellt. Auf der einen Seite ist das Ideal eines christlichen Lebens, wie Jesus selbst es vorlebt, verkündet und fordert, äußerst anspruchsvoll. Um die anvertrauten Menschen für diese Wertvorstellungen und Ideale zu begeistern, gilt es nun, sie glaubhaft zu vermitteln – nicht nur indem sie verkündet, sondern vor allem indem sie authentisch vorgelebt, verkörpert werden. Auf der anderen Seite steht nicht nur die Diskrepanz zwischen objektiven Werten und Zielvorgaben und subjektiver Begrenztheit, die für jeden immer wieder eine schmerzvolle Erfahrung ist. Dort steht vor allem die von Gott geschenkte *Freiheit des Einzelnen*, sich für oder gegen bestimmte Werte und Haltungen zu entscheiden, seine ganz eigene Entwicklung zu durchlaufen, seine ureigenen Erfahrungen zu machen und sein persönliches Lebenskonzept zu gestalten.

Es bedarf einer fast unbegrenzten *Weite des Herzens* und eines ebenso festen *Vertrauens auf Gottes umfassende Liebe*, um diesen Prozess zu begleiten und anzunehmen, um die Spannung auszuhalten, wenn Lebensstil und Entscheidungen des anderen von den eigenen Vorstellungen abweichen und dem anderen nach wie vor Wertschätzung und Offenheit entgegen zu bringen. Dies ist eine bleibende Herausforderung. Für die Eltern sind die Folgen des Widerspruchs zwischen ihrem Ideal und der Wirklichkeit ihrer Kinder häufig große Verunsicherung und Angst, versagt zu haben. Die Kinder hingegen fühlen sich schnell durch die hohen Erwartungen ihrer Eltern unter Druck gesetzt, dem Ideal möglichst zu entsprechen. Sie empfinden deren Verhalten demzufolge als Freiheitseinschränkung und suchen oft entweder die Konfrontation oder Distanz. Aus meiner Erfahrung kann ich sagen, dass an dieser Stelle viele Schönstattfamilien leiden und nach Wegen des Umgangs miteinander suchen. Ein besonders kritisches Thema, nicht nur für Jugendliche, ist dabei die Sexuallehre und -moral der Kirche. Hier klaffen das verkündete Ideal und die gelebte und erlebte Wirklichkeit stark auseinander.

Auf diese Fragen gibt es keine Patent-Antwort, kein Rezept nach dem Motto: „Wenn man es so macht, dann läuft alles gut." Es bleibt eine ständige Herausforderung für Eltern und Erzieher, diese Spannung zuzulassen und fruchtbar werden zu lassen. In meinen Begegnungen mit Pater Kentenich durfte ich erleben, wie jemand, der ganz im Herzen Gottes zu Hause ist, dies umsetzt. Er hatte die innere Größe und Sicherheit sowie das unbeirrbare Vertrauen auf das Gute in jedem Menschen und auf Gottes ganz besonderen Plan mit jedem einzelnen. So konnte er gleichzeitig die nötige Freiheit lassen und mit seiner ganzen Person für das Ideal einstehen.

Wegcharakter

Bei all dem ist entscheidend, dass auf dem Weg zum Ideal nicht nur das Unterwegssein in immer neuen Versuchen und Anläufen ernst genommen wird, sondern auch der Rückfall, das Versagen, das immer neu Beginnen-Müssen. Das Erstreben des Ideals ist eine Lebensaufgabe. Wenn nicht existentiell bewusst ist, dass es sich eben nicht um das Muss einer absoluten Pflicht, sondern um das bejahende Streben nach einem Ideal dreht, kann es tatsächlich zu einem Überforderungsdruck kommen. Das Leben mit Idealen, die immer unerreicht, aber auch einladend und werbend über uns stehen, will gelernt sein. Pater Kentenich versucht seelsorgerlich die immer neue Enttäuschung an sich selbst, am Zurückbleiben hinter dem bejahten und erstrebten Ideal aufzufangen: einerseits durch eine heilige Unzufriedenheit als motorische Kraft, andererseits durch ein demütiges Annehmen seiner selbst und Bejahen seiner Grenzen, Schwächen und Schuld. Für ihn ist Idealpädagogik notwendig mit Demutspädagogik verbunden – aber nicht durch auferlegte Demütigungen, sondern durch aszetisch-pädagogisches Auswerten der Enttäuschungen an sich selbst. Theologisch gesprochen setzt das die existentielle Verwirklichung der Einsicht voraus, dass Gott als mein Schöpfer mich so geschaffen hat und als mein Erlöser mich so liebt und mich an sich ziehen möchte, auch in meinen Erbärmlichkeiten.

Die Rolle des Erziehers

Wie jedes pädagogische System fordert auch die Idealpädagogik eine entsprechende Grundhaltung des Erziehers. Für ihn liegt einerseits eine große und wichtige Aufgabe darin, Grenzerlebnisse und die daraus resultierende Unzufriedenheit so zu begleiten, dass sie zu immer neuem Streben motivieren und für ein weiteres Wachstum fruchtbar werden. Auf der anderen Seite gilt es, den ungebrochenen Glauben an das Gute zu bewahren und dem andern zu helfen, auch dann den Mut nicht zu verlieren, wenn er an sich selbst verzweifeln möchte. So wird erzieherische Hilfe zur Grundlage und Brücke dafür, dass die gläubige Erfahrung der Erlösungsbedürftigkeit und der wirksamen Erlösung sich vertiefen kann.

Pater Kentenich hat die zentrale Bedeutung des Erziehers für die genuine Umsetzung der Idealpädagogik aus dem Gesamtentwurf seines pädagogischen Systems heraus anschaulich dargestellt. Vor allem aber hat er selbst uns dessen lebensmäßige Verwirklichung erfahren lassen. Für mich persönlich wie auch für viele andere, die zu Lebzeiten in Verbindung mit ihm standen, war er derjenige, an dem wir im erzieherischen Vorgang die entsprechende Grundhaltung und den Erziehungsstil ablesen konnten. Er umschreibt diese mit „priesterlicher Väterlichkeit" bzw. „Mütterlichkeit", auch wenn er mit einer Lebenswirklichkeit konfrontiert war, die von einem Mangel im Blick auf die Gestalt des Vaters geprägt ist und dessen Bedeutung sogar weitgehend in Frage stellt: „Wir haben heute keinen Vaterbegriff mehr. Väterlichkeit entfalten, Vater sein, das heißt: Leben, geistiges Leben wecken, erzeugen, vertiefen und vollenden helfen. Sehr klassisch finden Sie diese Grundhaltung wieder beim Apostel Paulus. Hören Sie, wie er mit großer Selbstverständlichkeit die ihm Anvertrauten auffasst: ‚Ich schreibe das nicht, um euch zu beschämen. Nein, wie meinen lieben Kindern rede ich euch zu. Hättet ihr auch tausend Lehrmeister in Christus, so habt ihr doch nicht viele Väter. Ich bin durch die Verkündigung des Evangeliums euer Vater in Christus Jesus geworden.' (1 Kor 4,14f)".

Die Grundformel so verstandener Väterlichkeit (bzw. Mütterlichkeit) heißt bei ihm, wie vorher bereits beschrieben: „*Selbstlos fremdem Leben dienen.*" „Erziehen heißt, selbstlos fremder Eigenart und fremder Originalität dienen, heißt selbstlos dem großen Gedanken, den Gott in jede Persönlichkeit hineingelegt hat und damit *Gott* selbstlos dienen. ... Diese Grundhaltung muss zur Tat werden dadurch, dass wir Ehrfurcht haben vor jedem Menschen, vor jedem Menschenschicksal, vor jeder Originalität und Fähigkeit." (Ethos 1931, 256) „Der Gedanke des selbstlosen Dienens, metaphysisch formuliert, ist am klassischsten wiedergegeben im Bild vom Vater- und Muttersein: Ich soll Vater und Mutter sein meiner Gefolgschaft gegenüber."

Eine solche Grundhaltung führt von selbst zu einem entsprechenden Erziehungsstil. Im Vergleich historisch wirksam gewordener Erziehungsstile wird Idealpädagogik im Sinne Pater Kentenichs im existierenden Spannungsverhältnis zwischen bewahrender und bewährender, zwischen freigebender und bestimmender, zwischen vorgreifender und entwicklungstreuer, adaptiver und normativer Erziehung stets den Akzent auf das Element der eröffnenden und sich dem im Einzelnen angelegten Ideal ehrfürchtig anpassenden Erziehung legen. „Führen und Wachsen lassen" sind in diesem Erziehungskonzept keine Gegensätze, sondern Führung besteht gerade im ermöglichenden und begleitenden Wachsen lassen – das allerdings auch das zugreifende „Beschneiden" mit einschließt, wenn es im vertrauensvollen Dialog zwischen Erzieher und seinem Gegenüber zu dessen eigenem Vorteil im Blick auf das bessere Ich notwendig wird. (Vgl. Eduard Spranger, Grundstile der Erziehung, in: Pädagogische Perspektiven; Theodor Litt, Führen oder Wachsen lassen)

Vertrauenspädagogik

Pater Kentenich kennzeichnet diesen Führungs- und Erziehungsstil als „Vertrauens- und Bewegungspädagogik". Um Idealpädagogik in seinem Sinn – mit dem Erziehungsziel des „freien Menschen" – praktisch anwenden zu können, ist ein tieferes Verständnis des damit gemeinten Erziehungsstiles unabdingbar: Vertrauenspädagogik gründet anthropologisch im Vertrauen auf das Gute, auf die Grundtendenz der Anlage des Menschen zum Bejahen seines idealen Ich. Aber zum charakteristischen Merkmal eines Erziehungsstiles wird sie erst da, wo im Erzieher dieser Glaube an das entwicklungsfähige Gute in der Menschennatur zur bestimmenden Grundhaltung geworden ist. Pater Kentenich nannte sich selbst gelegentlich einen „fanatischen Anhänger der Vertrauenspädagogik." (Ethos 1931, 294) Seine psychologische Einsicht bestand darin, dass nur wohlwollendes Vertrauen, das bedingungslos und über alle Enttäuschungen hinweg ihm entgegengebracht wird, im Gegenüber den Glauben an sich selbst und daraus das Streben nach dem Ideal wecken und wach halten kann.

Idealpädagogik ist nur aus dieser Vertrauensatmosphäre heraus möglich. Selbstverständlich wird dieses Vertrauen unzählige Male auf die Probe gestellt. Jeder Erzieher muss immer wieder Enttäuschungen und Rückschläge verkraften. Aber Pater Kentenich will bewusst einen Erziehungsstil prägen, der nicht zum anscheinend Sichereren, jedenfalls Leichteren greift, nach dem Motto: „Vertrauen ist gut, Kontrolle ist besser." Im Gegenteil – er formuliert als Forderung an den Erzieher: „Erzieher sind Liebende, die nie von ihrer Liebe lassen."

Es gibt einen charakteristischen Ausdruck, den Pater Kentenich von Spranger übernommen hat, der diesen Vorgang sehr gut einfängt, um den es in der Vertrauenspädagogik geht: ein „emporbildendes Verstehen". Das setzt zum Beispiel ein interessiertes und wohlwollendes Hören und Zuhören voraus, das sich ganz von selbst zum Heraushören entwickelt. Die Kunst des erleuchteten Heraushörens besteht darin, aus allem zunächst einmal das Gute zu entnehmen, das sich auch in unreifen, eventuell in irregeleiteten Handlungen oder Urteilen immer noch findet. Indem ich immer dieses – oft unbewusste oder doch halbbewusste – gute Drängen oder Sehnen anspreche, kann ich oft befreiend und „emporbildend" wirken. Danach darf im entsprechenden Fall durchaus das einschränkende „aber" dazu kommen. Jedenfalls ist Vertrauenspädagogik der konsequent durchgehaltene Zug im Erzieher, sich immer mit dem besseren Ich im Gegenüber zu verbünden, ihm gegen alle Widerstände von innen oder außen zum Durchbruch zu verhelfen – zum Reifen auf das Ideal hin.

Bewegungspädagogik

Ausgehend von so verstandener Idealpädagogik wird auch der zweite Grundzug des von ihr geprägten Erziehungsstiles verständlich, den Pater Kentenich „Bewegungspädagogik" nennt. Steht der normative Charakter der Erziehung stark im Vordergrund, wird das Befolgen der vorgegebenen Gesetze oder das Sich-einfügen in eine bestehende Ordnung betont. Idealpädagogik hingegen rechnet mit Wachstumsprozessen auf das angestrebte Erziehungsziel hin. Sie sieht den Weg, den der Einzelne vom Bejahen über das immer erneute Anstreben zum Erreichen des Ideals zurücklegen muss – steht also stark im Zeichen einer Entwicklung, eben einer Bewegung. Erzieherische Beeinflussung im Sinne der Idealpädagogik versucht also, durch stets neu nahegebrachte Motivierung die freie Selbstentscheidung des Einzelnen zu wecken, das Ideal zu bejahen und anzustreben. Das gilt im Einzelleben wie im Gemeinschaftsbereich. Für Pater Kentenich ist klar, dass in einer pluralistischen Gesellschaftsordnung weder verbindliche Gesetze noch eine einheitliche Tradition für Menschenbildung und -führung im Vordergrund stehen können. Deshalb setzt er pädagogisch konsequent alles auf die eine Karte: dass der Einzelne sich in Freiheit für sein Ideal und seine Wertwelt entscheidet und sich ebenso frei mit denen zusammenschließt, die mit ihm gemeinsam diese Wertwelt bejahen und leben wollen. Solche Entscheidungen sind wesentlich stärker, als dies in der Vergangenheit bei einem mehr statisch geprägten Erziehungsstil der Fall war, von Entwicklungen, Wachstumsvorgängen und Neuentscheidungen geprägt. Dem entspricht, was Pater Kentenich unter „Bewegungspädagogik" versteht.

Ein charakteristischer praktischer Ausdruck einer solchen Pädagogik ist die Arbeit mit sogenannten „Strömungen". Eine Gemeinschaft, die nicht zuerst von Gesetzen und Anordnungen geprägt wird, muss immer von geistigen Strömungen bewegt sein. Sie sind der Ausdruck eines gemeinsamen Suchens nach den Wertaspekten, die diese Gemeinschaft jetzt besonders ansprechen. Im geistigen Ringen darum findet ein Aneignungsprozess statt, der in der Regel nur Teilaspekte eines Ganzen herausgreift, diese aber vital bejaht, sie gemeinsam anstrebt, sich davon anregen lässt und ihnen in speziellen Wortprägungen, Symbolen, Liedern, Feiern, usw. einen originellen Ausdruck gibt. So können Feste vorbereitet, spezielle Situationen mit ihren Herausforderungen aufgegriffen, in der vielschichtigen Zusammensetzung etwa einer Pfarrei o. ä. den einzelnen Gruppen ihr origineller Zugangsweg zum gemeinsamen Ziel erschlossen werden.

„Die künftige Entwicklung der Welt, die fast keine Abstände mehr kennt und die Menschen entferntester Kontinente leicht und schnell in Verbindung zueinander bringt und deswegen ständig mit fließenden Verhältnissen, nicht mit festen Formen rechnen muss, wird dieser Vertrauens- und Bewegungspädagogik nicht entraten können. Auch die Kirche wird sich im eigenen Interesse früher oder später damit auseinandersetzen müssen. Heute schon scheint sie vor diese Notwendigkeit gestellt zu sein." (Epistola 1949, 48f)

In kleineren Erziehungsgemeinschaften kann Bewegungspädagogik bewusst zur „Eroberung" der Wertwelt des Erziehungszieles eingesetzt werden, so hat es Pater Kentenich z.B. in den „Noviziatskursen" seiner Säkularinstitute getan: „Jeder Kampf um das Kursideal zeigt dasselbe Bild. Bei solchen Gelegenheiten scheiden sich die Geister. Sie stoßen aufeinander, sie werden wach. Das ist ja gerade das Ziel der Bewegungspädagogik, durch gewachsene oder absichtlich heraufbeschworene Krisen auf Entscheidungen zu drängen. Solche ‚Krisen' sind vielfach beides: Ausdruck und Mittel zur Selbständigkeit im Urteil, Leben und Handeln. Der Sozialismus und Kommunismus hat in seiner Art diese Krisentheorie sorgfältig ausgebaut. Wenn wir uns das Wertvolle davon nicht langsam aneignen, führen wir unsere Gefolgschaft nicht voll ausgerüstet in die kommende Zeit. Unser Weg wird mit Trümmern gezeichnet sein."

Das Gesamtkonzept der Idealpädagogik, wie Pater Kentenich es entworfen und in jahrzehntelanger pädagogischer Praxis innerhalb seiner geistlichen Familie angewandt und erprobt hat, stellt einen in sich geschlossenen Wurf dar. Auf ein naheliegendes Missverständnis sei hier noch aufmerksam gemacht. Pater Kentenich hat immer deutlich unterschieden zwischen der reflexiv erfassten Konzeption für den Erzieher und der pädagogischen Handhabung. Es hat wenig Sinn, ist im Gegenteil hinderlich für den erzieherischen Dialog, wenn die gesamte Theorie dem zu Erziehenden vorgelegt würde. Die „Anweisungen und Regeln" des ignatianischen

Exerzitienbuches waren für den Exerzitienmeister, nicht den Teilnehmer bestimmt. Reflexives Sich-auseinandersetzen mit den Gesetzmäßigkeiten und Begründungen der Idealpädagogik ist Sache des Erziehers und nur zu einem sehr eingeschränkten Maß dessen, der sich in dem Erziehungsprozess befindet. Um einem Menschen zur Entdeckung seines Persönlichen Ideals und zu einem erfüllten Leben aus personalern Selbstbesitz zu verhelfen, ist es nicht nötig, ihn mit der gesamten Idealtheorie zu belasten. Das gilt im Übrigen für jedes Erziehungskonzept.

Lebensform „Säkularinstitut"

Die Idealpädagogik findet eine konkrete Anwendung in einem Bereich, an den man in diesem Zusammenhang am allerwenigsten denkt – und der doch für Pater Kentenich besonders charakteristisch ist. Er betrifft seine Konzeption der Säkularinstitute als einer modernen Form des religiösen Gemeinschaftslebens in der Kirche. Jahrhunderte hindurch existieren die verschiedensten Typen des Ordenslebens – monastische Orden wie die Benediktiner, apostolische Orden wie die Jesuiten, etc. Dazu gibt es jeweils verschiedene konkrete Spielarten. Allen gemeinsam ist ein möglichst radikales Streben nach Vollkommenheit, nach hochgradiger Verwirklichung der Christusnachfolge – und zwar in Gemeinschaft. Im Laufe der Jahrhunderte orientiert sich die Christusnachfolge konkret an den drei evangelischen Räten durch ein Gelübde der Armut, der Ehelosigkeit und des Gehorsams. Der Kerngedanke dabei ist, dass man *aus der Welt* gehen und alles Weltliche hinter sich lassen müsse, wenn man Gott vollkommen lieben und dienen wolle. Ein auch nur flüchtiger Einblick in die Kirchengeschichte lässt erkennen, welch starken Einfluss die Ordensgemeinschaften auf das gesamte Leben der Kirche hatten und haben.

Im Laufe des 19. und 20. Jahrhunderts machen sich jedoch neue Bestrebungen bemerkbar, die von einem anderen Grundgedanken geprägt sind, nämlich dass man *in der Welt bleiben* könne und solle, um gerade dort Gott gegenwärtig zu setzen, ihn in der Welt neu Mensch werden zu lassen. Die Liebe zu ihm findet dann durch die Arbeit und die Beziehungen zu anderen Menschen eine konkrete Form. Das ist ein ganz neuer Ansatz der Christusnachfolge und des radikalen Vollkommenheitsstrebens – statt „Weltflucht" nun „Durchdringung der Welt". Zunächst gibt es keine rechtlichen Grundlagen für eine derartige Gemeinschaftsform. Doch im Jahr 1947 antwortet Pius XII. mit der Konstitution „Provida mater" auf diese Entwicklung der Kirchen- und Ordensgeschichte und schafft damit eine neue Rechtsform für religiöse Gemeinschaften. Für viele ist dies ein Hoffnungszeichen für einen Neuaufbruch im Sinne einer zeitgemäßen, mutigen Entwicklung in der Kirche. Aus ihrem innersten Lebensraum heraus will sie den suchenden Menschen entgegengehen, mitten in der Welt soll sich das Heiligkeitsstreben ereignen. Nicht losgelöst von der Welt, hinter Klostermauern und isoliert vom Leben der Laien, sondern programmatisch und mutig mitten unter den Menschen will sich die Kirche ungeschützt einwurzeln, vertrauend allein auf die geistliche Kraft ihrer Zeugen.

Einer der ersten, der von der Vision dieser neuen Lebensform elektrisiert wird, ist Pater Kentenich. Die Säkularinstitute sind für ihn die konkrete Form einer Verwirklichung seiner Uridee vom „Neuen Menschen", die er als zentralstes Anliegen in sich trägt und überall kündet. Auf einer Reise ist er genau zu dem Zeitpunkt in Rom, als Pius XII. die Säkularinstitute als neue Form des „Ordenslebens in der Welt" in der Öffentlichkeit bekannt macht. Zwei Tage nach der Veröffentlichung von „Provida Mater", am 14. März 1947, dankt Pater Kentenich in einer Privataudienz dem

Papst für diesen Schritt und legt das Versprechen ab, alles dafür einzusetzen, dass die Säkularinstitute tatsächlich eine ähnlich inspirierende und beseelende Rolle für die christliche Gesellschaftsordnung spielen, wie es die herkömmlichen Orden seit Jahrhunderten tun. Er glaubt an einen großen Neuaufbruch in der Kirche in Richtung Säkularinstitut - der allerdings bis heute noch nicht in dieser Weise erfolgt ist.

Das Originelle an Pater Kentenichs Konzept

Das Besondere, Unterscheidende an Pater Kentenichs Konzeption für seine Säkularinstitute ist *ein* bestimmter Gesichtspunkt, dessen Tragweite sich nicht auf den ersten Blick erschließt. Für Pater Kentenich ist dieser Ansatz aber „hochexplosiv": Er will als neue Form des „geweihten Lebens" den *gelübdelosen* Menschen in der *gelübdelosen* Gemeinschaft, der sich aus innerer Überzeugung und in Freiheit an die Einhaltung der gegebenen Versprechen bindet.

Warum soll ausgerechnet *dieser* Aspekt so wichtig sein? Ich habe selbst darum gekämpft, ihn in seinem ganzen Ausmaß zu verstehen. Um die Bedeutung des Elementes der *Gelübdelosigkeit* für die Organisation des Gemeinschaftslebens zu begreifen, ist es nötig, sich mit der Geschichte und dem Stellenwert von Gelübden in der Kirche vertraut zu machen. Alle Formen des Ordenslebens stehen in der Spannung zwischen dem hohen Ziel gemeinschaftlicher Christusnachfolge nach den evangelischen Räten und der Sicherung dieser Lebensform durch eine freiwillig eingegangene Verpflichtung. Bislang geschah das meistens durch Gelübde, die im Gewissen für die gesamte Lebenszeit binden und eine verbindliche Verpflichtung vor Gott darstellen. Ein Gelübde abzulegen war auch außerhalb von Orden und religiösen Gemeinschaften jahrhundertelang ein zentraler Brauch in der Kirche. Man legte z. B. ein Gelübde ab im Zusammenhang mit einer

Wallfahrt oder um Gott etwas zu versprechen. Diese Tradition wurde von den Orden aufgegriffen; die mittelalterliche Mentalität konnte sich nicht vorstellen, junge Leute zu erziehen, ohne sie auf bestimmte Verhaltensweisen durch Gelübde unter Gehorsam zu verpflichten.

Doch seither hat sich die Mentalität geändert – wir haben von einem Paradigmenwechsel hin zu dem Wert der Freiheit gesprochen, vom *neuen* Menschen mit neuen Voraussetzungen und Bedürfnissen. Hier setzt Pater Kentenich an. Diesen Menschen hat er im Blick, der letztlich aus der Hingabe an das große Ideal lebt. Schon in der „Vorgründungsurkunde" vom Oktober 1912 wird dies deutlich. Pater Kentenich hat ein Gespür für das, was sich im Lebensgefühl geändert hatte: Es ist die Sehnsucht nach Freiheit, das Bedürfnis, selbst Entscheidungen zu treffen, ernst genommen zu werden und eigenverantwortlich handeln zu können. So appelliert Pater Kentenich bei seiner ersten Ansprache als Spiritual des Studienheims zu den Jungen an genau dieses Freiheitsbedürfnis.

„Wir wollen uns in innerer Freiheit zu einem großen Lebensziel erziehen." Das ist Pater Kentenichs Traum von einem Säkularinstitut – Menschen gewinnen, sie begeistern für ein Ideal und ihnen für immer die Freiheit zu geben, nach diesem Ideal zu streben – ohne sie rechtlich abgesichert durch ein Gelübde dazu zu verpflichten. Als er den Ruf Gottes in sich erspürt, als verlässliche Säulen seines Gesamtwerkes neue religiöse Gemeinschaften zu gründen (seit 1926 mit der Gründung der Marienschwestern), nimmt seine Vision vom „Neuen Menschen in der neuen Gemeinschaft" in der Konzeption und Ausgestaltung seiner Säkularinstitute ganz konkrete Formen an. Durch ein Minimum an verpflichtenden Bindungen und ein Maximum von freier Entscheidungsmöglichkeit – dazu aber Geistpflege, d. h. ständig neue Motivierung im Höchstmaß – will er sicherstellen, dass die Mitglieder sich nicht im Mittelmaß der Verwirklichung der evangelischen

Räte bewegen, sondern sich immer neu von innen heraus entscheiden, nach dem Höchsten zu streben. Das ist der neue Weg, ein neuer Typ von religiöser Gemeinschaft. Mit großer Griffsicherheit hat er erkannt, um was es heute geht und mit klarer innerer Konzeption setzt er dies um. Die geringste rechtliche Bindung, die er als konkrete Form dazu wählt, ist ein bürgerlicher *Vertrag* zwischen dem Einzelnen und der Gemeinschaft, der jederzeit gekündigt werden kann. Um die religiöse Ebene ins Spiel zu bringen, wird der Vertrag mit einer *Weihe* an Gott und die Gottesmutter verknüpft. Der geläufige Ausdruck dafür ist in den Schönstatt-Säkularinstituten *Vertragsweihe*. Das Kernstück ist und bleibt: ständig neu beseelte Hingabe an das Ideal – aber verbunden mit der kleinsten, minimalsten rechtlichen Bindung.

Das stellt einen Bruch mit der Ordenspraxis dar, die immer eine Höchstform rechtlicher Absicherung gewählt hat. Gelübde ist eine frei gewählte Bindung, die im Gewissen unter Sünde verpflichtet. Für Pater Kentenich ist der Ausdruck ‚gelübdelos' ein Programm – nicht, als ob er die Gelübdebindung in sich gering achten oder ablehnen wollte. Er pflegt zu sagen: Persönlich kann jeder so viel Gelübde ablegen, wie er will. Worum es ihm geht, ist immer wieder das Ideal der Freiheit, die von innen heraus der Mentalität des neuen Menschen unserer Epoche entspricht. Noch hat die Kirche diesen Neuansatz nicht umfassend bestätigt, auch wenn einigen Säkularinstituten der Schönstatt-Bewegung die offizielle kirchliche Anerkennung mit ihrer Bindungsform bereits zugesprochen wurde. Andere Säkularinstitute stellen sich die Frage nach alternativen Bindungsformen nicht. Für sie bedeutet „Säkularinstitut" im Unterschied zum Orden, dass sie *in der Welt* ohne besondere äußere Zeichen und nicht als Gemeinschaft im Kloster leben. Gelübde legen sie dabei trotzdem ab. Hier liegt also in der Tat ein ganz originelles Konzept Pater Kentenichs vor.

Als er mit den römischen Amtsstellen der Religiosenkongregation über die Anerkennung der Marienschwestern als Säkularinstitut (1948) ins Gespräch kommt, geht es von Anfang an um diese Frage der Bindungsform: Die Verantwortlichen haben stärkste Bedenken, die Erfahrung von Jahrhunderten beiseite zu lassen, dass die menschliche Schwachheit trotz bester Absichten immer wieder durchbricht. Im Notfall muss eine rechtliche Barriere mit Strafen mögliche Übertretungen verhindern. Pater Kentenich setzt seinem Gesprächspartner Pater Larraona, dem damaligen Sekretär der Religiosenkongregation, sein Konzept auseinander. Sein Hauptargument ist, dass nur langjährige Erziehung die Grundhaltung hochherzigen Freiheitsstrebens schaffen könne. Das ist das Herzstück seines Ansatzes: Ein Minimum an rechtlicher Bindung, dafür aber ein Höchstmaß an dauernder Geistpflege, die herausfließt aus einer stets weitergehenden Erziehung. Er wiederholt immer wieder seine Überzeugung, dass die Lebensform der Säkularinstitute viel mehr von einer entsprechenden Erziehung abhängt als von Organisations- und Rechtsformen.

Unter *Erziehung* versteht er ein pädagogisches Konzept, das in den Ausbildungszeiten - vom Noviziat an - und durch ein entsprechendes Brauchtum des jeweiligen Institutes ein Leben lang das beständige Streben nach dem Ideal der Christusnachfolge in den konkreten Formen der eigenen Gemeinschaft pflegt und aktualisiert. Es kann nicht genügen, nur zu Beginn des Gemeinschaftslebens eine solche Haltung einzuüben – in der Hoffnung, dass diese im Wesentlichen ein Leben lang ‚hält'. In unserer schnelllebigen Zeit und unter den Bedingungen der pluralistischen Gesellschaft ist der Abnutzungseffekt aller seelischen Haltungen wesentlich höher als zu frühern Zeiten. Für Säkularinstitute, die mitten im Leben stehen, können die gewohnten Schutzmaßnahmen wie äußere Abgeschiedenheit und enges Gemeinschaftsleben nicht greifen. Geistpflege und Erziehung sind die beiden Einflussmöglichkeiten, die Pater Kentenich gebraucht und in seinen eigenen Gründungen stark ausgebaut hat.

In dieser Formulierung der wesentlichen Elemente von Bindung, Freiheit und Geistpflege ist das letztgenannte Wort – ein typischer Kentenich-Ausdruck – das Wichtigste. Jede Art von Gemeinsamkeit im Streben nach Zielen und Idealen ist immer bedroht von Routine und Seelenlosigkeit. Deswegen ist in allen Phasen des Gemeinschaftslebens ein ständiges Bemühen um je neue Motivierung und Beseelung unerlässlich. Im Aufgreifen aktueller Ansatzpunkte aus der gemeinsamen Erfahrung und durch die Rückbesinnung auf ursprüngliche Werterlebnisse werden die Zentralwerte neu beleuchtet und gefüllt. Auf diese Weise wird die Anziehungskraft der gemeinsamen Ziele je neu lebendig und stärker erlebt. So verstandene Geistpflege ist nichts, was irgendwann einmal abgeschlossen sein kann. Es ist bleibende Herausforderung für jede religiöse Gemeinschaft. Pater Kentenich empfindet diese Notwendigkeit unter den Lebensbedingungen der heutigen Zeit besonders stark, denn sein Zielbild ist ja gerade dieser „geistbeseelte und idealgebundene", der „Neue Mensch in der Neuen Gemeinschaft".

Das Ergebnis seiner Gespräche mit Pater Larraona ist für Pater Kentenich höchst erfreulich. Der Sekretär der Religiosenkongregation fasst sein Schlussurteil so zusammen: *Sie haben mich nicht überzeugen können. Eine jahrhundertealte Erfahrung sagt mir, dass nur rechtliche Bindungen schwerwiegender Art ein Absinken des Strebens verhindern können. Aber ich bin bereit, aus Achtung vor Ihrer Autorität als Gründer Ihnen eine Chance zu geben, dass Sie ein Experiment mit Ihrem Konzept machen können – ich werde in die Gesetzgebung für die Säkularinstitute unter den von der Kirche anerkannten Bindungen Ihren „Vertrag" mit aufnehmen. Ihre Erfahrung kann uns ja, wenn sie glückt, überzeugen.* Pater Larraona hat damals einen großen Ruf als außerordentlich fähiger Leiter der Religiosenkongregation. Die Art, wie er den völlig neuartigen Fall von Pater Kentenich behandelt und löst, lässt etwas von Erfahrungsweisheit erkennen.

Unmittelbar nach seiner Rückkehr aus dem Exil in Milwaukee im Jahr 1965 kommt Pater Kentenich zum zweiten Mal mit den Verantwortlichen in Rom zusammen. Inzwischen sind fünf Säkularinstitute Schönstatts rechtlich errichtet – zwei Priester- und zwei Frauengemeinschaften und ein Institut für Männer. Und es steht auch bereits die Frage nach der Möglichkeit eines neuartigen sechsten Institutes für Eheleute an. Über all diese Fragen will Pater Kentenich mit den verantwortlichen Männern ins Gespräch kommen. Wir waren alle sehr gespannt auf das Ergebnis. Ich kann mich noch gut erinnern, wie ich Pater Kentenich zurückkommen sah. Seinem Gesicht war die Enttäuschung anzusehen. „Da gehe ich nicht mehr hin, das ist Zeitverschwendung!", ist sein lakonischer Kommentar. Der Nachfolger von Pater Larraona ist aus anderem Holz geschnitzt, ein recht eng denkender Jurist, der für solche weit gespannten, kühnen neuen Konzepte keinen Sinn hat und Pater Kentenich dies auch deutlich spüren lässt. Ich konnte miterleben, wie das aussieht, wenn ein charismatischer Gründer mit der Realität der Amtsträger in der Kirche zusammenstößt.

Inzwischen sind noch einmal rund fünfzig Jahre ins Land gegangen. Es gab ein einschneidendes Konzil mit unübersehbaren Auswirkungen. Eine Reihe von Stellungnahmen verschiedener Instanzen hat sich grundsätzlich und praktisch mit den Säkularinstituten beschäftigt. Sowohl im Bereich der bisherigen Orden und Kongregationen hat sich vieles ereignet und entwickelt, was durch seine Wellen und Wogen auch die Säkularinstitute berührt hat, aber auch das Aufkommen der neuen geistlichen Bewegungen hat vieles verändert, wovon man 1947 noch keine Vorstellungen haben konnte. Heute gibt es ca. 140 Säkularinstitute mit etwa 50.000 Mitgliedern. Aber ihre konkrete Situation ist sehr stark von Nachwuchsmangel gekennzeichnet. *Aufs Ganze gesehen haben sich die großen Erwartungen an die Säkularinstitute bisher nicht erfüllt* – das war die Aussage von Papst Johannes Paul II. gegen Ende seines Lebens. Der „Aufbruch der Säkularinstitute", der weite Kreise mit Begeisterung erfüllt hat, hat sich so nicht auf eine neue Generation übertragen. Noch geht die Suche nach ihrer spezifischen Aufgabe und Rolle in der grundlegend veränderten Landschaft der Kirche weiter.

In den Rahmen dieser Suchbewegungen gehört auch die kühne Idee von Pater Kentenich, ein *Säkularinstitut für Eheleute* zu gründen. Ausgerechnet im Konzentrationslager Dachau wird diese Idee geboren. Zusammen mit einem Laien, Dr. Fritz Kühr, wagt er 1942 den Sprung, mitten in der „Todes- und Narrenstadt" diese Gemeinschaft zu gründen. Natürlich ist er sich bewusst, dass seit 1000 Jahren noch kein Gründer und keine Gründerin eine solch „verrückte" Idee gehabt hat. Alle Formen des geweihten Lebens schließen bislang die frei gewählte Ehelosigkeit mit ein. So ist auch die geltende rechtliche Grundlage bis heute. Ein Institut für Eheleute, die gemeinsam nach Vollkommenheit streben, ist bis heute rechtlich ausgeschlossen. Pater Kentenich ist so sehr davon überzeugt, dass diese Idee einer Inspiration des Heiligen Geistes entspringt, dass er nach seiner Rückkehr aus Dachau in der Schönstattbewegung von seiner Absicht spricht, eine breit angelegte Familienbewegung zu gründen und als deren inneren Kern ein Säkularinstitut für Eheleute. Der Mitgründer Dr. Fritz Kühr kann ihm praktisch nicht dabei helfen: Seine Frau, ohne deren Zustimmung er nichts unternehmen will, ist während des Krieges nach Brasilien emigriert. Und als Dr. Kühr endlich zu ihr kann, wird er ernstlich krank und stirbt im Jahr 1950 an Krebs.

Aber die gläubige Überzeugung Pater Kentenichs bleibt ungebrochen. Er sammelt Ehepaare, die sich im Rahmen seiner Bewegung zusammenschließen. Und ganz langsam wächst in ihnen auch das Verständnis für die Notwendigkeit eines Säkularinstitutes von Ehepaaren. Im vollen Wissen, dass die kirchliche Gesetzgebung eine solche Möglichkeit ausschließt, geht er dennoch daran, erste Schritte auf ein solches Institut zusammen mit Ehepaaren in verschiedenen Ländern zu tun. Sein unbändiger Glaube, dass er einen Plan Gottes ertastet hat, ist ansteckend. Ganz langsam wachsen kleine Gruppen, die sich für die Gründung eines solchen Institutes zur Verfügung stellen. Heute gibt es über 300 Ehepaare in 15 Ländern, die lebensmäßig ein zukünftiges Säkularinstitut für Eheleute zu verwirklichen suchen. Alle bisherigen Bemühungen, die Verantwortlichen für die Säkularinstitute in Rom für eine Unterstützung zu gewinnen, scheiterten an der Mauer, die Eheleute von der Teilnahme am geweihten Leben in der Kirche ausschließt.

In diesem Zusammenhang ist es wichtig, die Begründung für den Ausschluss verheirateter Menschen vom kirchlichen Vollkommenheitsstand in den Blick zu nehmen. Zum einen gibt es den durch das Evangelium grundgelegten Wert der freiwilligen Ehelosigkeit um des Himmelreiches willen. Dieser Wert hat sich als Zugangsvoraussetzung zum geweihten Leben etabliert, aber auch verabsolutiert. Dies ist *eine* Seite der Wirklichkeit. Dazu kommt jedoch auf der anderen Seite eine Art ‚unheilige Allianz' dieses Wertes mit einer Sicht, die sich im Bewusstsein weitester Kreise der Kirche gebildet hat und alles, was Ehe, Geschlechtlichkeit, ja auch das Frau-Sein betrifft, in der Wertschätzung herabgesetzt hat. Gott sei Dank ist nach dieser Richtung ein Umdenken erfolgt, das sicher noch nicht abgeschlossen ist und noch nicht alle Kreise erfasst hat. Es geht nicht darum, die Berechtigung eines „geweihten Lebens" mit den drei konstitutiven Elementen von Armut, Gehorsam und Ehelosigkeit in Frage zu stellen, sondern darum, ob die *Exklusivität* der Zugehörigkeit als unabänderlich für alle Zeiten zu gelten hat. Könnte es nicht im Zuge der Aufwertung der *Welt als Schöpfung Gottes* und in diesem Zusammenhang auch der *Ehe als Sakrament* zwei gleichwertige, aber andersartige, parallele Wege der vollkommenen Christusnachfolge geben – ohne dass der eine dem anderen die Existenzberechtigung abspricht? Könnte nicht die Anerkennung des ehelichen Lebensweges als gleichwertig neben dem ehelosen Weg eine wichtige und hilfreiche Rolle bei der Erneuerung der Kirche spielen? In Pater Kentenich lebt diese Vision.

Mit dem Institut der Marienschwestern hat er im Jahr 1926 schon einmal eine Gemeinschaft gegründet, für die zu der Zeit noch kein kirchenrechtliches Fundament bestand. Als Pater Kentenich einige Jahre nach dem Beginn des Zusammenlebens als religiöse Gemeinschaft die ersten Schwestern in außereuropäische Missionsländer aussendet (1935), sagt er ihnen zum Abschied: *Wir haben kein rechtliches Fundament und keine kirchliche Anerkennung, aber wenn Sie unseren Geist und unsere Lebensform treu leben, dann werden wir früher oder später anerkannt – und wenn dafür das ganze kirchliche Gesetzbuch umgepflügt werden muss.* Und so kommt es: Im Jahr 1948, gleich nach dem In-Kraft-Treten von „Provida mater", wird das Schwesterninstitut - als erstes deutsches Säkularinstitut – kanonisch errichtet und von vielen Bischöfen im In- und Ausland mit höchstem Lob bedacht.

Noch regt sich derzeit nichts im Rechtsgefüge der Kirche, was die Approbation eines Institutes von Eheleuten betrifft. Doch Pater Kentenich ist bis zu seinem Lebensende davon überzeugt, dass früher oder später eine kirchliche Anerkennung kommen wird. Ein Faktor, der in diese Richtung deutet, ist die krisenhafte Situation von Ehe und Familie in der Gesellschaft; ein anderer sind die Schwierigkeiten, die auch gläubige Eheleute mit der kirchlichen Ehemoral haben. Für Pater Kentenich ist das Hauptmotiv für die Gründung eines Eheinstitutes seine Überzeugung, dass von den Mitgliedern einer solchen Gemeinschaft im Sinne einer Vorbildfunktion Ermutigung und Inspiration ausgehen kann – als Zellen christlichen Ehe- und Familienlebens mitten in der Gesellschaft. In einer Zeit, in der päpstliche und bischöfliche „Weisungen" immer weniger Akzeptanz haben, zählt letztlich nur das überzeugend gelebte Leben aus dem Glauben. Hier erhofft Pater Kentenich durch die Säkularinstitute einen entscheidenden Einfluss auf die gesellschaftliche und kirchliche Entwicklung – und nicht zuletzt auch durch das Institut der Schönstattfamilien.

Bindungs- und Bündnispädagogik – Das organische Denken, Leben und Lieben

Die Bindungs- und Bündnispädagogik ist der zweite Pfeiler des pädagogischen Systems Pater Kentenichs. Sie macht seine geistige Leistung und sein originelles Angebot für unsere Zeit auf die vielleicht anschaulichste Weise deutlich. Hier erfährt die eigentliche Herzmitte seiner Spiritualität, das „*organische Denken, Leben und Lieben*" eine konkrete Übertragung in pädagogisches Handeln. Damit greift Pater Kentenich *das* Kernanliegen unserer Zeit auf: die Frage nach der Bedeutung, dem Zustandekommen und dem Wachstum von tragfähigen und verlässlichen Bindungen. Ihre Auswirkung auf die gesunde Entwicklung des Menschen, seine psychische Stabilität und nicht zuletzt auch auf sein Verwurzeltsein im Glauben hat Pater Kentenich zeitlebens beschäftigt. Sein forschender und vergleichender Geist zieht aus zahlreichen Beobachtungen eine diagnostische und prognostische Folgerung: Die Bindungsfrage stellt für volles Menschsein und Christsein unter unseren heutigen Gegebenheiten die zentrale Herausforderung dar, die deswegen von einer zukunftsgerichteten Pädagogik aufgegriffen werden muss. Diesem Anspruch stellt sich sein pädagogisches Konzept.

Die wissenschaftlichen Forschungen des vergangenen Jahrhunderts – vornehmlich von John Bowlby und Mary D. Ainsworth, den „geistigen Eltern der heutigen Bindungsforschung" (Grossmann & Grossmann, 2003, S. 307) – belegen später die Erkenntnisse Pater Kentenichs empirisch. Mittlerweile sind die Folgen der Veränderungen nicht mehr zu übersehen. Geprägt durch die gesellschaftlichen Veränderungen und Umwälzungen des 20. Jahrhunderts fällt es dem Menschen zunehmend schwer, echte, tiefgreifende und beständige Bindungen zu knüpfen und vor allem, sie dauerhaft lebendig zu halten. Dies gilt für den zwischenmenschlichen Bereich, betrifft aber ebenso die Bindung an Dinge und Orte, Werte und Ideen.

Nicht nur das Bindungsverhalten, auch das Denken hat sich verändert. In vielen Bereichen werden lebensmäßige Zusammenhänge auseinandergerissen: Die Idee wird vom Leben getrennt, der Mensch von Gott, einzelne Lebensvorgänge werden isoliert gesehen. Wie im Kapitel „Organische Sicht der Welt" umrissen, sieht Pater Kentenich in einem solchen „mechanistischen Denken" eine große Bedrohung für gesundes Menschsein und stellt ihm das „organische Denken, Leben und Lieben" gegenüber. Diese Denkweise wirkt sich entsprechend prägend auf die pädagogische Praxis aus, weil sie konkrete Folgen für die Gestaltung von Beziehungen in verschiedenen Kontexten hat.

Das komplexe System der Bindungs- und Bündnispädagogik Pater Kentenichs, das mit seinen psychologischen und anthropologischen sowie theologischen und philosophischen Hintergründen in verschiedene Richtungen entfaltet wird, lässt sich auf zwei grundlegende Aussagen zurückstraffen. Zum einen liegt ihm die Einsicht zugrunde, dass der Mensch ohne verlässliche, liebevolle Beziehungen verkümmert. Seelische Bindungen stellen die unverzichtbare Basis für eine gesunde Entfaltung des Menschen dar. Zum anderen ist Pater Kentenich der Überzeugung, dass die natürlichen Bindungen den Boden für die Entfaltung der übernatürlichen Bindungen bereiten. Sie bilden somit deren Fundament.

Auf die Frage, wie Pater Kentenich zu der inneren Sicherheit seiner Auffassung kommt, lässt sich antworten: durch seine bewährte Methode der Lebensbeobachtung und des Vergleichens. Über Jahre und Jahrzehnte kann er die Entwicklung der ihm Anvertrauten unmittelbar wahrnehmen und begleiten. Dadurch, wie auch durch den Vergleich mit der Struktur des Seelenlebens in Gegenwart und Vergangenheit, kommt er in wachsendem Maß zu der Einsicht, dass in diesem sensiblen Bereich ein entscheidender Herd geistig-seelischer Fehlentwicklungen unserer Zeit liegt. Bereits zu Beginn der Dreißigerjahre erreicht diese Erkenntnis bei ihm einen hohen Grad an reflexiver Sicherheit, sodass er daraus Konsequenzen für sein weiteres pädagogisch-seelsorgliches Bemühen ziehen kann: Er entwickelt eine originelle Bindungspädagogik unter Berücksichtigung psychologischer und philosophisch-theologischer Erkenntnisse. Dieser Aufgabe widmet er in der Folgezeit sowohl in der Theorie – durch zahllose Vorträge, Studien und Ausführungen – wie auch in der pädagogischen Praxis – durch die Schaffung und Pflege eines lebendigen Bindungsorganismus innerhalb seiner Schönstattfamilie – den größten Teil seiner Zeit und Kraft. Er sieht darin den Kern- und Brennpunkt einer schöpferischen Antwort auf die tiefste Herausforderung unserer Zeit.

Mit seinem Anliegen, durch eine konsequent angewandte Bindungspädagogik zur Heilung und Reifung des Menschen beizutragen, trifft Pater Kentenich auf weitgehendes Unverständnis und vor allem innerkirchlich auf entschiedenen Widerstand. Viele Einwände kann er gut nachvollziehen, hat er sich doch selbst aus mancherlei Auffassungen und Haltungen einer „alten" Pädagogik und Aszese befreien müssen. Die Triebfeder seines Suchens nach neuen Wegen ist die Einsicht in die veränderte Seelenlage des heutigen Menschen und in die negativen Auswirkungen bisher üblicher Erziehungsmethoden.

Bindung als seelischer Vorgang

Um diesen Dreh- und Angelpunkt des Wirkens Pater Kentenichs tiefer zu verstehen, stellt sich zunächst die Frage: Was meint er, wenn er von „Bindung" oder auch „Gebundenheit" spricht? Bindungen sind für ihn Beziehungen, die den Menschen mit Personen, Dingen, Orten und Ideen verknüpfen, so dass „seelische Fäden" hin und her laufen. Solche „Lebensbänder" sind im Unterschied zu vielen nur auf einzelne Handlungen bezogenen Eindrücken langsam gewachsen, emotional verwurzelt und deshalb dauerhaft. Im Fall der personalen Bindungen kommt noch die Beiderseitigkeit hinzu. Durch diesen geheimnisvollen Vorgang, den man nicht „machen" oder „haben" kann, werden Personen und Dinge für den gebundenen Menschen wertvoll. Für Pater Kentenich geht es dabei um die ganzheitliche Entfaltung der in der menschlichen Anlage liegenden Liebesfähigkeit, die dadurch im Unterschied zu der Freud'schen Libidotheorie in eine andere anthropologische Deutekategorie hineingestellt wird. Was sich in früheren Zeiten offenbar wie von selbst einstellte, dass der Einzelmensch in seiner Entfaltung ein Netz von Beziehungen aufbaut, ist in unserem geistig-seelischen Umfeld krisenhaft bedroht.

„Bindung" meint also jene menschliche Urerfahrung, die im 20. Jahrhundert zu einem zentralen Forschungsfeld der Psychologie und Soziologie geworden ist. Jeder Mensch entwickelt von seinen frühesten Anfängen an seelische Beziehungen zu seiner erlebten Umwelt. Da dieser Prozess jedoch oft nicht störungsfrei verläuft, leiden viele Menschen an seelischen Verletzungen und Ausfallerscheinungen, die ihnen das Leben schwer machen. Diese Entwicklung hat dazu geführt, dass den psychologischen Gesetzmäßigkeiten der Entstehung von Bindungen ein besonderes Augenmerk gewidmet und sie zunehmend erforscht und untersucht wurden. So schreibt z. B. der amerikanische Psychologe Rollo May: „Das ‚typische' psychische Problem unserer Zeit ist nicht mehr – wie in Freuds Tagen – die Hysterie, sondern das schizoide Phänomen, d.h. die Probleme der Menschen, die ohne Bindungen sind, keine Beziehung zur Umwelt haben, unter Gefühlskälte leiden und zur Depersonalisation neigen." Dabei sind oft nur Teilaspekte dieses umfassenden Vorgangs in den Blick gerückt worden, am stärksten wohl die frühkindliche Mutterbindung mit ihren Auswirkungen auf die Entfaltung der Persönlichkeit. Pater Kentenich geht es darum, das gesamte Phänomen der Entstehung dieses Beziehungsnetzes zu beobachten und für seine Pädagogik fruchtbar zu machen. „Bindung" ist für ihn *jede* gewachsene Beziehung einer Person unter emotionaler Beteiligung.

Zweifellos ist die wichtigste Form solcher Beziehungen die *personale Bindung*, die auch bei Pater Kentenich im Vordergrund steht. „Der Mensch wird zum Ich am *Du*" – so drückt Martin Buber diese Erkenntnis in kongenialer Weise aus. Er findet zu seinem Selbst am *Du* und im Erlebnis des *Wir.*

Von der Urbindung zum Bindungsgefüge

Wohl am intensivsten erforscht ist das Feld der Entstehung menschlicher Urbindungen zwischen Mutter und Kind. Entwicklungspsychologisch gesehen entsteht Bindung zunächst aufgrund der Abhängigkeit des Säuglings bei der Befriedigung von triebgesteuerten Bedürfnissen. Er ist existentiell angewiesen auf einen Anderen, der ihn verlässlich mit *allem* Lebensnotwendigen wie Nahrung, Schutz, Wärme oder Trost versorgt – und sendet demzufolge die entsprechenden Signale. Diesem Urtrieb entspringt zum Beispiel das noch nicht auf eine konkrete Person bezogene, reflexartige „soziale Lächeln" der ersten Monate. Bindungsforscher sprechen von einer grundsätzlichen biologischen Anlage zur Bindung (vgl. Bowlby, 1986a, S. 171 – 174), die dann aufgrund der gemachten Erfahrungen zum Entstehen von Bindungsmustern und einem entsprechenden Bindungsverhalten führt. Dabei handelt es sich zunächst also um genetisch bedingte, naturhafte und instinktive Vorgänge und weniger um eine reflexive Selbststeuerung.

So entsteht die für alles personale Wachstum entscheidende Erstbindung in der Mutter-Kind-Beziehung im Wechselspiel von stimulierender Zuwendung mütterlicher Wärme und der Reaktion instinktiver Hinwendung des Kleinkindes. Von der Intensität und Kontinuität dieser Wechselwirkung hängt die Stabilität der Erst- und Urbindung ab, in die erweiternd alle übrigen entstehenden Bindungen hineingezogen werden. Aber auch die Entwicklung der geistigen Fähigkeiten ist ganz wesentlich von der Qualität dieser ersten Beziehung abhängig. Offensichtlich gibt es in der mitgebrachten menschlichen Anlage so etwas wie eine Bindungssehnsucht, die geweckt und entfaltet und durch einen längeren Zeitraum liebevoller und warmer Zuwendung gleichsam gesättigt werden muss, um die Grundlage einer gesunden Ich-Entwicklung abzugeben. In unserem Kontext ist das psychosoziale Entwicklungsmodell von Erik Erikson (1902-1994) von Interesse, der sein Augenmerk nicht ausschließlich auf die psychosexuelle Entwicklung richtet – wie Freud, dessen Schüler er zunächst war –, sondern vor allem auf die psychosoziale Entwicklung. Er beschreibt für jedes Entwicklungsstadium den „Radius wichtiger Beziehungen", der sich ausgehend von der „Mütterlichen Person" im Säuglingsalter mit jeder neuen Phase entsprechend ausweitet: auf die „Elternpersonen", die Kernfamilie, Nachbarschaft und Schule, Gleichaltrige und fremde Gruppen. (vgl. Erikson, Identität und Lebenszyklus, Frankfurt 1959/1969)

Von der Grundlage der Mutter-Kind-Bindung als „sicherer Basis" aus können dann alle weiteren Beziehungsfäden gesponnen werden, kann der Entwicklungsprozess stattfinden und das Bindungsnetz wachsen. Entscheidend ist dabei, dass die spezifische Herausforderung jeder Entwicklungsphase gemeistert wird. Erikson spricht von psychosozialen Krisen, Polaritäten, denen jeder Mensch ausgesetzt ist und aus denen bei positiver Bewältigung jeweils eine Grundstärke des Menschen erwächst. Für die erste Lebensphase (0-1 Jahr) lautet die Polarität: „*Ur-Vertrauen*" vs. „*Ur-Misstrauen*". Eine gelungene Mutter-Kind-Bindung führt demzufolge zu einem Urvertrauen, verbunden mit der Grundstärke der Hoffnung. Ihr Nicht-zustande-Kommen ist gleichbedeutend mit dem Fehlen des „Ur-Vertrauens" und der Unfähigkeit, später vitale und tragfähige Bindungen einzugehen. Damit hängt das Heer der narzisstischen Störungen zusammen. Das mangelnde Selbstwertgefühl, ein gestörtes Lernverhalten, die Kontaktnot vieler Menschen und ihre immer erneuten Versuche, aus ihrer Einsamkeit auszubrechen, die Frustrationen nicht gelingender Beziehungen lassen die angeborene Bindungssehnsucht des Menschen, aber auch die Bindungsnot und Bindungsunfähigkeit deutlich werden.

Wenn Psychologen in eher einschränkendem Sinn von einer „Mutterbindung" sprechen, die es zu lösen gelte, haben sie dabei eine Störung im Entwicklungsprozess mit einer einseitigen Fixierung auf diese erste Bindung im Blick, die die weitere seelische Entwicklung des Kindes blockiert. Dabei steht nicht die Intensität der naturgesetzlich absolut notwendigen frühen Bindung in Frage, sondern ob der angemessene Entwicklungsprozess tatsächlich stattgefunden hat und welche therapeutischen Maßnahmen zur Behandlung oder auch Heilung nötig sind. Grundsätzlich entsteht die Offenheit für neue Beziehungen jedoch nicht durch das gewaltsame Lösen einer gewachsenen Bindung, sondern sie erwächst aus einem Gefühl der Erfüllung und Sättigung der Sehnsucht, ganz angenommen zu sein und braucht dann die nötige Hilfe zur Weiterleitung. In einem gelungenen Prozess geschieht diese Erweiterung an der Hand der ursprünglichen

Bezugsperson. Das gilt über die Mutter-Kind-Bindung hinaus für alle Entfaltungsmöglichkeiten menschlicher Liebesfähigkeit: zum Vater, zu den Geschwistern, zu Verwandten und Freunden, später dem Ehepartner und den eigenen Kindern gegenüber.

In diesem Kontext geht es mir nicht um ein Ausfalten aller hierher gehörigen Erkenntnisse, sondern lediglich um ein Erinnern an vielfach dargestellte Zusammenhänge. Wichtig ist mir vor allem, diese einzubringen in das Bezugssystem „Bindung", wie es Pater Kentenich vor Augen steht. Zwei Aspekte sind dabei von weittragender Bedeutung: Der Mensch ist in seinem seelischen Werden, wie in seiner bleibenden Gesundheit, auf das Zustandekommen und die Stabilität solcher tief wurzelnder personaler Bindungen angewiesen. Mit dem Gelingen einer solchen personalen Erstbindung ist die Schaffung einer viel weiter reichenden seelischen Voraussetzung verknüpft – die Entstehung des „Urvertrauens".

Ein besonderes Forschungsfeld stellt der Wandel im Bindungsverhalten im Bereich der Ehe dar. Hier kommt neben der psychologischen auch die soziologische Dimension von Bindungen in den Blick. Es gibt nicht nur seelische Bindung als persönliche Erfahrung, sondern auch als institutionelle Verpflichtung und Verantwortung. Die Ablehnung solcher Pflichtbindungen bzw. Verantwortungsbindungen (Ehe, aber auch Gelübde oder Zölibatsversprechen im religiösen Bereich) zeigt eine zunehmende Schwierigkeit, dauerhafte Bindungen durchzutragen. Es erscheint vielen undenkbar, eine lebenslang verpflichtende Bindung einzugehen. Dabei geht es nicht in erster Linie um ethische Bewertung, sondern um seelische Fähigkeit, um ein Können. Schließlich gibt es die Forschungsrichtung, die sich mit der Sinnkrise des modernen Menschen beschäftigt (Richtungen der humanistischen Psychologie). Das auf sich selbst gestellte, eigenverantwortlich handelnde Individuum ist unter den Lebensbedingungen einer pluralistischen Gesellschaft ohne tief verwurzelte Bindungen weithin überfordert und orientierungslos.

Pater Kentenich versucht, durch seinen erzieherischen Einfluss nicht nur bei vielen Menschen die Einsicht in solche Zusammenhänge zu schärfen, sondern sie auch zu gewinnen für einen entsprechenden pädagogischen Einsatz, indem sie selbst in ihrem Lebens- und Arbeitskreis solche personalen Bindungen ermöglichen und pflegen.

Erweiternd kommt der Bereich der *lokalen Bindungen* dazu. Wenn das Kleinkind sich die Umwelt erobert, bildet sich im Zusammenklingen der Erlebnisse von personalen und räumlichen Bindungen seine eigene „Welt", an der es hängt, die ihm vertraut und lieb wird, in der es sich geborgen fühlt. Auch alle Dinge gehören dazu, die in dieser Welt eine Rolle spielen. Vom geliebten Spielzeug wird die Bindung sich auf alle die Dinge übertragen und ausdehnen, die zur eigengeprägten Welt gehören. Was für das Kind gilt, lässt sich auch auf den heranwachsenden und erwachsenen Menschen anwenden. Auch für ihn schafft die Bindung an Dinge und Orte ein Gefühl der Geborgenheit und Sicherheit, des Beheimatetseins im eigenen Lebensraum.

Und schließlich gehört zum Beziehungsnetz auch das Phänomen *ideeller Bindungen*. Hier ist nicht das „angelernte", sachhaft-quantitative Wissen gemeint, als Resultat bloßer Information, sondern jenes Wissen einer Sinn erhellenden und Wert vermittelnden Einsicht, die diesem konkreten Menschen bedeutungsvoll geworden ist.

Sieht man die Bindungslehre und Bindungspädagogik Pater Kentenichs in solchen Zusammenhängen, erschließt sich sowohl ihre Absicht wie auch das darin liegende pädagogisch-therapeutische Angebot und kann sie in ihrer ganzen Originalität und Eigenständigkeit erfasst und gewertet werden.

Wachstumsprozesse organischer Bindungen

Seelische Beziehungen sind offensichtlich nicht einfach gegeben, sondern sie wachsen, d. h. sie entstehen und reifen in einem wechselvollen Prozess, bis es wirkliche Bindungen sind. Da die heutige psychische Situation und konkrete Gegebenheiten diesem Prozess vielfach äußerst hinderlich sind, wendet Pater Kentenich seine Aufmerksamkeit den Gesetzmäßigkeiten des Wachstums intensiv zu. Von Anfang der Dreißigerjahre an legt er das Ergebnis seines Beobachtens, Vergleichens und Straffens in einer Fassung vor, die er bis zu seinem Lebensende beibehalten kann. Seine Grundüberzeugung lautet, dass Entstehen, Wachsen und Ausreifung seelischer Bindungen beim Menschen nach den Gesetzmäßigkeiten eines *psychologischen* Organismus verlaufen - parallel zu der Entwicklung und zu den Abläufen des biologischen Organismus. Deshalb spricht Pater Kentenich vom „organischen Wachstum" seelischer Bindungen, für das er vier Gesetzmäßigkeiten formuliert.

Organische Bindung wächst langsam

Diese Feststellung scheint banal, und doch ist sie durchaus nicht selbstverständlich. Wer je – auf welcher Stufe menschlichen Wachstums auch immer – den seelischen Prozess entstehender Bindungen verfolgt hat, wer um die Wachstumsbedingungen eines entsprechenden Milieus affektiver Wärme weiß und die wachstumshemmenden Negativeinflüsse unserer rationaltechnischen Massengesellschaft erlebt hat, wird den simplen Satz als pädagogisch reich gefüllte Beobachtung verstehen. Was für das Entstehen seelischer Erstbindung beim Kleinstkind noch selbstverständlich erscheint, dass organisches Wachstum ein langer und langsamer Prozess ist, wird gerade für das pädagogische Begleiten späterer Versuche, das Knüpfen seelischer Beziehungen nachzuholen, zu einer hilfreichen Einsicht.

In einer pädagogischen Tagung sagt Pater Kentenich dazu: „Es dauert etwas, bis die Lebensbänder verknüpft sind mit einem Gegenüber. Ähnliches gilt in der Bindung an einen Ort: Wie lange dauert es zum Beispiel, bis ein kleines Kind sein Bett erlebt hat, bis ihm jede Ecke der Wohnung etwas zu sagen hat. Die Dinge muss man heute erst wieder reflexiv klarmachen. Eine zu schnelle Weiterleitung lässt eine Bindung nicht zu. Damit etwas gebunden werden kann, braucht es Zeit." (PT 1951, 183)

Seelische Bindungen wachsen von innen heraus

Das „Innen" des Menschen ist jene emotionale Mitte, die wir Herz, Gemüt und schließlich Personkern nennen. Zum Erfassen dessen, was „Bindung" im Menschen für Pater Kentenich meint und wie sie entsteht, ist diese Einsicht fundamental. Nicht äußeres Sich-Geben und Verhalten („behaviour"), nicht das Sich-Einfügen in einen Funktionsablauf (Arbeiten, Wohnen, Ehe, Familie, usw.) machen seelische Bindung aus, sondern eine aus dem Innern der emotionalen Tiefenschicht hervorgehende und darin bleibend wurzelnde seelische Beziehung, die deswegen, weil sie „von innen heraus" gewachsen ist, mit affektiver Beteiligung der Person zustande kommt.

Natürlich stellt sich die Frage, wie diese Verwurzelung geschehen kann. Darauf antwortet Pater Kentenich mit seinem Hinweis auf die integrierende Funktion des Erlebnisses. Wie auch die Lernpsychologie nachgewiesen hat, ist für das Lernen die *Erfahrung* ausschlaggebend: Die innere „gemüthafte" Anteilnahme, das Aufnehmen und Verarbeiten von Erlebtem und Erkenntnissen mit der ganzen Person ist das Entscheidende. Die geistige und willentliche Beschäftigung mit Personen, Orten, Dingen und Ideen muss eine Resonanz finden in der emotionalen, sinnlichen Sphäre im Menschen. Nur das Erlebnis rührt an den tiefsten Grund der Seele, auf dem die schöpferische Kraft der menschlichen Natur verborgen liegt. In diesem Sinn spricht Pater Kentenich von der „Brückenfunktion des gemüthaften Erlebnisses" und weist ihm für das Entstehen und Verwurzeln seelischer Bindungen die eigentlich konstituierende Rolle zu.

Bindungen wachsen aus einer organischen Ganzheit in eine organische Ganzheit

Für den Entwicklungsprozess entstehender Bindungen ist vor allem diese Gesetzmäßigkeit nach Pater Kentenich von entscheidender Bedeutung. Sie beinhaltet, dass jede neue Erfahrung in die bereits bestehenden integriert wird. Unsere rationalistische und funktionalistische Denkweise tut sich schwer mit der Einsicht, dass im natürlichen Organismus *alles mit allem* zusammenhängt. Das gilt für das Gesamtgeflecht unserer Umwelt ebenso wie für unseren Körper, aber eben auch für das unlösbare Ineinander unserer geistig-seelischen Persönlichkeitsstruktur. Deshalb ist das isolierte Herausreißen eines Teiles oder ein mechanisches, d. h. zum Beispiel rein logisches Nacheinander der Beeinflussung einzelner Aspekte unnatürlich.

Die Beobachtung der organischen Wachstumsvorgänge seelischer Bindungen beim Menschen führt Pater Kentenich dieses Beziehungsgeflecht deutlich vor Augen. Pädagogisch gesprochen heißt das für ihn, dass jede erzieherische Beeinflussung sich an die augenblickliche Interessenperspektive des betroffenen Menschen anpassen und seine Fassungskraft beachten muss. Gestützt wird diese Beobachtung von einer Erkenntnis der Neurobiologie: Innerhalb von 0,02 Sekunden entscheidet sich im Hippocampus, der Region im menschlichen Gehirn, die auch als „Türöffner für das Gedächtnis" bezeichnet wird, ob etwas neu, bedeutsam oder interessant ist und demzufolge wert, sich damit zu beschäftigen... (vgl. Heinz Schirp 2006) Jedes Lernen hängt davon ab, wie diese Entscheidung ausfällt. Dies lässt sich auch auf das pädagogische Geschehen im weiteren Sinn übertragen. Im Blick auf das Wachstum von Bindungen geschieht die jeweilige Ausweitung und Reifung nach den Gesetzmäßigkeiten der inneren seelischen Entelechie, d.h. gemäß der im Organismus liegenden Kraft zur Entwicklung der Anlagen – und verläuft eben nicht logisch-funktional. Stellt man sich die je verschiedene psychologische Situation eines Kindes, eines Jugendlichen oder eines Erwachsenen vor, und hat man die unterschiedliche Reaktionsweise männlicher und fraulicher Psyche vor Augen oder auch das Zusammenspiel natur- und gnadenhafter psychologischer Vorgänge, wird das Anliegen der Anpassung an die Lebensgesetze organischen Wachstums verständlich.

Bindungen wachsen gleichzeitig, aber nicht gleichmäßig

Bei der organischen Entstehung eines Beziehungsnetzes kommt es häufig vor, dass eine bestimmte Bindung eine Zeit lang stark im Vordergrund steht und einseitig betont wird, andere hingegen kaum zu existieren scheinen. Dies kann die Bindung an eine Bezugsperson betreffen – z. B. an die Mutter, an den Vater oder an einen neu aufgetauchten Freund – wie auch die Bindung an einen Gegenstand – ein neues Spielzeug, Kleid, Auto oder ähnliches. Äußerlich betrachtet scheint dies unproportioniert im Vergleich zu anderen Bindungen. Doch diese „organische Einseitigkeit" ist kein Anlass zur Sorge und hat ihre Berechtigung, denn hier findet ein wichtiger Integrationsvorgang statt. Es braucht eine gewisse Zeit und einen darin ablaufenden Prozess des emotionalen Knüpfens einer Beziehung, bis schließlich ein gewisser Sättigungsgrad erreicht ist und die neue Bindung in das Gesamtgefüge des Bindungsgeflechtes einbezogen worden ist.

Für die pädagogische Begleitung und Beurteilung einer Entwicklung ist es wichtig, diese Gesetzmäßigkeit zu kennen und zu verstehen, sonst führt dies leicht zu Fehleinschätzungen. Von außen herangetragene, „objektiv" aus der Wertskala hergeleitete Maßstäbe werden dem dynamischen Geschehen organisch wachsender Bindungen nicht gerecht. Das wird besonders deutlich im Zusammenspiel natürlicher und übernatürlicher Bindungen, bei dem auch im völlig gesunden religiösen Wachstum streckenweise nicht die objektiv höchstrangige Bindung an Gott im Vordergrund stehen wird, sondern die Bindung etwa an ein menschliches Du. Entscheidend ist auch hier das, was Pater Kentenich mit „organisch" meint: Ansatzweise muss immer beides miteinander im Menschen existieren – sowohl die Bindung an Gott wie auch die Bindung an den Menschen. Organisches Wachstum geht dann in beiden Richtungen gleichzeitig vor sich, aber nicht gleichmäßig. Zuerst wird vielleicht die Bindung an den Menschen im Vordergrund stehen und eine stärkere Resonanz im Gemüt finden. Wenn es sich um echtes Wachstum handelt, wird sich der Akzent allmählich stärker auf die erfahrene Bindung an Gott verschieben.

Der Mensch als „nestgebundenes Wesen"

Aufgrund seiner Beobachtungen kommt Pater Kentenich zu einer bedeutsamen Charakterisierung des Menschenbildes. Und zwar nennt er den Menschen „das nestgebundene Wesen": „Der Mensch muss in irgendeiner Weise in der natürlichen Ebene alle Fäden seiner Seele gebunden haben.

Hat er sich nicht gebunden, wird in demselben Ausmaße, als ihm die Bindung fehlt, sich ein Bruch in der Seele vollziehen. Der normal gewachsene Mensch braucht einen Organismus von Gebundenheiten: lokale, personale und ideenmäßige Gebundenheiten... Der Mensch muss in einem Bindungsorganismus zu Hause sein und in dem Ausmaße ist er gesund, als ihm dieser Bindungsorganismus zuteil wird." (PT 1951, 183f, 185)

Die anthropologische Deutung des Bindungsgeschehens im Menschen stellt der Schweizer Pädagoge Pestalozzi (1746-1827) durch das „Spinnengleichnis" anschaulich dar, wenn er feststellt, dass in der menschlichen Anlage naturhaft die Tendenz zum Sich-Binden, zum Herstellen von bleibenden seelischen Bindungen steckt. Er spricht deshalb von der Bindungssehnsucht, die sich im Knüpfen und Verknüpfen von seelischen Bändern mit außerseelischen Gegebenheiten verwirklichen will. Indem er von diesem, aus der Tiefenseele aufsteigenden und in ihr verwurzelten Geschehen, als einem „Spinnen seelischer Fäden" spricht, greift er zur Veranschaulichung auf die Beobachtung einer Spinne zurück, die erst zur Ruhe kommt, wenn sie im Zentrum ihres Netzes sitzt, das sie aus sich herausgesponnen und fest mit ihrer Umwelt verbunden hat.

Im Menschen sind also sowohl die *seelischen Fähigkeiten* zum Aufbau von Bindungen zugrunde gelegt wie auch das *Grundbedürfnis* nach stabilem Gebundensein, das er zur Sinnerfüllung und Gesundheit ganz offensichtlich braucht. Hier stößt man auf die mehrdimensionale Liebesfähigkeit im Menschen. Was Freud als „Libidopotential" der menschlichen Seele entdeckt hat und auf seine Weise philosophisch deutet, wird bei Pater Kentenich in seiner anthropologischen Sicht in einen völlig anderen Bezugsrahmen gebracht. Für ihn geht es bei der Verwirklichung der naturgemäßen und damit gottgewollten Form des seelisch gesunden Menschseins nicht um die isoliert gesehene Sexualität als alles beherrschende Triebkraft, sondern um die ganzheitliche

Entfaltung aller Ebenen der komplexen, in der menschlichen Natur angelegten Liebesfähigkeit durch langsam gewachsene, erlebnismäßig tief verwurzelte und bleibende Bindungen.

Auf dem so gezeichneten Hintergrund des anthropologischen Leitbildes vom Menschen als „nestgebundenem Wesen" hebt sich nun für Pater Kentenich das Krankheitsbild des modernen Menschen ab – und damit die pädagogische Herausforderung unserer Zeit, auf die er mit seiner Bindungs- und Bündnispädagogik eine Antwort geben möchte. Sein Sammelname für die Zeitprobleme ist, wie bereits dargestellt, „Kollektivismus". Aber er gibt ihm eine durch und durch pädagogische Definition. Seit 1930 gebraucht er dafür die immer gleiche Formel, in der er den Kollektivismus als „anthropologische Häresie" bezeichnet. Dieser Ausdruck ist eine neue und vielsagende Wortprägung. Wenn im Sprachgebrauch der Kirche von „Häresie" die Rede war, ging es dabei um die *dogmatische* Rechtgläubigkeit. Jahrhunderte lang kämpfte die Kirche im Spannungsfeld wechselnder Auffassungen und Mentalitäten um die Reinbewahrung des Glaubensschatzes. Konzilien waren Entscheidungsinstanzen, bei denen sich in intensiven Diskussionen Klärungsprozesse vollzogen, bis dann Entscheidungen gefällt werden konnten. Wenn Pater Kentenich den Ausdruck „Häresie" nun in einem neuen Kontext gebraucht, will er auf der einen Seite ein Warnschild „Achtung: Gefahr für den Glauben" aufrichten, andererseits den Blickwinkel jedoch weiten, um eine neue Art von Bedrohung zu signalisieren. So richtet die „anthropologische Häresie", von der er spricht, sich unmittelbar nicht gegen die Dogmen der Kirche, hat aber doch negative Auswirkungen auf das Glaubensleben. Sie fügt dem Menschen Schaden zu mit dem Effekt, dass er die Substanz des Glaubens nicht mehr unbelastet aufnehmen kann. Dann kann er zwar das Glaubensbekenntnis mit den Lippen beten, aber lebensmäßig ist es nicht in ihm verwurzelt, steht er am Rande der glaubenden Gemeinschaft – oder schon außerhalb.

So drückt Pater Kentenich seine Überzeugung zum Beispiel im folgenden Zitat aus: „Der Kollektivismus ist eine anthropologische Häresie, d. h. eine Irrlehre, die sich gegen den Menschen richtet. Er trennt nicht nur wie der Naturalismus den Menschen von der Übernatur, von der Bindung an den Dreifaltigen Gott, er zerstört noch dazu indirekt die Natur, indem er die naturgesetzlichen Bindungen an Familie und Scholle schonungslos entzweischneidet und so den radikalisierten, von allen gottgewollten Bindungen absolut losgelösten Massenmenschen, den entgöttlichten, entsittlichten, entpersönlichten Menschen schafft." (WH 14f) Das von ihm häufig gebrauchte Wort „Scholle" bedarf wohl ebenfalls einer kurzen Erläuterung. In der ersten Hälfte des 20. Jahrhunderts war es ein beliebtes Schlagwort: Die fortschreitende Industrialisierung und die zunehmende Verstädterung zeigten alarmierende Folgen – die Menschen verloren ihre Heimat. Der Begriff „Scholle" sollte ein erstrebenswertes Gegenbild zum Ausdruck bringen, er bezeichnet das Fleckchen Erde, an dem der Mensch zu Hause ist, den Boden, in dem er verwurzelt ist. Pater Kentenich verwendet den Begriff in Anlehnung an die katholische Soziallehre, deren deutsche Vertreter, vor allem der „Mönchengladbacher Volksverein", ihn häufig gebrauchten. Später ist bei Pater Kentenich das damit Gemeinte in dem umfassenderen Begriff „Heimat" aufgegangen. Lenkt man den Blick nochmals auf das o. g. Zitat, so wird deutlich, dass Pater Kentenich – gegenüber theologischen oder philosophischen Bestimmungen dessen, was Kollektivismus eigentlich ausmacht – die *Beziehungslosigkeit als das eigentliche Kennzeichen des kollektivistischen Menschen* sieht.

Exkurs: Ein Hauch von Prophetentum

Im Jahr 1951 hatte ich die Möglichkeit, an der letzten pädagogischen Tagung teilzunehmen, die Pater Kentenich vor seiner Verbannung noch halten konnte. Es war für mich das erste Mal, dass ich ihn als Referenten bei einer Tagung erlebte. Ohne viel „Reklame" hatte sich die Nachricht verbreitet, dass Pater Kentenich eine offene Tagung halten würde, zu der jeder Interessierte kommen konnte. In kurzer Zeit waren so viele Anmeldungen eingegangen, dass alternativ noch ein zweiter Termin angeboten werden musste. Der größte in Schönstatt verfügbare Raum – die Wallfahrtskirche der Pallottiner – fasste einige hundert Personen und war bis zum letzten Platz gefüllt: In den Gängen zwischen den Bankreihen und weit bis zu den Eingangstüren saßen Teilnehmer auf Stühlen, Hockern und Klappsitzen. Als Pater Kentenich eintraf und nach vorne zu dem erhöhten Rednerpult gehen wollte, musste er sich eine Gasse durch den breiten Mittelgang bahnen, die sich sofort hinter ihm wieder schloss. Es herrschte ein dichtes, erwartungsvolles Klima. Pater Kentenich sprach ohne Manuskript, völlig frei – drei oder vier Vorträge pro Tag, randvoll gefüllt.

Ich hörte gespannt und aufnahmebereit zu und hatte dabei von Anfang an ein gemischtes Gefühl. Auf der einen Seite war ich ganz stark beeindruckt: die geistige Leistung, mehrere Vorträge, absolut frei gesprochen, eine exakt eingehaltene Gliederung der Gedankenfülle. Mein ständiger Eindruck war: Der Mann könnte noch viel weiter ausholen, er will aus seinem reichen Fundus vieles weitergeben. Aber da war auch das andere Erleben: Ich kann zwar alles verstehen, aber ich kann es nicht wirklich „fassen", nicht in seiner ganzen Bedeutung begreifen – es ist zu hoch für mich. Das war meine Situation, die im Übrigen nicht nur meine persönliche war, wie ich in Pausengesprächen feststellen konnte.

Der Gesamtduktus der Vorträge kreiste um die Herausarbeitung der Anknüpfungspunkte für das Religiöse im modernen Menschen. Pater Kentenich sprach über die psychologischen Grundlagen der religiösen Sehnsucht und der religiösen Erlebnisfähigkeit, über die Bedeutung einer echten Gemeinschaft und der Familie. Schließlich blieb er länger stehen bei der Bedeutung des Heimat-Erlebnisses als Vor-Erlebnis für das Beheimatetsein in Gott und im Göttlichen. Er bezeichnete „das Heimatproblem in der Weite, in der wir es verstanden wissen wollen", letztlich als das „Kulturproblem der heutigen Zeit" und fuhr fort: „Deswegen ist Heimatlosigkeit das Kernstück der heutigen Kulturkrise... (Wir) brauchen bloß auf den heutigen Menschentyp hinzuweisen, auf den kollektivistischen Menschen, dessen Seele geprägt ist durch diese allseitige Heimatlosigkeit. Der kollektivistische Mensch ist der radikalisierte, alle gottgewollten Bindungen von innen heraus absolut verneinende Massenmensch. Mit Recht dürfen wir sagen: Er ist der allseitig entheimatete Mensch. Alle Bindungen sind radikal gelöst: die Bindung an Gott, an die Scholle, an die Mitmenschen." (PT 1951, 164f)

In diesem Zusammenhang hielt er plötzlich eine Zeitlang inne, schaute auf die ganze Versammlung, die Aufmerksamkeit seiner Zuhörer war ganz auf ihn gerichtet. In das gesammelte Schweigen hinein sagte er: „Ich habe den Eindruck, dass niemand in diesem Raum die Tragweite der Dinge, die wir eben besprechen, erfasst." Er ließ für einige Augenblicke das Gesagte wirken und einsinken – und setzte dann ganz ruhig seinen Vortrag fort. Ich erinnere mich noch lebhaft an diesen besonderen Moment. Später fand ich den Ausdruck, der dieses Erlebnis für mich deutet: Ich hatte zum ersten Mal in meinem Leben einen Hauch von „*Prophetentum*" gespürt.

Mit seinem prophetischen Weitblick weist der Gründer immer wieder hin auf die „radikale und allseitige, auf die katastrophale Erschütterung der christlichen Lebens- und Gesellschaftsordnung bis in die Wurzel... Nur wer die umstürzende Wurzellosigkeit der heutigen Zeit versteht und ernst nimmt, ist genügend wach für Eigenart, Bedeutung und Verknüpfbarkeit von Lebensfäden, die man unter normalen Verhältnissen kaum beachtet hat. Sie waren da, waren miteinander verbunden und bildeten ein wohlgeordnetes Ganzes. Darum kamen sie den meisten nicht oder wenigstens nicht reflexiv zu Bewusstsein." (Studie 1954, 232)

Aus dem Abstand so vieler Jahre und im Blick auf die Entwicklung im wissenschaftlichen Bereich drängt sich eine Wahrnehmung auf: Heute gibt es eine große und breit gestreute Zahl von Veröffentlichungen über das Phänomen der Bindung. Zu der Zeit, als Pater Kentenich das Problemfeld beobachtete und seine Erkenntnisse straffend zusammentrug – am Beginn der Dreißigerjahre -, existierte kaum eine entsprechende Literatur. Im Wesentlichen war Pater Kentenich auf diesem Feld ein einsamer Forscher und ein Rufer, dessen Stimme in der Öffentlichkeit ungehört und unverstanden verhallte. Und als die Forschung schließlich das Augenmerk auf diesen Bereich richtete und die Veröffentlichungen von verschiedenen Seiten sich mehrten, fehlten von Schönstatt aus qualifizierte Kräfte, die sich in einen fruchtbaren Dialog hätten einbringen können. Mittlerweile zeichnet sich eine Entwicklung hin zum wissenschaftlichen Dialog ab und es gibt einzelne Veröffentlichungen, die diesen anstoßen wollen. (vgl. Niehüser 2011)

Der natürlich-übernatürliche Bindungsorganismus

Ihre ganze Dringlichkeit enthüllt die Frage nach Bindung und Bindungslosigkeit erst, wenn wir sie in den religionspädagogischen Kontext einrücken. Zahllos sind die Diagnosen der religiösen Situation des modernen Menschen. Sie stimmen alle überein in der Deutung, dass der lebensmäßig erfasste Zusammenhang zwischen Mensch und Gott, zwischen Wissen und Glauben, zwischen Schöpfung und Schöpfer – oder wie immer man das Verhältnis von Natur und Übernatur fassen will – zerbrochen ist. Jedes theologische, pastorale und religionspädagogische Bemühen heute hat hier seinen Ansatz: Wie kann es unter unseren geistesgeschichtlichen und psychologischen Bedingungen möglich sein, den Menschen wieder vital mit dem lebendigen Gott zu verbinden? Das Ringen der modernen Theologie um eine neue Bestimmung von Welt und dem Verhältnis zwischen Kirche und Welt, um eine Theologie der Schöpfung, der Welt- und Heilsgeschichte wie auch um eine laikale, welthafte Spiritualität – solche und ähnliche Bestrebungen haben für Pater Kentenich einen geheimen Mittelpunkt: das Zusammenklingen von naturhaften, natürlichen und übernatürlichen Bindungen. Auf eine Formel gebracht lautet seine These: Nicht zuletzt wegen des Mangels an natürlichen seelischen Bindungen mit ihrem erlebnismäßigen Charakter hat die Bindung an Gott und seine übernatürliche Welt keinen Haftpunkt, keine tragende Grundlage. Sein Bemühen geht darum, das Ineinander und sich gegenseitig stützende Miteinander natürlicher und übernatürlicher Bindungen in ihrem Wechselspiel im Wachsen und Ausreifen zu beobachten und pastoral zu begleiten.

Seine Sicht der pastoralen Ausgangslage schildert er so: „Praktisch hat die heutige Menschheit, wenigstens in einem großen Teile, Gott einfach gestrichen. Da ist an sich kein Verhältnis mehr zwischen Mensch und Gott, sondern Gott ist tot, Gott ist gestrichen, und es steht jetzt nur die Schöpfung, also die Zweitursache da. Und der Zweitursache wird im Wesentlichen göttlicher Charakter zugeeignet, sie vertritt im Wesentlichen die Stelle der Erstursache. Wir verstehen das sehr gut, weshalb deswegen heute auch eine zusammengeballte ‚Zwischenwelt' vor uns steht, zwischen Mensch und Gott. Diese Zwischenwelt ist so stark, so gewichtig, dass man nicht mehr fähig ist, durch diese Welt hindurchzuschauen und hinter der Welt die Erstursache zu entdecken. Nachdem nun einmal die Welt entgöttert und eigenständig geworden ist, stehen neue Gefahren und neue Aufgaben vor uns. Wenn wir heute sprechen von der großen Zeitkrankheit, der Revolution aller Bindungen, von der Bindungslosigkeit des modernen Menschen – was will das in unserem Zusammenhang besagen? Im Menschen sind die einzelnen Eigenschaften und Fähigkeiten nicht mehr gebunden zu einem Organismus. Wenn diese Bindungslosigkeit nicht überwunden wird, ist der Weg total verrammelt von der Schöpfung wieder hin zu Gott.... Verstehen Sie, um was es hier geht? Um Schließung des Abgrundes im Menschen und um Schließung des Abgrundes zwischen Gott und Mensch. Der Kernpunkt ist halt, wie der Mensch durch die Schöpfung wieder zurückgeführt werden kann zum lebendigen Gott " (Vortrag 30.12.1965, 215f, 218, bearb.)

Im Laufe der Jahre klärt sich bei diesem umfassenden Prozess der psychologischen und gnadenpsychologischen Forschung im Leben vieler Menschen, die Pater Kentenich seelsorglich begleiten darf, sein Einblick in die Gesetzmäßigkeiten, die offensichtlich diesen Prozess des Zusammenspiels bestimmen. Auf den Punkt gebracht lautet seine Bindungslehre: Es gibt einen *natürlichen* Bindungsorganismus für den Menschen, ein Netz für ihn wertvoller Beziehungen zu seiner Umwelt, in dem er emotional erfüllt und glücklich leben kann. Für den gläubigen Menschen gibt es auch einen *übernatürlichen* Bindungsorganismus. Dieser entsteht zum einen dadurch, dass persönliche Bindungen an den Dreifaltigen Gott, an Maria und die Heiligen in ihm gewachsen sind und zum anderen, wenn er sich als lebendiges Glied der Kirche mit allen Erlösten durch die Gnade verbunden erlebt. Dazu gehört auch die konkrete Erfahrungswelt vor Ort – die Pfarrei, Gemeindemitglieder und Priester, der Bischof und der Dom der Heimatdiözese, Wallfahrtsorte und andere wichtige Stätten gelebten

Glaubens seiner Heimat. Aber ebenso sind die gläubige Bindung an die Sakramente, das Mitleben der das Jahr umspannenden und prägenden Feste mit ihren liturgischen Feiern und Zeiten, das religiöse Brauchtum in der Familie und vieles mehr konstituierende Elemente dieses übernatürlichen Bindungsorganismus. Überall dort offenbart sich Christus, ist die Nähe und Liebe Gottes erfahrbar, können wir sie gläubig in uns aufnehmen, so dass sie uns auch geistig-seelischer Halt und letzter Sinn des Lebens wird.

Schließlich gibt es ein *gegenseitiges Einwirken* dieser beiden Bindungsorganismen im seelischen Leben und Erleben des Menschen. Das können sich fördernde oder auch sich hemmende Einflüsse dieser lebendigen Beziehungen sein. Wie es scheint, haben die Menschen einer religiös geprägten Vergangenheit das Geheimnis des sich gegenseitig fördernden und unterstützenden Einflusses natürlicher und übernatürlicher Bindungen gekannt. Derartige vitale Formen von Volksfrömmigkeit sind selten geworden und einer rationalistischen und idealistisch angekränkelten Theologie sowie ihrer seelsorglichen Praxis abhanden gekommen. Immer wieder weist Pater Kentenich darauf hin, dass natürliche Bindungen durch Gefühlsübertragung zur Grundlage für übernatürliche Bindungen werden. Das Gleiche gilt auch umgekehrt: dass mangelnde Tragfähigkeit einer nicht gebundenen Natur dann auch für übernatürliche Bindungen schädliche Folgen hat. Deshalb sieht er die eigentliche Zeitaufgabe der Kirche darin, dem Menschen zu einer gleichzeitigen und ineinanderklingenden Bindung an die Schöpfung und an Gott zu verhelfen. Nur so kann seiner Auffassung nach das Hängenbleiben an der Zwischenwelt der Schöpfung als säkularisierte Welt oder andererseits das Hinführenwollen zu einer Bindung an Gott, mehr oder weniger an der Schöpfung vorbei (Supranaturalismus), vermieden und überwunden werden.

Die Gesetzmäßigkeiten des Bindungsorganismus

Die Psychologie der Zweitursachen

Auf dem skizzierten Hintergrund der heutigen geistig-seelischen Situation wird das Hauptanliegen der Bindungs- und Bündnispädagogik Pater Kentenichs erst richtig deutlich. Es geht ihm um das Wechselspiel der Bindung an die Welt und der Bindung an Gott. Aus seiner urkatholischen Auffassung heraus sieht er von Anfang an den wesentlichen inneren Zusammenhang von Natur und Übernatur. Durch sein Studium des Zusammenspiels dieser beiden Wirklichkeitsbereiche im Menschen erkennt er dann die sich daraus ergebenden psychologischen Gesetzmäßigkeiten. So kommt Pater Kentenich zu der Folgerung: Nur in der mutigen Bejahung der Welt der Zweitursachen und im Sich-Ausliefern an die von Gott geschaffene Eigendynamik einer Bindung an diese Welt gibt es ein gesundes Wachstum des Menschen auf Gott hin.

Seine theologische Begründung ist sowohl als Rechtfertigung wie auch als geistige Orientierung zu verstehen. „*Gott handelt durch freie Zweitursachen.*" („Deus operatur per causas secundas liberas.") Diese Formulierung für sein „Weltregierungsgesetz" übernimmt Pater Kentenich von Thomas von Aquin, der darin die Lösung für die brennende theologische Problematik seiner Zeit sah – die Frage nach dem Verhältnis zwischen Gott als Ursache allen Seins und der Schöpfung mit ihrer dennoch relativen Autonomie. Diese Frage ist bis heute aktuell und das Problem ist nach wie vor die ganzheitliche Sicht der Dinge, die Zusammenschau: Gott *und* die Schöpfung, das Wirken Gottes *und* die Wirksamkeit des Menschen und der Naturgesetze.

Mechanistisches Denken, geschult am mathematisch-naturwissenschaftlichen Denken der Neuzeit, reißt unwillkürlich auseinander, was ein einziger großer Wirkungszusammenhang ist. Wenn es ein Entweder-oder gäbe zwischen dem freien Entscheiden des Menschen und der Naturkausalität auf der einen und dem Wirken Gottes auf der anderen Seite, dann freilich gäbe es höchstens einen deistischen Gott als Welterfinder im Anfang. Aber wenn die Auffassung einer gläubigen Theologie Recht hat, dass Gott nicht Alleinursache, wohl aber All- und Erstursache im Zusammenwirken mit allen Zweitursachen ist, dann hat der organische Zusammenhang zwischen Schöpfer und Schöpfung wie auch der Rückweg der Schöpfung zum Schöpfer seine seinsmäßige Grundlage.

Wenn das von der Liebe getragene Zusammenwirken zwischen Gott und Schöpfung, zwischen Erst- und Zweitursache das Grundgesetz göttlicher Weltregierung ist, dann erhält die Bindung an die Schöpfung einen ganz anderen Stellenwert. Dann ist es nicht nur möglich und erlaubt, es ist sogar unerlässlich, sich an Menschen und Dinge zu binden, um dadurch nach und nach zu einer tieferen Bindung an Gott zu finden. Weil Gott von seinen Eigenschaften auf die Dinge und Personen der Schöpfung übertragen hat, darf der Mensch seine Hingabe an ihn ebenfalls auf diese Dinge und Personen übertragen. In einem organischen Wachstumsprozess wird diese vitale Bindung dann weitergeleitet zum Schöpfer selbst. Die Dynamik dieses Wachstumsvorgangs wird bei Pater Kentenich in immer wiederkehrenden Gedankenreihen begründet und erläutert.

Das Gesetz der „organischen Übertragung und Weiterleitung"

Die eigentliche Leistung Pater Kentenichs ist also nicht die theologische Neubegründung dieser aus der Glaubenstradition ungebrochen übernommenen Auffassung vom Gesamtzusammenhang zwischen Schöpfer und Schöpfung. Er hat es vielmehr unternommen, aus dieser theologischen Grundauffassung die für sein pädagogisches Konzept wesentlichen psychologischen Konsequenzen herauszuarbeiten. Er formuliert die psychologische Seite des Wirkens Gottes durch Zweitursachen als „Gesetz der organischen Übertragung und Weiterleitung". Hier kommt seine Bindungslehre hilfreich zur Anwendung, wie er am Beispiel der Eltern-Kind-Beziehung veranschaulicht: „Gott überträgt auf Zweitursachen seine Macht, seine Vollkommenheit, sein Recht. Nehmen Sie, um für diese abstrakte Darbietung eine Konkretisierung zu haben, einmal unsere Eltern. Wie sollen wir an die Eltern gebunden sein? Nach welchen Gesetzen geht das vor sich? Nach dem Gesetz der organischen Übertragung: Gott überträgt seine Vollkommenheiten und Rechte auf die Eltern. Aber das ist das Gesetz der organischen, nicht der mechanischen Übertragung! Was will der liebe Gott? Er will auch selbst in den Eltern gesehen werden, will nicht getrennt werden von den Eltern. Die Eltern stehen vor uns nach Gottes Absicht als seine Stellvertreter. So ist das auch bei jeder Persönlichkeit, an die ich erzieherisch gebunden werde. Ich darf nicht die Person allein sehen, sondern Gott, der hinter der Person steht... (...)" (ME 1934, 155)

An diesem Zitat wird deutlich, dass Pater Kentenich den Begriff „Übertragung" in einer ganz anderen Bedeutung verwendet als die Tiefenpsychologie. Während in der Psychotherapie und Psychoanalyse damit ein wichtiger therapeutischer Vorgang zwischen Arzt und Patient bezeichnet wird, bei dem Erlebnisse und Verhaltensmuster auf den Therapeuten projiziert werden, geht es bei Pater Kentenich um das Zusammenspiel von Gott und Mensch. Dabei stellt er sich die Frage, was genau denn psychologisch gesehen übertragen wird. Seine Antwort lautet: „Ich müsste alles, was in mir steckt, letztlich dem

Dreifaltigen Gott schenken: mein Hingabevermögen, meine Liebe und meine Fähigkeiten; ich müsste ihm schenken mein Geborgenheitsbedürfnis, meinen Willen. Gott will aber, da er durch Zweitursachen arbeitet, normalerweise diese Haltung übertragen auf Menschen, die an seiner Stelle stehen... Sehen Sie unsere Kinder. Das Kind kennt nicht die wissenschaftlichen Gesetze, aber deswegen hängt es doch an den Eltern. Es hat das Empfinden: Wenn ich an den Eltern hänge, hänge ich auch an Gott. Das ist eine Analyse dessen, was im gesunden Menschen liegt, aber abhanden gekommen ist. Wir müssen den Gesetzen nachspüren, damit wir sie sinngemäß auf das praktische Leben anwenden können..." (ME 1934, 156 ff)

Von der Übertragung geht Pater Kentenich noch einen Schritt weiter zur „organischen Weiterleitung". Letztlich will Gott den Menschen durch jede Bindungserfahrung an sich selbst binden. „Sehen Sie den großen Heilsplan Gottes. Gott will uns für sich haben, daran dürfen wir nicht rütteln. Er will uns absolut, mit allen Fäserchen unseres Seins, und zwar jeden Trieb: den Kindestrieb, den väterlichen, mütterlichen, schwesterlichen, brüderlichen, bräutlichen Trieb. Gott mein Alles! Gott will alle Liebestriebe bis in die letzten Verzweigungen an sich gebunden wissen. Und was bedeutet hier das Gesetz der Weiterleitung? Ich darf die Menschen nicht bei mir stehen lassen, ich muss sehen, dass die Menschen über mich hinaus weiter wachsen hinein in das Herz Gottes. Darf ich das wieder schlichter ausdrücken? Gott ist ein weiser Psychologe und hat den ganzen Organismus der Welt gebaut; und nun lässt er ein Band, ein Seil herunter. Er möchte uns mit menschlichen Banden binden (vgl. Hos 11,4; Franz von Sales, Theotimus, Kap. 12)... Deswegen sorgt er dafür, dass wir uns an Kindesliebe, Elternliebe, bräutliche Liebe binden dürfen. Aber er zieht das Band nach oben und hat keine Ruhe, bis alles an ihn gebunden ist... Das ist hier wirklich ein schwacher Punkt unserer heutigen katholischen Aszese. Denn wir sind zu sehr und zu leicht geneigt – und die Strebsamsten am allerleichtesten -, gar zu schnell die Menschen sagen zu lassen: Mein Gott und mein Alles! Da wird alles in der Welt mit Füßen und Fäusten behandelt ... weg mit allem anderen, mit allen Bindungen. Aber es ist die Tragik: So viel Gesundes wird dadurch in unserer Natur zerstört! Denn die Bindungen, die gottgewollten, sind da, und die soll ich mit in Gott hineinnehmen... Alles, was in gesunder Weise gottgewollte Bindung ist, darf ich mitmachen; organisch soll es mitgenommen werden. Und im Dreifaltigen Gott klingen alle Bindungen mit, auch in der Ewigkeit; so müssen wir uns die Ewigkeit vorstellen. So dürfen Sie das Gesetz der organischen Übertragung und Weiterleitung sehen." (ME 1934, 158-162)

Der etwas längere Text stammt aus einer Vortragsreihe zu Beginn der Dreißigerjahre. Alle kommenden Jahrzehnte bis zu seinem Tod spielt der hier angesprochene Zusammenhang für Pater Kentenich eine zentrale Rolle. Er umkreist ihn immer und immer wieder, nimmt stets neue Fragestellungen und Erfahrungen auf – zum Beispiel in Verbindung mit dem II. Vatikanischen Konzil in der Stellungnahme zu „Gaudium et Spes". Nach seiner Einsicht hat er hier wirklich ein Zentralanliegen getroffen und versucht, einen gangbaren Weg in die Zukunft zu bahnen.

Die Reiz-, Enttäuschungs- und Weiterleitungsfunktion

Auf die natürlich auftauchenden Bedenken wegen der massiven Gefahr des „Götzendienstes" bzw. des „Hängenbleibens im Gestrüpp der Welt" antwortet Pater Kentenich mit der zweiten Gedankenreihe. Sie umschreibt die Gesetzmäßigkeiten der *„prophetischen Dinggebundenheit"*. Damit ist gemeint, „dass die Dinge dieser Welt nicht nur einen

Eigenwert, sondern auch eine symbolische Bedeutung haben. Sie alle sind kleine Propheten Gottes, die im Auftrag Gottes die frohe Kunde von ihm, seinen Eigenschaften und Absichten bringen, um uns dadurch zu großer Gottesliebe zu entzünden Darum nennt ja der heilige Augustinus sie ‚nutus Dei', d. h. ein Grüßen oder Winken Gottes. Und der heilige Bonaventura spricht von einem ‚manutergium Dei'. Er will damit sagen: Gott nimmt uns durch die Dinge liebevoll an die Hand, zeigt uns überall seine Spuren und Wünsche und führt uns so in sein Vaterherz hinein". (WH 123) Pater Kentenich zufolge haben alle Dinge eine *Reiz-, eine Enttäuschungs- und eine Weiterleitungsfunktion.*

Durch die Anziehungskraft und den Reiz, der naturgemäß von der Schöpfung ausgeht, soll im Menschen Liebe geweckt werden, die sich dann auch an die jeweiligen Personen oder Dinge binden will. Diese „Reizfunktion" gilt es nach Pater Kentenich positiv für das Wachstum der Gottesliebe zu nutzen. „Es gibt eine Reizfunktion der Dinge. In der Hauptsache soll die Liebesfähigkeit in uns geweckt werden. Ich muss irgendwie an einem Geschöpf lieben lernen." (Romvorträge 1965, 95f, bearb.) Es geht also weder um ein Ausweichen vor der Schöpfungswirklichkeit noch um das halbherzige Benützen ihrer Güter und ebenso wenig um ein Verfallensein ihren Reizen gegenüber. Die befreiende Botschaft christlicher, vor allem laienhafter Spiritualität liegt stattdessen im beherzten, liebenden Sich-Binden an die Schöpfung als Antwort auf ihre gottgeschenkte Bedeutung. Das „Zauberwort" ist dabei für Pater Kentenich immer „organisch". Entscheidend ist, in der Bindung an die Zweitursachen immer die Erstursache, den lebendigen, liebenden Gott mit zu sehen und mit zu lieben.

Eine weitere Funktion, die Pater Kentenich in der Bindung an die Schöpfung ausmacht, ist die sogenannte „*Enttäuschungsfunktion*".

Damit gemeint ist, dass nach dem weisen Plan Gottes in jeder Bindung an einen Menschen eine innere Dynamik liegt, die über sich hinausweist. Pater Kentenich sieht dies verwirklicht in der unausweichlich einsetzenden Enttäuschung durch den geliebten Menschen. Diese Enttäuschung kann helfen, den Blick auf Gott zu richten und die letzte Erfüllung unserer Sehnsucht von ihm zu erwarten. Hier tritt dann die „*Weiterleitungsfunktion*" in Kraft. „Alle Lust will Ewigkeit", alle Bindung ersehnt mehr, als ein Geschöpf schenken kann. „Sterne, Pflanzen, Flüsse und Bäche, Tiere und Menschen sind Wirklichkeiten. Daran dürfen wir uns erfreuen. Ich darf andere Menschen gern haben, mich freuen an Essen und Trinken – denken Sie an die Hochzeit zu Kana. Aber alle diese Dinge sind Zwischenwerte. Endstation ist der lebendige Gott. Die Zwischendinge darf ich nicht anbeten – sie haben nur einen Reiz und müssen zur Weiterleitungsfunktion werden. Alles muss mich zu Gott führen. Aber weil die Reizfunktion nicht zur Weiterleitungsfunktion wird, müssen die Dinge uns enttäuschen. Augustinus hat alle Dinge gefragt: Bist Du Gott? Das heißt: Bist Du Endglied, die Fülle der Wirklichkeit; und alles antwortete: Ich bin es nicht – ‚superius ascende!' ‚Steige höher!'" (KM 1946, 50f)

Ein anderes Zitat, zwanzig Jahre später, beleuchtet den gleichen Vorgang: „Das Zweite ist dann die Enttäuschungsfunktion. Sie kommt dann, wenn die Liebe zu einseitig, zu verkrampft ist, wenn ich vergesse, dass der letzte Gegenstand meiner Liebe immer die unendliche Liebe ist. Aber gleichzeitig tritt auch die Erfüllungsfunktion ein. Das ist so wichtig. Durch die Liebeskraft, die sich an die Geschöpfe hängt, soll gleichzeitig der gesunde Trieb, die Sehnsucht erfüllt werden. Daraus folgt: Wir wollen uns auch freuen, wenn wir die Kreatur lieben können, vor allem, wenn es eine personale Liebe ist. Mich dünkt sogar, dass wir das besonders betonen müssen, um auch hier den großen Zusammenhang zwischen Erst- und Zweitursache in der Schöpfung hervorzuheben und ihm Rechnung zu tragen... Deswegen: Wir dürfen die Kreatur liebhaben, wir dürfen uns auch binden. Der Liebestrieb soll auch auf der natürlichen Ebene, am Menschen, befriedigt werden. Ich bin sogar überzeugt, dass wir das heute bedeutend mehr betonen müssen, als wir das je in der Heilsgeschichte getan haben: Sie kennen den Ausdruck ‚Kontaktnot'. Das gilt besonders, wo es sich um den personalen Kontakt handelt. Wie wenig tiefe, innere beglückende seelische Bindungen finden wir heute. Wie häufig müssen wir sagen: Da ist überhaupt keine personale Kontaktfähigkeit vorhanden. Meist ist sie zwar da, aber verkümmert durch all das, was wir im Laufe der letzten Jahrhunderte erlebt haben, verkümmert auch dadurch, dass der Liebestrieb heute von den Diktatoren in erschreckender Weise missbraucht wird. Mich dünkt, auch für uns gilt: Wenn wir nicht lernen, uns auch an Abbilder Gottes aufrichtig, tief und innig zu binden, wird normalerweise auch die Bindung an den lebendigen Gott gar nicht möglich oder so schwach, dass sie jederzeit zerbrechen kann... Sie spüren, dass hinter dem Ganzen eine große, eigengesetzliche Welt steht, die zum großen Teil auch geistig durchdrungen ist." (Romvorträge 1965, II 95f, bearb.) An diesen Zitaten wird deutlich, weshalb nach Pater Kentenich in einer modernen christlichen Spiritualität das Auswerten aller Enttäuschungen an den Geschöpfen im Sinne der Wachstumsdynamik auf Gott hin eine wichtige Rolle spielt.

Die übrigen „Weltgesetze" der organischen Weltsicht Pater Kentenichs sind eigentlich nichts weiter als ausführlichere Hervorhebungen bestimmter Aspekte des umfassenden und grundlegenden „Weltregierungsgesetzes".

Das Weltordnungsgesetz – Gott hat einen Ordnungskosmos erschaffen

Hier liegt der Akzent darauf, dass Gott in alle Ebenen seiner Schöpfung eine Ordnung hineingelegt hat: „Es gibt eine Theologie, eine Philosophie und eine Psychologie des Weltordnungsgesetzes. Der Gott der Ordnung hat in seine natürliche und übernatürliche Schöpfung eine wundersame Ordnung hineingeschaffen, die dem stillen Beobachter nicht verschlossen bleiben kann. Man denke an das Mineral-, an das Pflanzen- und Tierreich, man erinnere sich an das Reich des Menschen und der Engel, man überschaue das Reich der Natur und der Gnade. Alle diese Reiche stellen in sich bedeutsame Ordnungen dar. Sie stehen aber auch in Beziehung zueinander, untereinander, miteinander und ineinander. Wir sagen dafür: Sie bilden einen Ordnungskosmos." (LGS II, 130f)

Im Weiteren führt Pater Kentenich mehrere Gesetze aus, die wiederum innerhalb des Ordnungskosmos gelten. Das erste, dessen Formulierung auf den Schriftsteller und Kulturkritiker Theodor Haecker (1879-1945) zurückgeht, beschreibt den Weg zum *Verstehen* dieser Ordnung. Nach Haeckers Auffassung geht die Richtung dabei vom Höheren hin zum Niederen. (Theodor Haecker, Was ist der Mensch? Berlin 1959) Konkret bedeutet dies zum Beispiel, dass der Mensch von Gott aus zu verstehen ist - „Gott schuf ihn nach seinem Bilde". Oder angewendet auf die Ehe, dass sich ihre tiefere Dimension erst erschließt, wenn man sie als Liebesbund von der Dreifaltigkeit her oder als Abbild der Liebe Christ zu seiner Kirche betrachtet.

Bei dem zweiten Gesetz geht es um die Frage nach dem *Erkenntnisgewinn*, der laut Thomas von Aquin in die umgekehrte Richtung, also „vom Niederen zum Höheren geht". Gemeint ist, dass nur über unsere

Sinne, über die Erfahrung der Verstand zu einer Erkenntnis kommt. Pater Kentenich führt aus: „Deshalb das Axiom: ‚Quod prius non fuerit in sensibus, non est in intellectu.' (‚Wenn etwas nicht zuerst in den Sinnen aufgenommen wird, ist es auch nicht im Verstand.') Beide Gesetze scheinen sich zu widersprechen. Sie wollen aber als Ganzheit gesehen und bewertet werden, geben letzten Endes zwei Seiten eines großen rätselhaften Lebensvorganges oder zwei Gesichtspunkte wieder, von denen die Betrachtungsweise ausgehen kann." (LGS II, 131)

Das letzte Gesetz schließlich betrifft die *Bedeutung*, die die natürliche Ordnung für die übernatürliche hat. Pater Kentenich zufolge ist die niedere für die höhere *Ausdruck, Mittel und Schutz*. Er veranschaulicht dies an einem Beispiel: „Kindesliebe zum irdischen Vater ist für den Katholiken zunächst *Ausdruck* der Kindesliebe zum Himmelsvater. Sie erweist sich ferner als starker *Schutz* für diese Liebe. Der Grund ist folgender: Ist sie vorhanden, greift sie tief bis ins vor-, un- und unterbewusste Seelenleben, so ist es nach dem Gesetz der organischen Übertragung leicht, sie lebensmäßig auf den Himmelsvater zu übertragen. Wie die Erfahrung zeigt, kommen ungezählt viele Katholiken zu keinem tiefen Kindesverhältnis zum Vatergott, weil ihnen die Grundlage in der niederen Ordnung fehlt. Aus demselben Grunde wird für ungezählt viele mit der Zeit der Vater im Himmel entwirklicht. Er verflüchtigt sich zu einer bloßen Idee. (...) Die Seele braucht nicht nur ideenmäßige, sondern auch lokale und besonders personale Bindungen. Person wird nur durch Person, durch personale Bindungen wurzelfest und vollendet. Wie einem Baum ohne Wurzeln, so ergeht es einem Menschen ohne diese vielgestaltige Verwurzelung in der niederen, in der natürlichen Ordnung. Er wird schnell aus ihr herausgeworfen und wächst nicht tief genug in die höhere Ordnung, in die übernatürliche hinein." (LGS II, 134-135)

Das Weltvervollkommnungsgesetz – Gott ergänzt, was uns fehlt

Gott hat uns geschaffen – er weiß, was wir brauchen und schenkt uns alles Lebensnotwendige zunächst auf der natürlichen Ebene. Alle Mängel, die wir dort jedoch aufgrund menschlicher Begrenztheit erleben, werden durch seine grenzenlose Liebe und Vollkommenheit aufgefangen und aufgehoben:

„Was Gott an natürlichen Bedürfnissen und Bestrebungen in uns hineingelegt hat, weiß er auch vielfach in der übernatürlichen Ordnung zu berücksichtigen, in die übernatürliche Ordnung emporzuheben. Der Muttertrieb, der Freundschaftstrieb, der Kindestrieb: All diese Triebe berücksichtigt Gott. Er hat uns einen Vater gegeben, eine Mutter. Diese sind Abglanz des himmlischen Vaters und der himmlischen Mutter. Er vervollkommnet durch die übernatürliche Ordnung die natürliche Ordnung. Je gesünder ich in der einen zuhause bin, desto stärker auch in der übernatürlichen Ordnung." (KWF 1946, 100)

Das Weltanpassungsgesetz – Gott zeigt uns sein menschliches Antlitz

„Gott ist immer größer" – „deus semper major" – er ist und bleibt ein Geheimnis, das wir Menschen nie ergründen und erfassen können. All unser Denken und Sprechen macht ihn notgedrungen kleiner als er ist. Doch Gott kommt uns entgegen, er wendet sich uns zu. In Christus zeigt er uns sein menschliches Angesicht:

„Gott passt sich an die Natur an. Weil der Mensch nicht nur ein geistiges, sondern ein geistig-leibliches Wesen ist, darum das Bestreben Gottes, darauf Rücksicht zu nehmen. Auch deswegen hat die zweite göttliche Person die menschliche Natur angenommen. Er hat uns konkret gezeigt, wie Gott aussieht, er hat uns auch sein menschliches Antlitz gezeigt. Die zweite Person Gottes ist das sinnenhaft uns zugewandte Antlitz des geistigen Gottes. Das ist Anpassung an die Sinnenhaftigkeit der menschlichen Natur. Diese große Linie ‚Verbum divinum incarnatum' (‚Das Fleisch gewordene Wort Gottes') reicht noch nicht... Darum mit und im Heiland der ganze Chor der Heiligen – sie sind lauter Spiegelbilder des Göttlichen... Das gilt auch von den lebenden Menschen. Die große Aufgabe, die wir selber haben, ist: die Züge Gottes in unserem ganzen Wesen zeigen, damit es anderen leichter fällt, durch uns zu Gott emporzusteigen." (KWF 1946, 90f)

Vom natürlichen Vatererlebnis zu einer vitalen Gottesbindung

Ein Zitat mag noch einmal sein zentrales Anliegen beleuchten. Es ist ein Kommentar Pater Kentenichs zur Interpretation des geistlichen Weges von Therese von Lisieux (1873-1897), wie Urs von Balthasar sie in „Geschichte einer Sendung" (Köln 1950) vorgelegt hat. In der letzten Pädagogischen Tagung vor seiner Verbannung nach Milwaukee im Jahr 1951 beruft sich Pater Kentenich auf die Ausführungen von Balthasars. Er sieht darin seine eigenen Erfahrungen bestätigt, welch zentrale Rolle das natürliche Vatererlebnis bei der Ermöglichung einer vitalen Gottesbindung spielt. Das Zitat illustriert aber auch die unterschiedliche Akzentsetzung von Balthasars und Pater Kentenichs in ihrem gemeinsamen Anliegen, eine der Zeit entsprechende christliche Spiritualität auszuprägen. Die Beschreibung des geglückten Weges der Kleinen Therese scheint eher ein ungewöhnliches Einsprengsel im Riesenwerk von Balthasars zu sein. Offensichtlich fühlt er sich als Verteidiger des wahren Glaubens berufen, wie ein „Engel mit dem

Schwert" den heiligen Bezirk der innersten Offenbarungswirklichkeit vor allen Verwüstungen naturalistisch-horizontaler Tendenzen zu verteidigen. Diese sind nicht zuletzt von psychologischen und psychoanalytischen Strömungen her auch in die moderne Theologie hereingeschlagen. Von Balthasar geht es jedoch um die theologische Durchklärung des Natur-Gnade-Verhältnisses. Eine schöpferische Synthese von christlicher Spiritualität, die auch alle berechtigten Anliegen der Psychologie mit einbringt, liegt bei ihm nicht vor. An diesem Punkt unterscheidet sich sein Lebenswerk zutiefst von dem Pater Kentenichs, soviel sie sonst gemeinsam haben.

Pater Kentenich führt aus: „Weil wir heute das Fest der kleinen heiligen Theresa feiern, darf ich Ihnen aus ihrem Leben zum Bewusstsein bringen, was das Gesetz der organischen Übertragung und Weiterleitung uns einprägen möchte: Wer ein gesundes Familienleben gelebt hat, ein Verhältnis zu Vater und Mutter und zu den Geschwistern gehabt, der wächst so ganz organisch, vielfach ohne Krisen in die übernatürlichen Wirklichkeiten hinein. Es ist eben das große Gesetz, das der liebe Gott in die menschliche Natur hineingebaut hat: Natur und Gnade sind gleichsam aufeinander angewiesen. Natur- und Gnadenordnung sind miteinander verknüpft, stehen in tiefer Beziehung zueinander. Wo die Naturordnung angekränkelt ist, fällt es schwer, für die Gnade ein Einlasstor zu öffnen. Wir wollen in diesem Zusammenhang einmal die kleine heilige Theresia sprechen lassen, wie Urs von Balthasar ihr Leben deutet:

‚Therese wird hineingeboren in eine Familienwelt, die für sie sofort und bleibend zum Symbol des Himmels wird. An der Familie, an ihren Gesetzen, Beziehungen, Ereignissen lernt sie wie in einer Bilderfibel die Wirklichkeiten des Christentums buchstabieren. Alles an diesem Buch ist konkret, unmittelbar sprechend und verständlich, in jener Sprache verfasst, die der liebe Gott eigens für die kleinen Kinder erfunden hat...

Keine Gefahr, dass das Kind zu lange am Buchstaben haften bleibt und den darin liegenden Geist und Sinn nicht durchschaut. Das Bild leuchtet, der Buchstabe bedeutet, und das Kind lernt mit dem Schauen und Hören von Bild und Wort unmittelbar auch den Sinn. Ein Symbolschauen, ein Ganzheitserfassen geht in der Entwicklung dem abstrakten Denken noch voraus und verbürgt die rechte Ausrichtung des erwachenden Geistes. Die Welt ist ein Gesamtsakrament, das Erscheinungshafte an ihr ist wirksames Symbol des durch Phänomen und Materie hindurchwirkenden Gottesgeistes.'

Das Gesetz der organischen Übertragung wird sichtbar. Das Familienerlebnis in der natürlichen Ordnung wird sofort übertragen auf die übernatürliche Welt. So wird das Gesetz der organischen Übertragung von selbst zum Gesetz der organischen Weiter- und Tieferleitung.

‚Mittelpunkt der Familie ist der Vater. Der menschlich so verehrte, geliebte, fast vergötterte Vater, der für Therese die sofort gegebene, nie aufgelöste Einheit von Autorität und Liebe ist. Im Verhältnis zum Vater, den sie nie auch nur einen Augenblick gefürchtet hat, lernt sie, dass Gehorsam und Liebe fraglos zusammengehören, im Grunde sogar eins sind. In der Autorität des Vaters lernt sie verstehen, was die Autorität des lieben Gottes ist. Sie blickt auf den Vater, der Vater blickt auf Gott, und so lernt sie durch ihn auf Gott blicken!'

Das lebendige Beispiel des Vaters führt das an ihm hängende Kind unmittelbar zum lieben Gott. Da gibt es keine Gegensätzlichkeit, kein mechanisches, kein separatistisches Denken. Da gibt es keine Trennung zwischen irdischem und himmlischem Vater. Beides fließt im Empfinden und Denken der kleinen heiligen Theresia zusammen. Deswegen ist sie so gesund gewachsen. Deswegen ist sie für uns heutige Menschen so vorbildhaft. Hans Urs von Balthasar schreibt weiterhin folgendes:

‚Therese realisiert im Übernatürlichen nur, was sie irgendwie im Natürlichen erlebt hat. Sie hat vielleicht nichts inniger und überwältigender erfahren als die Liebe von Vater und Mutter!'

Das ist echt frauengemäß. Unsere Frauenwelt ist deswegen heute bis in die Wurzel des Seelenlebens krank, weil sie gemeiniglich kein natürliches Familienleben erleben durfte." (PT 1951, 46-51; Urs von Balthasar, Geschichte einer Sendung, 104ff)

Die geistesgeschichtliche Dimension

Programmatisch kommt die Bedeutung, die Pater Kentenich seiner Bindungs- und Bündnispädagogik beimisst, in der geistesgeschichtlichen Einordnung seiner „Organismuslehre" zum Ausdruck. Sie ist langsam, im steten Vergleich mit geschichtlichen Entwicklungen in der großen abendländischen Tradition, in ihm gewachsen. In einem Text aus der Exilszeit in Milwaukee zieht Pater Kentenich Parallelen zu dem Wirken von Augustinus und Thomas von Aquin:

„Welche Bedeutung wir dem Organismusgedanken oder der Organismuslehre beimessen, ergibt sich aus einem Vergleich mit der säkularen Leistung eines Heiligen Augustinus für das Frühchristentum und eines Heiligen Thomas für das Mittelalter. Beide haben in ihrer Art die richtige Formel für eine schöpferische Synthese zwischen der herrschenden Geistigkeit ihrer Zeit mit dem Christentum gefunden und zur Herrschaft gebracht. Unschätzbar ist der Dienst, den sie dadurch der Kirche, der Braut Christi hier auf Erden, geleistet haben. Es ist ihnen geglückt, das Christentum nicht nur in seiner Substanz reinrassig zu bewahren, sondern es auch dem jeweiligen Lebensraum sorgsam anzupassen und es dort ansiedlungs- und aufnahmefähig zu machen, so dass es zur herrschenden und beherrschenden Macht von Welt und Leben werden konnte. Was Augustinus auf solche Weise mit dem heidnischen Platonismus glückte, gelang Thomas mit dem Aristotelismus, der durch die arabische Philosophie in das abendländische Denken einzudringen und es zu beherrschen drohte. Brockmöller hebt hervor: ‚Jahrhundertelang hat das Christentum ohne die aristotelischen Kategorien gedacht, gelehrt und sogar seine endgültigen dogmatischen Definitionen ausgesprochen. Als nun aber die arabische Philosophie des Aristotelismus in das abendländische Denken eindrang, hat der Heilige Thomas sich nicht mit einem Kampf gegen ihn begnügt. Seine geistesgeschichtlich bedeutsame Leistung war die Synthese.'

Bei dieser Feststellung knüpft der Organismusgedanke oder die Bindungslehre an. Schon die Ausdrücke zeigen, um was es sich dabei dreht. Will man das Gären und Brodeln im heutigen Geistesleben auf einen charakteristischen Nenner bringen, so spricht man am besten schlechthin von einer Lebenskrise. Die Lebensbänder sind überall zerschnitten und zerrissen: Sie sind entbunden, sie sind aus dem gottgewollten organischen Gesamtgefüge herausgerissen. Darum allerorten die Rede von der Wurzellosigkeit und Bindungslosigkeit, von der Heimatlosigkeit und Haltlosigkeit oder von der Kontaktnot des modernen Menschen. Darum auch die Parole von der Trennung zwischen Natur und Gnade, zwischen Idee und Leben, von Kopf, Herz und Wille: kurzum von der mechanistischen Aufsplitterung des gesamten Lebens.

Was liegt da näher als das Losungswort: Mechanistische Geistigkeit und Lebensformung will durch organische Geistigkeit und Lebensgestaltung überwunden werden. Oder: Allseitige Bindungslosigkeit will durch allseitige Bindungsganzheit, durch Bindungsfestigkeit und Bindungsinnigkeit abgelöst werden. Anders ausgedrückt: Darum die lösende und befreiende Formel, die aus dem Chaos des heutigen geistigen Wirrwarrs zur Einheit den Weg zu weisen verspricht – Bindungs- oder Organismuslehre in Gestalt von Bindungstheologie und Bindungsphilosophie, von Bindungspsychologie und Bindungssoziologie und von Bindungspädagogik. Bindungslehre, wie wir sie auffassen und zu verwirklichen trachten, überträgt die gesicherten Errungenschaften platonischer und aristotelischer Geistigkeit, wie sie durch Augustinus und Thomas verchristlicht und in der Folge bis in die Gegenwart ergänzt worden sind, auf das psychologische und pädagogische Gebiet. Auf solche Weise glaubt sie den archimedischen Punkt gefunden zu haben, von dem aus alle modernen Lebensfragen einer befriedigenden Lösung nähergebracht werden können." (Apologia 1960, 114f)

Diese wertende Sicht der Zusammenhänge, in denen Bindungs- und Bündnispädagogik nach seiner Auffassung anzusiedeln sind, vertritt Pater Kentenich bis zu seinem Tod. Sein zentrales Anliegen ist und bleibt, die Bindungspädagogik durch eine Bindungslehre abzusichern, indem er philosophische und theologische, psychologische und soziologische Begründungszusammenhänge herausstellt. Mehr als einmal äußert er den Wunsch, dass diese Zusammenhänge wissenschaftlich erforscht, dargestellt und in das Gespräch der Fachwissenschaften eingebracht werden sollen: „Als ich 1948 den Afrikabericht gegen meine übliche Gewohnheit meinem engsten Mitarbeiterkreis und Trier zur Verfügung stellte, geschah es in der ausgesprochenen Absicht, die Bindungspädagogik zum Gegenstand öffentlicher Diskussion zu machen. (...) Es müssten nur Männer (und Frauen) auf den Plan treten, die in diesen Dingen Bescheid wissen und Rede und Antwort stehen können. Es handelt sich ja um so bedeutungsvolle Probleme, dass wir es für selbstverständlich halten, dass sie nur durch Kampf sich durchsetzen können. Die große Idee des doppelten Bindungsorganismus und der gegenseitigen Wechselwirkung kommt ja in der Bindungspädagogik in konkreter Weise zur Anwendung, und nach meiner Meinung haben wir hier eine größere Aufgabe als der hl. Thomas sie seinerzeit der arabischen Philosophie gegenüber hatte. Darum abermals: Wo sind die Männer (und Frauen), die hier klar sehen und fähig sind, in den Kampf einzugreifen?" (Brief 7.4.1953)

Es ist wohl sein Los als „prophetischer Menschenbildner", dass seine Gefolgschaft die Weite und Tiefe seiner Sichtweise nur sehr langsam aufgenommen hat. In einer weiteren Öffentlichkeit wurde die Zeitbedeutung seines Beitrags bislang kaum erfasst. Darin teilt er das Schicksal vieler, die im Aufspüren wesentlicher Fragestellungen ihren Zeitgenossen voraus waren.

Reflexionen zur Bindungs- und Bündnispädagogik

Kritische Auseinandersetzung mit anderen Auffassungen und pädagogischen Schulen

Bei seinem Wirken stehen Pater Kentenich die Hauptrichtungen anders gearteter Auffassungen oder auch pädagogischer Schulen deutlich vor Augen. Er scheut nicht die kritische Auseinandersetzung mit ihnen. Das sind zum einen die *naturalistischen Denktendenzen*, die bei der Eigengesetzlichkeit der Welt hängen bleiben. Sie leugnen die Existenz Gottes entweder ganz oder glauben lediglich an einen Gott als Weltschöpfer, der sich dann nicht weiter um seine Schöpfung kümmert – wie es de facto im Ausklang einer christlichen Epoche noch in weiten Kreisen der Fall ist. Sowohl in einer atheistischen wie auch deistischen Färbung kommen diese darin überein, dass eine gläubig-vitale Bindung an den lebendigen und nahen Gott nicht mehr vorkommt.

Im innerkirchlichen und innerchristlichen Bereich gibt es eine weitere klar zu diagnostizierende Richtung, die deutlich *supranaturalistische* Züge trägt. Gerade im Interesse einer Rettung gläubig-vitaler Bindung an Gott versucht sie, die aufdringliche und aufsaugende Nähe und Mächtigkeit der „Welt" im religiös motivierten Verzicht zu überspringen und zu überwinden. Die Natur scheint ihr eher von Gott wegzuführen, als zu ihm hin. Wenn allerdings seit einiger Zeit auch im theologischen Raum die Eigenständigkeit der „Welt" stark betont wird, scheint dies die dialektische Gegenbewegung zu dieser einseitig übernatürlichen Anschauung zu sein. So hat heute im Zuge der geistesgeschichtlichen Entwicklung die „Theologie der Welt und der Schöpfung" zu Recht eine besondere Bedeutung gewonnen, wie z. B. durch eine entsprechende theologische Auslegungsgeschichte von „Gaudium et Spes", der vom Zweiten Vatikanischen Konzil erarbeiteten „Pastoralkonstitution über die Kirche in der Welt von heute" (1965), belegt wird.

Für Pater Kentenich zentriert sich das angeschnittene Problem in der Frage, wie Bindung an die Schöpfung mit einer Bindung an den Schöpfer harmonisch verbunden werden kann. Hier spielt nun auch die theologische und spirituelle Auswirkung *protestantischen Denkens* herein. In den Ausprägungen verschiedener Richtungen der reformatorischen Kirchen gibt es doch ein sich durchhaltendes protestantisches Prinzip, das Pater Kentenich immer das „Prinzip der Gottunmittelbarkeit" nennt. Jede Bindung an Zweitursachen – das heißt also jede Form von Gottmittelbarkeit – wird als Bedrohung der Bindung an Gott angesehen. Das hat im theologischen Bereich zur Abwertung der Heiligen- und Marienverehrung, zur Ablehnung des Papsttums, zur Zurückweisung jeder Form freier menschlicher Mitwirkung im Heilsgeschehen geführt. Ihre radikalste Form hat diese Haltung durch Karl Barth gefunden, der jede „Analogie des Seins" („analogia entis") zwischen Schöpfer und Schöpfung als Erfindung des Antichrist verdammt. Dieser Ansatz hat viel größere Auswirkungen auf die Art des Glaubens, als man zunächst denken könnte. Er betrifft die gesamte Bandbreite des Zusammenwirkens von Erst- und Zweitursache und damit in der pädagogischen Konsequenz jede Art von Bindung für den gläubigen Menschen.

Und schließlich sieht Pater Kentenich von seinem Standpunkt aus noch eine starke Gegenströmung, die nach seiner Auffassung das Knüpfen und Durchtragen starker seelischer Bindungen torpediert: Das ist die vom *philosophischen Idealismus* abgeleitete Denk- und Lebensweise. Ihre Charakteristik sieht er in einer extrem starken Intellektualisierung, die im Menschen Verstand und Gemüt auseinanderreißt und in der Begegnung mit der Wirklichkeit alles zu „entwirklichen" droht. Das gilt vor allem in der Begegnung der Personen, auch in der übernatürlichen Wirklichkeit, wo es über die Erfassung der Idee hinaus oft nicht zur Bindung an das DU kommt.

Innerkirchliche Reaktionen auf die Bindungs- und Bündnispädagogik

Aus den umrissenen Zusammenhängen wird verständlich, dass Pater Kentenich in seinen pädagogisch-spirituellen Anliegen der Bindungs- und Bündnispädagogik bei innerkirchlichen Strömungen auf Kritik stieß, die stark von der traditionellen Aszese herkommen und zunächst fast nur die Gefahren solcher Akzentuierung von naturhaft-natürlicher Liebesbindungen sehen. Von ihnen wurde er nicht selten heftig bekämpft und abgelehnt. Man warf ihm Abhängigkeit von der Psychoanalyse vor, zumal er mit dem Schlüsselwort vom „Gesetz der organischen Übertragung und Weiterleitung" an die Freudsche Terminologie des Übertragungsphänomens erinnert.

Pater Kentenich hält diesen Vorwürfen das seit Jahrhunderten erfahrungsgesättigte Axiom katholischer Theologie „Die Gnade baut auf der Natur auf" entgegen und macht der pastoralen wie aszetischen Praxis den Vorwurf, dieses nicht mehr zu beachten - es sei völlig in Vergessenheit geraten. Seiner Ansicht nach liegt hier ein Hauptgrund für die mangelnde Formkraft der kirchlichen Verkündigung. Die bischöfliche Visitation der Schönstatt-Bewegung und insbesondere der Gemeinschaft der Marienschwestern im Jahr 1949 wurde zum tragischen Musterfall. Der bischöfliche Visitator stieß sich vor allem an der starken persönlichen Bindung der Schwestern an den „Vater und Gründer" ihrer Gemeinschaft, den „Vorgesetzten". Er nannte diese Verbundenheit „Massenmenschentum auf höherer Ebene" und machte Pater Kentenich den Vorwurf, seine Person zu stark in den Mittelpunkt des Lebens der gesamten Gemeinschaft zu stellen. Die Haltung der Kindlichkeit gegenüber dem Vorgesetzten schien ihm infantil für ein Institut reifer und mündiger Frauen. Pater Kentenich verteidigte seine Pädagogik und wies darauf hin, dass der Großteil der Schwestern mitten im Leben und oft auf verantwortlichen Posten stehe. Im übrigen hatten sie die Kriegs- und Verfolgungszeit unter den Nationalsozialisten bestanden; eine größere Anzahl von Schwestern wurde ohne viel Vorbereitung ins Ausland geschickt – nach Afrika und Südamerika –, wo sie über viele Jahre auf sich allein gestellt und ohne Kontakt mit der Heimat ihren Weg gingen und sich die Achtung von Priestern und Bischöfen erworben hatten. All das spricht nicht gerade für die These, dass sie infantil und unselbständig geblieben seien... Doch der Kern des Vorwurfs lief darauf hinaus, dass das pädagogische und aszetische Bemühen im Wesentlichen nicht auf das eigentliche Ziel der totalen Hingabe an Gott ausgerichtet sei – die ungewöhnlich starke Bindung an den Gründer stünde dieser im Weg.

Die Diskussion zwischen Pater Kentenich und dem Visitator war sehr viel differenzierter, als das hier dargestellt werden kann. So ging es unter anderem auch um den rechten katholischen Begriff von Gehorsam. Dabei war der springende Punkt immer: Wenn die religiöse Haltung der Bindung an Gott gesund und tragfähig sein soll, dann muss sie auf entsprechende natürliche Grundlagen aufbauen. Nicht in der klaren Zielstellung liegt die unterschiedliche Wertung, sondern in den unterschiedlichen Wegen dorthin. Echter katholischer Gehorsam – und das fängt bereits in der Erziehung der Kinder an – ist letztlich immer *Anerkennung Gottes als letzte Autorität.* Doch weil die Gnade von der Natur abhängt, ist die Erfahrung menschlicher Autorität – für das Kind also elterlicher Autorität – Voraussetzung für die göttliche. Und dies gilt nicht nur für eine gewisse Anfangszeit der menschlichen Entwicklung, sondern der Zusammenklang zwischen natürlicher Vor-Erfahrung und übernatürlicher Vollentfaltung ist das bleibende Ziel. Wo diese Vorerfahrung fehlt, wird die Wurzelfestigkeit nicht stark genug sein. Pater Kentenich weist auf vielfältige Fehlformen und Zusammenbrüche hin, die hier ihre Ursachen haben: Zu einseitig übernatürliche Haltungen, zu frühe Betonung von religiösen Hochzielen rächen sich. Sie sind nicht tragfähig genug, um dem Leben standzuhalten. Pater Kentenich gebraucht oft einen Ausdruck, der im Ordensleben und seinem Lebensstil entstanden war: „*Gott allein.*" Als letzte und höchste Zielstellung eines lang dauernden Prozesses auf einem Weg intensiven Strebens und Mühens bleibt diese Haltung für alle Zeiten von uneingeschränkter Bedeutung. Pater Kentenich insistiert immer wieder und betont: Bis der Mensch mit der Gnadenhilfe Gottes eine solche Höhenlage erreicht hat, muss er verschiedene Wachstumsstufen in langsamem Reifen durchlaufen. Wer zu früh und zu schnell unter Auslassung solcher Wachstumsphasen das „Gott ist alles. Er allein füllt mich aus." sprechen will, ist in der Gefahr, einen „Ikarus-Sturz" zu erleiden.

Wie gesagt, das „Zauberwort" für Pater Kentenich war und ist in all diesen Zusammenhängen immer wieder „organisch". In einem Organismus hat jedes Teilglied, jede Teildimension ihre naturnotwendige und unersetzliche Funktion. Der bischöfliche Visitator machte seine Kritik an Schönstatt an einer Reihe von Punkten fest, die nach Auffassung Pater Kentenichs mit diesem zentralen und sensiblen Bereich zusammenhingen. Da ihn diese Problematik schon seit vielen Jahren intensiv beschäftigte und sich in ihm die Auffassung aufgrund jahrzehntelanger Erfahrung und Beobachtung erhärtet hatte, dass die drohende Gefahr noch gar nicht erkannt worden war, schrieb er einen umfassenden Bericht als „Antwort" auf den Visitationsbericht und verfasste von Südamerika aus eine umfangreiche Studie, die „epistola perlonga". Er tat dies in vollem Bewusstsein der Tragweite seiner fundierten Kritik und mit einer ziemlich klaren Vorstellung davon, wie die Reaktion auf ein solches Schreiben ausfallen würde...

Ungeachtet aller Vorwürfe hält er also daran fest, dass durch den Wandel des Seelenlebens nicht nur die Bindung an die Transzendenz Gottes, sondern ebenso die seelische Gesundheit auf natürlicher Ebene stark in Erschütterung geraten sei. Deswegen scheint ihm eine bloße Weiterführung traditioneller aszetisch-spiritueller Schulen nicht mehr ausreichend. Er postuliert – gerade im Interesse einer unzerreißbaren

Bindung an Gott – die Pflege und Entwicklung eines natürlichen Bindungsorganismus, um so die Tragfähigkeit einer gesunden Natur zu sichern. Eine skeptische oder ablehnende Haltung der Psychologie und Psychotherapie gegenüber ist da nach seiner Meinung weder ausreichend noch hilfreich. Eine wirklich schöpferische und befreiende Lösung der Problematik bezieht den gesamten Bereich der natürlich-psychologischen Entwicklung menschlichen Seelenlebens mit ein. Sie beschränkt sich nicht auf das Wachstum in die Welt der Übernatur, sondern umgreift Natur *und* Übernatur. Das ist sein Anspruch an die Lehre und Praxis des doppelten Bindungsorganismus, wie er ihn entwickelt hat.

Lehre und Praxis des Bindungsorganismus im Verhältnis zur Psychotherapie

Für die Auswertung und praktische Anwendung der Bindungspädagogik Pater Kentenichs ist ein Dialog mit heutigen psychotherapeutischen Richtungen unerlässlich. Er steht noch aus. Doch schon auf den ersten Blick werden gemeinsame Anliegen im Bereich der Persönlichkeits- und Bindungspsychologie schlaglichtartig deutlich. Bei aller Ähnlichkeit sind dennoch gleichzeitig große Unterschiede in der Methode und geistigen Begründung festzustellen. Für Pater Kentenich gehört die religiöse Dimension unabdingbar zu seinem Menschenbild und damit auch zu seinem Weg der seelischen Heilung dazu. Das alleinige Bearbeiten der inneren Konflikte auf der natürlichen Ebene, ohne die Einbeziehung der übernatürlichen Wirklichkeit, greift seiner Meinung nach erheblich zu kurz.

Das folgende Zitat macht diese Sichtweise Pater Kentenichs deutlich: „Erreicht die innere Selbstverschließung – gleichviel, welche Form sie angenommen hat – einen bestimmten Umfang und Grad, so erfolgt seelischer und körperlicher Zusammenbruch, der nur dadurch gemildert oder geheilt werden kann, dass die Seele sich weit öffnet und überall im Reiche der Natur und Gnade die Bindungen sieht und sucht und findet, die in ihrer Seinsstruktur grundgelegt, die aber aus irgendeinem Grunde nicht entfaltet worden sind. Seelische Bindungslosigkeit oder Ungebundenheit will durch seelische Bindungsfülle oder Bindungsreichtum abgelöst und geheilt werden. Das ist die tiefe Sehnsucht, die heute Millionen seelisch und körperlich Erkrankter in die Sprechstunde der Nerven- und Seelenärzte hineintreibt.

Die Heilpraxis, die allenthalben angewandt wird, bleibt vielfach auf halbem Wege stehen. Wir sehen hier wiederum ab von dem Organismus der Orts-, Ding- und Ideengebundenheiten, die leider Gottes heute überall von den Psychiatern sehr stiefmütterlich behandelt werden. Wir beschränken uns lediglich auf die personalen Gebundenheiten und davon behaupten wir: Sie werden nicht ganzheitlich gesehen, können deswegen auch nicht in ausreichendem Maße zu Heilzwecken verwendet werden. Grund dafür ist Mangel an klarer Schau und Formung des Menschen als natürliches und übernatürliches Ebenbild Gottes. Man vergisst, dass zur Wesensanlage des Menschen nicht nur der Zug zum menschlichen, sondern auch zum göttlichen Du gehört, und dass dieser naturhafte Drang zu Gott gleichzeitig eine Gehorsamsbereitschaft und Aufnahmefähigkeit für die Gnade in sich schließt." (MME 1954, 416)

In diesem Kontext beleuchtet er kritisch die ausschließliche Bindung an den Arzt oder Therapeuten als individuelle Person und die dabei fehlende Weiterführung dieser heilenden Bindung an Gott im Sinne der „organischen Übertragung und Weiterleitung". Er stellt fest: „ Anstatt dass man die Seele ihrer Naturanlage nach – wie gesagt – allseitig bindet und so in der Welt der Natur und Gnade beheimatet und so gesunden lässt, durchwühlt man unaufhörlich und überaus einseitig das unterbewusste Seelenleben. Man hat keine Ruhe, bis Erb- und Grundanlage und Grundaufnahme – will heißen, alles, was der unterbewusste Grund der Seele an Eindrücken in sich aufgenommen und noch nicht verarbeitet hat – ans Licht gezerrt ist. Aber auch dann noch bleibt man vielfach bei der Sinndeutung stehen und schreitet nicht zur Sinnerfüllung vor: zur Sinnerfüllung, wie sie im besagten doppelten Bindungsorganismus und der gegenseitigen Wechselwirkung angelegt ist." (MME 1954, 416 ff)

Dies ist seiner Meinung nach einer der wesentlichen Gründe, weshalb eine wirkliche Heilung nur selten zustande komme. Er vergleicht die psychische Situation des zu behandelnden Menschen mit einem Netz, „das sich der Klammern entwunden hat und nunmehr in Verwirrung geraten ist und am Boden liegt. An sich wäre es leicht, es schnell wieder in Ordnung zu bringen. Man brauchte es nur mit mutigem Griff wieder mit den Klammern in Verbindung zu bringen und anzuheften. Stattdessen geht man hin und löst mit endloser Sorgfalt Masche von Masche. Ehe man sich aber versieht, verfangen sich die einzelnen Maschen wieder. Wir wollen damit nicht sagen, man sollte nicht auch diese Entwirrung der einzelnen Maschen klug und vorsichtig versuchen. Unterlässt man aber die naturgemäße Befreiung der Klammern, so sind nicht selten die letzten Dinge schlimmer als die ersten. Was wir unter dieser Klammerung verstehen, dürfte nach allem Gesagten einsichtig genug sein. Wir meinen damit die Einschaltung in den doppelten Bindungsorganismus oder die Verlebendigung der Orts-, Ding-, Ideen- und personalen Gebundenheiten sowohl in der natürlichen als auch in der übernatürlichen Ordnung." (MME 1954, 416ff).

Inwiefern dieser Ansatz in der Seelsorge Pater Kentenichs sich tatsächlich in die psychotherapeutische Praxis übertragen lässt, bleibt an dieser Stelle eine offene Frage. Sie kann nur durch eine zukünftige, kompetente Diskussion und Überprüfung von Fachleuten ihre Antwort finden.

Ausblick

Wenn ich mich jetzt beim Abschluss dieses Buches frage, mit welchen Erwartungen ich das Ganze begonnen habe und was das bleibende Vermächtnis sein soll, so spüre ich etwas von der führenden Hand der Vorsehung Gottes. Stand am Anfang meine erste Begegnung mit Pater Kentenich und die von ihr ausgehende Prägung meines Lebens, so steht am Ende wieder eine Begegnung - meine *letzte* Begegnung mit ihm, drei Wochen vor seinem Tod, im August 1968. Pater Kentenich wohnte damals in der „Marienau", dem Haus der Schönstatt-Priester und hatte mich für den Nachmittag zu sich eingeladen. Eine Marienschwester führte mich zu einem Raum im Pfortenbereich, wo er mit Prälat Schmitz und zwei weiteren Priestern beim Nachmittagskaffee saß. Ich traf sie in aufgeräumter Stimmung an, in lebhaftem Gespräch, an dem Pater Kentenich sich ebenfalls beteiligte. Nach einiger Zeit bat er mich, ihn zu seinem Zimmer zu begleiten. Als wir auf den Flur hinausgingen, spürte ich sofort, wie sich seine Stimmung fast schlagartig änderte. Er ergriff das Wort und bestimmte damit das Thema für unser Gespräch. „Ich hatte ja jetzt Zeit, um über alles nachzudenken", begann er. Dabei bezog er sich auf eine starke Erkältung, die ihn für einige Tage ans Bett gefesselt hatte. Dann fuhr er fort: „Ich habe mich mit der *Zukunft Schönstatts* beschäftigt, wenn ich einmal nicht mehr da bin. Wie kann das gehen? Haben wir die Männer und Frauen, die das ganze Werk mit seinen riesigen Zielsetzungen weiterführen können? Menschlich gesehen haben wir diese Kräfte nicht – wenn Sie zum Beispiel nur an das Mammutprojekt des Apostolischen Weltverbandes denken..." Diese Worte beziehen sich auf eine Zielsetzung, die Pater Kentenich von Vinzenz Pallotti für die Schönstatt-Bewegung übernommen hat und die die organisatorische Zusammenfassung und Bündelung aller apostolischen Kräfte in der Kirche beinhaltet. „Wenn wir nicht auf die

Gottesmutter und ihre Macht bauen könnten, dann müssten wir von vorneherein aufgeben." Seine Nachdenklichkeit und ernste Stimmung haben einen tiefen Eindruck bei mir hinterlassen – seine Fragen haben auch mich immer neu bewegt.

„*Haben wir die Männer und Frauen*?" Dabei ist die Frage nach der Zukunft Schönstatts ja kein Selbstzweck. Pater Kentenich geht es ganz grundsätzlich um die Zukunft der Kirche und des Glaubens in der heutigen Zeit. Er hat die großen Herausforderungen auf dem Hintergrund der Zeitsituation erkannt und will durch seine Gründung neue Wege aufzeigen. So sieht er die Schönstatt-Bewegung in Verantwortung für die große Aufgabe, am Werden einer neuen, besseren Welt mitzuwirken. Die Zukunftsfrage des Gründers am Ende seines Lebens, die auf den ersten Blick vielleicht nur Mitglieder der Schönstatt-Bewegung zu betreffen scheint, stellt sich in diesem weiteren Sinne allen, denen eine Erneuerung des Glaubens und der Kirche am Herzen liegt. Lediglich der Akzent mag ein anderer sein.

Für Pater Kentenich war zeitlebens die Auseinandersetzung mit den aktuellen geistigen und kirchlichen Strömungen ein großes Anliegen. Wie steht Schönstatt in der Kirche – nicht politisch, sondern geistig? Was haben wir zu geben? Wie stehen wir mit anderen Strömungen in Kontakt? Wie steht Schönstatt in dem Geistesleben unserer Zeit? Das waren die Fragen, die auch mich persönlich stark bewegt haben. In den Fünfziger- und Sechzigerjahren – der Zeit, in der ich in die Bewegung hineingewachsen bin - hatte ich den Eindruck, sie sei mir zu eng. Mir fehlte die Weite und Offenheit für das, was in Kirche und Welt passierte. Mich persönlich interessierten die aktuellen theologischen Fragen, Strömungen und Auseinandersetzungen brennend. So waren meine Mitstudenten und ich wie elektrisiert, als wir während des Studiums in Fribourg einmal Gelegenheit hatten, Urs von Balthasar persönlich zu begegnen. Dieser Mann faszinierte mich sehr mit seinem umfangreichen Wissen und der geistigen Weite. Im Vergleich damit kam mir Schönstatt, wie ich es damals kannte, *noch* enger vor... In einem Brief teilte ich Pater Kentenich ganz offen meine Bedenken und Fragen mit. Mit der überraschenden Antwort, die ich darauf erhielt, zerstreute er all meine Bedenken und Zweifel: Er sei froh über jeden, der aufgeschlossen für die Anliegen der Zeit sei, den Geist der Zeit in sich aufnehme und sich mit den aktuellen Fragen auseinandersetze. „Schon lange halte ich Ausschau nach Männern und Frauen, denen Gott hervorragende schöpferische geistige Fähigkeiten gegeben hat, um einmal kraftvoll und geschickt in das Räderwerk der Bewegung einzugreifen und mitzusorgen, dass es nicht zu einer Mumie erstarrt." (Fribourger Archivnotizen 1958) Weiter schrieb er in seinem Brief, dass die Zeit der Auseinandersetzung mit der Kirche zur Zeit viele Kräfte absorbiere, so dass es nicht mehr im gleichen Maße wie in den Dreißigerjahren möglich sei, mit allen Strömungen des Geisteslebens in Kontakt zu kommen und von Schönstatt aus dazu Stellung zu nehmen. Noch habe das nicht so gravierende Folgen, aber auf die Zukunft hin gesehen brauche es „Menschen, die Zeit, Kraft und Mut ihr Eigen nennen", um diese Entwicklung voranzubringen. Es sei also „ein Segen, wenn im Hintergrund Köpfe und Herzen wachsen, die später einmal in die Bresche springen können."

Die Gespräche und Erlebnisse bei meinem Besuch in Milwaukee gingen in die gleiche Richtung. Ich habe Pater Kentenich als Mann einer großen Offenheit erlebt. Er konnte sich mit allen Auffassungen auseinandersetzen, dachte nie in dem Sinn: Wir müssen unsere kleine Welt bewahren. Neben dieser geistigen Weite und Aufgeschlossenheit faszinierte mich jedoch auch die feste Grundlage seines Denkens: das Liebesbündnis als vitales Fundament. Dieses Fundament stand für ihn felsenfest. Es war für ihn zugleich das konkret Greifbare und wesenhaft Letzte. Dabei gebrauchte er das Bild vom Filter: Was sich mit dem Liebesbündnis vereinbaren lässt, das können wir aufnehmen. Aber auch, wenn wir etwas nicht annehmen können, begegnen wir den jeweiligen Menschen mit Achtung und Respekt. Nach diesen Begegnungen war mir klar: Es gibt zwar Enge von Schönstättern, aber keine Enge von Schönstatt. Pater Kentenich ist ein Mann, zu dem die grundsätzliche Weite gehört wie die Luft zum Leben. Aber die geistige Fähigkeit, alles zu filtrieren und mit dem eigenen Denkansatz zu verbinden, gehört ebenso dazu. Dadurch, dass man die Weite beschneidet, kommt man dem Gründer nicht näher.

Bei der gläubig-ergriffen vorgetragenen Charakterisierung von Gestalt und Sendung Pater Kentenichs, wie sie auf diesen Seiten vorliegt, geht es mir selbstverständlich nicht um ein kritikloses Annehmen. Wohl aber zählt die Motivierung der Leser zu einer wohlwollend-prüfenden Auseinandersetzung mit den dargestellten Inhalten zu meinen zentralen Absichten beim Schreiben dieses Buches. Seine zusammenfassende These lautet: *Die geistige Leistung Pater Kentenichs ist nicht die Neuentdeckung und -akzentuierung einzelner Aspekte christlicher Spiritualität und Pädagogik, wie z.B. des aktiven Vorsehungsglaubens oder der Bindungspädagogik. Sie besteht vielmehr in dem von ihm entwickelten Gesamtkonzept, in einer originären Sicht der Welt, die in einem lebenslangen Prozess in ihm gewachsen ist. Diese ihm eigene „originelle Weltschau" ist entstanden aus der Verwurzelung in der katholischen Tradition und dem Weiterleben im vollen katholischen Lebensstrom. Sie sucht dann aber in der bewussten und mutigen Anpassung an das radikal gewandelte Selbst- und Weltverständnis des Menschen eine neue Form menschlich-christlicher Existenz zu verwirklichen.* Aus diesem schöpferischen Spannungsprinzip zwischen Bewahren und Erneuern ist Schönstatt entstanden. Das mittlerweile weit verzweigte Leben der internationalen Gemeinschaft pulsiert auch hundert Jahre nach der Gründung zwischen diesen beiden Polen. Wenn dieser, von Pater Kentenich als „Neugründung" bezeichnete, *permanente Erneuerungsvorgang in schöpferischer Treue zum Ursprung* stattfindet und gelingt, dann kann die Zukunftsvision der Gründers Realität werden. Die Schönstatt-Bewegung kann im Miteinander mit anderen geistlichen Gemeinschaften und Lebensaufbrüchen ihre originelle Aufgabe als prägende und mitgestaltende Kraft für die Zukunft des Glaubens, für die Erneuerung von Kirche und Gesellschaft wahrnehmen.

Biographische Daten zu Joseph Kentenich

16.11.1885 Pater Joseph Kentenich in Gymnich bei Köln geboren.

24.09.1906 Erste Profess in der Gesellschaft der Pallottiner; 24.09.1909 Ablegung der ewigen Profess.

08.07.1910 Priesterweihe durch den Apostolischen Vikar von Kamerun, Bischof Heinrich Vieter in der Hauskapelle des Provinzhauses der Pallottiner in Limburg.

08.09.1912 Ernennung zum Spiritual im Studienheim Schönstatt in Vallendar.

27.10.1912 Erster Vortrag vor den Schülern des Studienheims über das gemeinsame Programm: „Wir wollen lernen, uns unter dem Schutze Mariens selbst zu erziehen zu festen, freien, priesterlichen Charakteren." ‚Vorgründungsurkunde'.

18.10.1914 Gründung der Schönstatt-Bewegung durch ein Liebesbündnis mit der Gottesmutter: Vortrag ‚Erste Gründungsurkunde'.

28.-31.05.1931

Erste große offene pädagogische Tagung: Allgemeine Prinzipienlehre einer modernen Jugendaszese.

1932 Teilnahme von 2184 Priestern an Exerzitien und Tagungen Pater Kentenichs

20.09.1941 Verhör und Verhaftung durch die Geheime Staatspolizei in Koblenz; Beginn einer vierwöchigen Dunkelhaft. Dann Einzelhaft im ‚Karmelgefängnis' in Koblenz.

13.3.42-6.4.45
Haft im Konzentrationslager Dachau; 24.06.42 errettet vor dem Transport zur Vergasung.

16.07.1942 Gründung des Säkularinstitutes ‚Marienbrüder' und der Familienbewegung.

21.08.1942 Verweigerung des Fahneneides auf Hitler durch Pater Franz Reinisch, Mitglied der Gesellschaft der Pallottiner, ein Mitarbeiter Pater Kentenichs; Enthauptung im Gefängnis in Brandenburg.

17.10. 1944 Geheime Priesterweihe von Diakon Karl Leisner aus dem Bistum Münster, Mitglied des Schönstatt-Priesterbundes, durch den Mithäftling, Bischof Gabriel Piguet, Clermont-Ferrand in der Kapelle auf Block 26 des KZ Dachau. Er starb am 12.08.1945 in Planegg bei München an den Folgen der KZ-Haft. Papst Johannes Paul II. sprach ihn am 23.06.1996 in Berlin als Märtyrer selig.

18.10.1945 Errichtung des Säkularinstitutes der Schönstätter Diözesanpriester.

02.02.1946 Errichtung des Säkularinstitutes der Frauen von Schönstatt.

14.03.1947 Nach Veröffentlichung der Konstitution ‚Provida Mater Ecclesia ' über die Integration der Säkularinstitute in den Rechtsorganismus der Kirche; Privataudienz Pater Kentenichs bei Pius XII. zu dieser neuen Entwicklung innerhalb der Kirche.

1947/1948 Apostolische Reisen nach Südamerika, USA und Südafrika.

20.05.48 Kanonische Errichtung des Säkularinstitutes der Marienschwestern durch Erzbischof Franz Rudolf Bornewasser, Trier

19.-28.02.1949
Bischöfliche Visitation der Schönstatt-Bewegung durch den Weihbischof Bernhard Stein, Trier.

1951 Päpstliche Visitation der Schönstatt-Bewegung durch Pater Sebastian Tromp, SJ – Dogmatikprofessor an der Gregoriana in Rom.

31.07.1951 Römisches Dekret zur Amtsenthebung Pater Kentenichs als Leiter des Säkularinstitutes der Marienschwestern; 01.12.51 Dekret zur Ausweisung aus Europa.

21.06.1952 Ankunft in Milwaukee, USA; Beginn des 14 jährigen Exils.

1949 –1956 Ringen um das Leitbild bzgl. der Funktion der Gesellschaft der Pallottiner als ‚Pars Motrix et Centralis' innerhalb der Schönstatt-Bewegung.

18.07.1965 Kanonische Errichtung des Säkularinstitutes der Schönstatt-Patres durch Bischof Adolf Bolte, Fulda. Die neue Priestergemeinschaft übernimmt die Funktion der ‚Pars Motrix et Centralis' der internationalen Schönstatt-Bewegung.

16.09.1965 Rückkehr nach Rom; am 20.10.1965 hebt die Vollversammlung der Kardinäle des Hl. Offiziums alle Beschlüsse bzgl. Pater Kentenich auf. Er erlebt am 8.12.1965 in Rom das Ende des II. Vatikanischen Konzils und segnet die Anfänge des Internationalen Schönstattzentrums in Rom.

16. 11.1965 Inkardination in den Klerus der Diözese Münster durch Bischof Josef Höffner, Münster.

07.01.1968 Errichtung des Säkularinstitutes der Schönstatt-Familien.

07.09.1968 Grußbotschaft Pater Kentenichs an die Schönstatt-Bewegung auf dem Katholikentag in Essen: 'Mit Maria hoffnungsfreudig und siegesgewiss in die neueste Zeit'.

15.09.1968 Unmittelbar nach seiner ersten Eucharistiefeier in der Dreifaltigkeitskirche auf Berg Schönstatt stirbt Pater Kentenich in der Sakristei der Kirche. Die Beisetzung erfolgte am Ort seines Todes.

10.02.1975 Eröffnung des Seligsprechungsprozesses durch Bischof Bernhard Stein, Trier.

Dank

Mein ganz besonderer Dank gilt Monika Arndt, ohne die das Buch in der vorliegenden Form nicht möglich geworden wäre. In den vergangenen Jahren hat sie dessen Entstehung auch zu „ihrem Projekt" gemacht und sich mit Kreativität und Tatkraft auf vielfältige Weise eingebracht. Ihre Mitarbeit umfasst neben der zeitlichen Organisation und praktischen Umsetzung auch das Schreiben des Manuskriptes am PC, das Strukturieren, Zusammenfügen und Überarbeiten von Texten aus verschiedenen Schaffensperioden, die sprachliche Mitgestaltung sowie konstruktive Gespräche zu Form und Inhalt. In einem solchen Austausch ist schließlich auch die Idee für den Titel geboren: „...vor allem mein Herz."

Des Weiteren danke ich in besonderer Weise Father Jonathan Niehaus (1960-2012), der in den Monaten vor seinem Tod alle Zitate des Buches durch Quellenangaben belegt und das gesamte Literaturverzeichnis erstellt hat. Darüber hinaus gab er wertvolle Anregungen zu inhaltlichen Aspekten. Die Schilderung meiner ersten Begegnung mit Pater Kentenich zu Beginn des Buches war sein Vorschlag und ist ihm gewidmet.

Schließlich geht noch ein herzliches Wort des Dankes an meinen Mitbruder Pater Franz Joh. Brügger, der durch das abschließende Korrekturlesen des Manuskriptes in seiner klaren Art wichtige Hinweise zu Sprache und Struktur des Buches gab.

Autor

Günther M. Boll (*1931), Mitglied des Säkularinstitutes der Schönstatt-Patres ist seit 1950 in der Schönstatt-Bewegung aktiv. 1952 trat er ins Noviziat und darauf folgend ins Studentat der Gesellschaft der Pallottiner ein. In den 50er Jahren stand die Frage nach dem Verhältnis der Priestergemeinschaft der Pallottiner zur Internationalen Schönstatt- Bewegung zur Klärung an.

Er verließ 1956 die Gesellschaft der Pallottiner. Seine theologischen Studien beendete er mit dem Lizenziat in Fribourg, CH und arbeitete führend auf die Gründung einer neuen Priestergemeinschaft hin, die als PARS MOTRIX der Schönstatt-Bewegung dem Leitbild ihres Gründers, Pater Kentenich entspricht. 1963 empfing er in Argentinien die Priesterweihe und erlebte 1965 die kirchenrechtliche Errichtung des neuen Säkularinstitutes der SCHÖNSTATT-PATRES. Er gehörte zu den ersten Mitgliedern dieses neuen Institutes und wirkte von Anfang an verantwortlich in dessen Generalleitung und vor allem in der Ausbildung des internationalen Nachwuchses dieser Gemeinschaft. Über viele Jahre redigierte er die Zeitschrift REGNUM Schönstatt international – Reflexion und Dialog'. In den Jahren 1999 bis 2006 begleitete Pater Boll als geistlicher Assistent die Entwicklung des neuen Schönstatt-Säkularinstitutes für Familien.

Er hatte Gelegenheit, dem Gründer Pater Kentenich während seines Exils in Milwaukee (1951-1965) – Kentenich wirkte dort als Deutschen-Seelsorger - persönlich zu begegnen. In den drei letzten Lebensjahres nach dessen Exil gehörte Pater Boll in Schönstatt zu seinen besonderen Vertrauten.

Quellenverzeichnis

27.10.1912	Vorgründungsurkunde (Antrittsrede als Spiritual)
APL 1928	Allgemeine Prinzipienlehre April 1928 (hier zitiert nach Vallendar 1999)
Ethos 1931	Pädagogische Tagung 1931 (= Ethos und Ideal in der Erziehung, Vallendar 1972)
ME 1934	Pädagogische Tagung 1934 (= Marianische Erziehung, Vallendar 1971)
11.8.1935	Ansprache zur Feier des Silbernen Priesterjubiläums
HM 1936/37	Exerzitien „Der heroische Mensch" (hier zitiert nach der Ausgabe: verv.W, A 4, 302 S.)
KWF 1946	Priesterexerzitien „Kampf um die wahre Freiheit", Januar 1946
KM 1946	Das katholische Menschenbild (hier zitiert nach der Ausgabe: Vallendar 1997)
OB 1948	Oktoberbrief an die Schönstattfamilie, 1.10.1948 (hier zitiert nach der ersten gedruckten A6 Auflage, o.J.)
Epistola 1949	Epistola perlonga (Moriah Patris)
OB 1949	Oktoberbrief an die Schönstattfamilie, 7.10.1949 (hier zitiert nach der Druckausgabe: Vallendar 1970)
PT 1950	Pädagogische Tagung 1950 (= Grundriss einer neuzeitlichen Pädagogik für den katholischen Erzieher, Vallendar 1971)
PT 1951	Pädagogische Tagung 1951 (= Dass neue Menschen werden, Vallendar 1971)
LGS 1952	Briefstudie an Josef Schmitz (= Das Lebensgeheimnis Schönstatts, 2 Bände, Vallendar 1971 und 1972)
Brief 7.4.1953	Brief an P. Alexander Menningen (unediert)
MME 1954	Fastenpredigten im Marianischen Jahr (= Maria, Mutter und Erzieherin, Vallendar 1973)
Studie 1954	Briefstudie an P. Menningen zum 20. August 1954 („Zwanzigerbrief", unediert)
Brief 14.3.1955	Brief an P. Menningen (unediert)

Zur Studie 1955	Zur Studie Gründer und Gründung (Archivdokument)
Studie 1956	Brief an P. General Wilhelm Möhler (Archivdokument)
CN 1957/58	Chroniknotizen 1957/58 (Archivdokument)
Apologia 1960	Apologia pro vita mea (Archivdokument)
Glossen 1962	Glossen für das Archiv (hier zitiert nach Mach heimisch in ihr Führerfähigkeiten, Berg Sion 1997)
Vorträge 1963	Vorträge für Theologen in Milwaukee
Studie 1964	Studie zur Kunst der Unterscheidung der Geister (Archivdokument)
Romvorträge 1965	Vorträge für Führungskräft der Schönstattgemeinschaften, Rom, 4 Bände
Vortrag 30.12.1965	Vortrag für Schönstattpriester in der Marienau (2. Vortrag, hier zitiert nach Propheta locutus est, Bd. 2)
Ansprache 17.7.1966	Ansprache vor dem Studentat der Schönstatt-Patres, Münster (An seine Pars motrix, Band 4)
LS 1952 II	Das Lebensgeheimnis Schönstatts. II. Teil: Bündnisfrömmigkeit (Brief an Josef Schmitz, Mai 1952) Vallendar 1971
MWF	Marianische Werkzeugsfrömmigkeit (1944; hier zitiert nach der Druckausgabe: Vallendar 1974)
Niehaus 2003	P. Jonathan Niehaus, Die Entstehung des Hausheiligtums, Institut der Schönstattfamilien, Vallendar 2003
Niehüser 2011	Günter Niehhüser, Bindung und menschliche Entwicklung, Vallendar 2011)
Schlüssel	Schlüssel zum Verständnis Schönstatts, (1951; hier zitiert nach Texte zum Verständnis Schönstatts, Vallendar 1974, S. 148-228)
WH	Werktagsheiligkeit (Hg. M.A. Nailis, 1937; hier zitiert nach der Ausgabe: Vallendar 1989)
What is my Philosophy of Education; Studie 1959	(hier zitiert nach Philosophie der Erziehung, Vallendar 1991, S. 39-89)
Worte zur Stunde	Botschaft zum 25. Jubiläum der Schönstattfamilie, 18.10.1939 = 2. Gründungsurkunde (Schönstatt – Die Gründungsurkunden, Vallendar 1967, S. 29-63)
Wolf 2011	Peter Wolf (Hrsg.), Lebensquelle Heiligtum, Vallendar 2011

Ebenfalls im Patris Verlag erschienen

Günther M. Boll,
Lothar Penners (Hrsg.)

Integration

Berichtsband

Herausforderung an eine Kultur des dritten Jahrtausends

Dieser Berichtsband über ein interdisziplinäres Symposion aus Anlass des 100. Geburtstags Pater Kentenichs versucht eine Zeit- und Kulturanalyse. Der christlichen Gotteserfahrung wird mit Blick auf die Geschichte des Christentums hohe Integrationskraft bescheinigt. Integration im Dienst der aktuellen Gesellschaft sei die Sendung der Kirche, besonders im Bereich von Erziehung und Wirtschaft.

444 S., kt., ISBN 978-3-87620-124-5

Christian Feldmann

Gottes sanfter Rebell

Joseph Kentenichs Vision
von einer neuen Welt

Eine spannende Biografie über ein spannendes Leben, meisterhaft geschrieben.

Das "Liebesbündnis" mit Gott, mit Christus, mit Maria, mit den Menschen, die Überwindung der "Mechanisierung" und "Entpersönlichung", eine weltverändernde "Werktagsheiligkeit": Was heute so antiquiert und bieder klingt, enthält Sprengstoff und stellt eine auf egomanischen Lebensgenuss, Lust und Konsum fixierte Gesellschaft ebenso in Frage wie ein verbürgerlichtes, angepasstes Christentum.

274 S., geb., ISBN 978-3-87620-279-2

Christian Feldmann

Sieben Menschen gegen den Hass

Kämpfer gegen die Nazi-Diktatur

Sieben Kämpfer des anderen Deutschland gegen die Nazi-Diktatur: Sie vertreten eine eminent politische Botschaft, die Lebensgeschichten der hier vorgestellten Glaubenszeugen: Leute wie Sophie und Hans Scholl, Edith Stein und Dietrich Bonhoeffer, Joseph Kentenich und Franz Reinisch, Nikolaus Groß und Bernhard Lichtenberg sind hervorragende Zeugen gegen jede Mitläufer-Mentalität.

In ihrem Leben und Sterben leuchtet das zentral Christliche auf: Selbst in einer Welt des Hasses und der Gewalt antworten sie mit ihrer Liebe zu Gott und den Menschen, selbst wenn es sie das Leben kostet.

50 S., 7 Ill., geb., ISBN 978-3-87620-289-1

Karl-Heinz Mengedodt, Gertrud Pollak, Joachim Schmiedl

In seinem Herzen ein Feuer

Joseph Kentenich (1885-1968), Bildbiografie

In dieser Biografie ergeben auf überzeugende Weise Bildmaterial, informierende und kommentierende Texte ein Ganzes, das über das spannungsreiche Leben und Wirken des Gründers der internationalen Schönstatt-Bewegung einen Überblick gibt. Das Buch berichtet von der äußeren und besonders inneren Geschichte eines großen Christen des 20. Jahrhundert an der Schwelle zum 21. Jahrhundert.

144 S., geb., ISBN 978-3-87620-213-6

Engelbert Monnerjahn

Pater Joseph Kentenich – Ein Leben für die Kirche

Das Standardwerk unter den Biographien über Pater Kentenich. Als Gründer der Schönstatt-Bewegung hat er ein "Charisma von besonderer Leuchtkraft" entfaltet. Pater Kentenich, ein geistiger Vater, der lehrt, in einer sich verändernden Welt, im Aufbruch auch der Kirche zu neuen Ufern, nach der Botschaft Christi zu leben.

3. erw. Aufl., 384 S., geb. mit Abb., Zeittafel, Quellenangaben und Namensverzeichnis, ISBN 978-3-87620-146-7

Michael Schapfel (Hrsg.)

Einem Propheten auf der Spur

Reflexionen 50 Jahre nach dem 31. Mai 1949

Als P. Joseph Kentenich am 31. Mai 1949 einen Brief auf den Altar des Heiligtums in Bellavista legt, will er der Kirche für ihren Weg in die Zukunft die originelle Gestalt Schönstatts und damit sein eigenes Charisma anbieten. Die Aussagen zum 50. Jahrestag werden dokumentiert.

184 S., kt., ISBN 978-3-87620-239-6

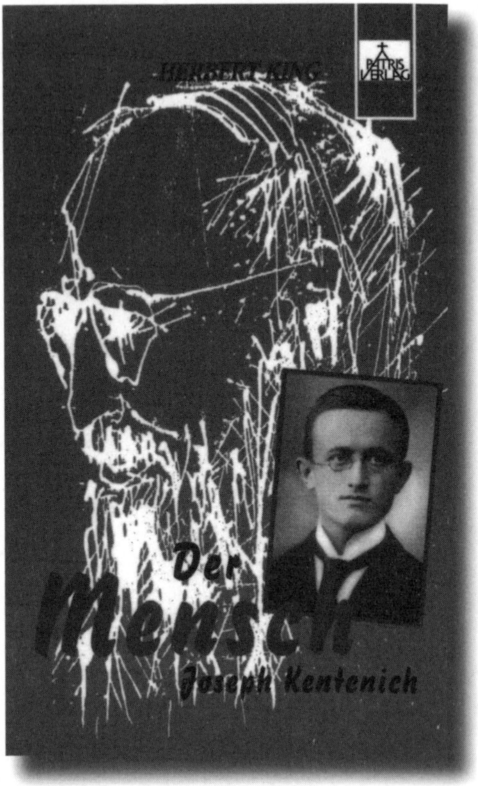

Herbert King

Der Mensch Joseph Kentenich

Die seelische Entwicklung und das zutiefst Menschliche an dieser Gestalt Kentenichs wird in den Blick genommen. Dabei begegnet man einem ringenden und sich auf Freiheit und Eigenständigkeit hin entwickelnden Menschen.

70 S., kt., ISBN 978-3-87620-192-4